新课程备课问题诊断与对策

徐世贵　著

天津教育出版社

图书在版编目（CIP）数据

新课程备课问题诊断与对策/徐世贵主编. —天津：
天津教育出版社，2009.4

ISBN 978－7－5309－5596－3

Ⅰ. 新… Ⅱ. 徐… Ⅲ. 备课—教学研究—中小学 Ⅳ.
G632.421

中国版本图书馆 CIP 数据核字（2009）第 053511 号

新课程备课问题诊断与对策

出 版 人	肖占鹏
主 编	徐世贵
责任编辑	张·洁
出版发行	天津教育出版社
	天津市和平区西康路 35 号
	邮政编码 300051
经 销	全国新华书店
印 刷	北京龙展印刷有限公司
版 次	2009 年 5 月第 1 版
印 次	2014 年 3 月第 2 次印刷
规 格	16 开（787×1092 毫米）
字 数	315 千字
印 张	17.5

定 价 22.80 元

教师的精神追求在课堂（代序）

三寸笔，三寸舌，三尺讲台；十载风，十载雨，十万栋梁。一个有30年教龄的教师至少要上几千节课。课堂是教师的工作，也是教师的生活。三尺讲台是教师展示智慧的场所，也是人生的舞台。教师最沮丧的事莫过于没上好一节课；教师最开心的事莫过于上好每一节课；教师最富有成就感的事莫过于成功地上好一节公开课。那真是苦也课堂，乐也课堂。

那么，教师怎样才能上好课呢？有秘诀吗？有，这就是教师再熟悉不能再熟悉的、再陌生不能再陌生的"备课问题"。功在课前，效在课上。在上课与备课的关系上，有怎样的准备就有怎样的发挥和怎样的效果。揭开了备课的秘诀，就掌握了上课的秘诀。那么教师怎样才能备好课呢？它都有哪些秘诀值得我们去诠释呢？摆在读者面前的这本书给我们提供了极其宝贵的新思路、新方法、新经验。这是一项重大的研究突破，能给人一种耳目一新的感觉。

一样的问题，不一样的研究方法和深度，与同类的书籍比较，本书以下几个特点更突出：

▲问题——针对性强

本书针对当前中小学教师在备课中19个最困惑和最迫切需要解决的问题进行研究。全书包括五部分：1. 理念诊断与对策；2. 方法诊断与对策；3. 研读诊断与对策；4. 设计诊断与对策；5. 难点诊断与对策。对每个问题：一是从理论到实践进行诊断剖析；二是对每一个问题提出解决的办法和对策。

▲实践——操作性强

本书作者长年工作在基层，经常和老师、校长打交道，多年从事教研、培训、科研工作，比较熟悉中小学教育教学工作，比较熟悉中小学教师。知道教师最困惑的是什么，最需要的是什么，最感兴趣的是什么。所以本书的内容针对性比较强。

▲创新——突破性强

本书的形成也是本地区教研科研成果，是课改实验的产物，笔者直接参与和组织了本地区的课改实验工作，书中总结反思吸纳了本地区和外地的课改经验。书里在选题的确定、经验的总结、观点的提炼、案例的选取、问题的列摆等方面比较反映最新的、最前沿的教研、科研和课改的研究成果。

▲通俗——实用性强

理论与实践结合得十分紧密。讲理论，观点新，不人云亦云，有独到见解。说实践，力避空谈，引入大量应用案例。操作实践技术指导到位。离实践最近，离教师最近，是广大教师最急需的书。

以上几个特点构成了本书独特的风格。教师看得懂，用得上。可做培训教材，也可做教师自学教材。我愿意将此书推荐给广大的中小学教师和教育教学研究人员。希望它能在加强课堂有效性研究、提高课堂质量、促进教师专业化成长、推进新课程实施等方面发挥其应有的作用。

沈阳师范大学教师专业发展学院院长　郭黎岩

2009 年　春节

目 录

第一章　为什么说高效课堂源于高质量备课

　　——教师备课的新思考 …………………………………… 1

第一节　备课是教学的源头 …………………………………… 1

第二节　解密当前备课的误区 ………………………………… 5

第三节　诠释备课新思路 …………………………………… 10

第二章　新课程教师应树立哪些教学理念

　　——备教学理念 …………………………………… 18

第一节　从"教知识"到"教发展" ………………………… 18

第二节　从"讲授成功"到"学习成功" …………………… 23

第三节　从"教教材"到"用教材教" ……………………… 27

第四节　从"重知识"到"重情知" ………………………… 32

第五节　从"统一要求"到"区别对待" …………………… 35

第六节　从"重记忆"到"重思维" ………………………… 40

第三章　备课的最佳途径在哪里

　　——备课的基本方法步骤 …………………………… 44

第一节　备课的四种境界 …………………………………… 44

第二节　课时备课的最佳时间 ……………………………… 46

第三节　教师备课的五个步骤 ……………………………… 47

第四节　学习借鉴名师备课经验 …………………………… 51

第五节　使用参考书的最佳策略 …………………………… 54

第六节　有效利用网络备课 ………………………………… 56

第四章　怎样解决课堂上的一厢情愿

　　——备学生的方法策略 …………………………… 60

第一节　为什么要重视备学生 …………………………… 60

第二节　备学生什么 …………………………………… 62

第三节　怎么备学生 …………………………………… 64

第五章　为什么要重视研究学生的"学"

　　——备学习指导方法策略 ……………………………… 72

第一节　教学的本质是教学生"学" ……………………… 72

第二节　怎样理解学习指导 ……………………………… 74

第三节　学习动力指导 …………………………………… 76

第四节　学习方法指导 …………………………………… 83

第五节　怎样帮助学生提高学习效率 …………………… 84

第六章　为什么真正的教学艺术都是个性化的

　　——教师备自己的方法与策略 ………………………… 99

第一节　教师备课要备自己 ……………………………… 99

第二节　教师备课了解自己什么 ………………………… 102

第三节　教师备课要博采众家之长 ……………………… 103

第四节　让自己的教学形成个性 ………………………… 105

第五节　让教学个性形成风格 …………………………… 109

第七章　怎样高效研读教材

　　——研读教材的方法与策略 …………………………… 113

第一节　"教什么"比"怎么教"更重要 ………………… 113

第二节　抓住新教材特点 ………………………………… 116

第三节　研读教材有技巧 ………………………………… 119

第四节　关注初读教材的第一印象 ……………………… 125

第八章　备课怎样开发利用课程资源

　　——开发利用课程资源的方法与策略 ………………… 127

第一节　课程资源的神奇力量 …………………………… 127

第二节　课程资源的开发方法 …………………………… 131

第三节　课程资源的利用方法 …………………………………… 133

第四节　课程资源的创生方法 …………………………………… 136

第五节　利用课程资源应注意的问题 …………………………… 138

第九章　怎样组织设计一节课

　　　　——课堂教学设计方法与策略 ……………………… 143

第一节　设计质量决定课堂质量 ………………………………… 143

第二节　教学目标设计 …………………………………………… 145

第三节　怎样组织处理教材 ……………………………………… 148

第四节　教学重点难点的处理 …………………………………… 152

第五节　怎样设计教学方法 ……………………………………… 156

第十章　怎样优化课堂结构设计

　　　　——课堂结构设计方法与策略 ……………………… 160

第一节　解读课堂结构 …………………………………………… 160

第二节　怎样进行课堂导入设计 ………………………………… 163

第三节　怎样进行新授与练习设计 ……………………………… 167

第四节　怎样进行结课设计 ……………………………………… 170

第五节　先进教学模式案例举隅 ………………………………… 174

第十一章　怎样优化教学手段的设计

　　　　　——教学手段的选择策略 …………………………… 179

第一节　教学情境设计的智慧 …………………………………… 179

第二节　课堂提问设计的智慧 …………………………………… 188

第三节　课堂练习设计的智慧 …………………………………… 194

第四节　课堂板书设计的智慧 …………………………………… 199

第十二章　怎样精心运用教学策略

　　　　　——课堂教学策略的筹划技能 …………………… 207

第一节　教学细节策略设计 ……………………………………… 207

第二节　欲擒故纵策略设计 ……………………………………… 210

第三节　角色体验策略设计 ……………………………………… 213

第四节　学生竞赛策略设计 ……………………………………… 217

第五节　教学策略设计思路的拓展 ……………………………… 219

第十三章　怎样编写既实用又有个性的教案
　　　　——教案创编方法与技能 ………………………………… 221
第一节　怎样看教案的创编 ……………………………………… 221
第二节　教案创编的原则 ………………………………………… 223
第三节　教案创编的技术 ………………………………………… 225
第四节　多种教案创编模式举隅 ………………………………… 228

第十四章　怎样使集体备课更有效
　　　　——组织集体备课的方法与策略 ………………………… 242
第一节　集体备课话利弊 ………………………………………… 242
第二节　当前集体备课的误区 …………………………………… 244
第三节　有效集体备课的原则 …………………………………… 245
第四节　有效集体备课的组织管理 ……………………………… 249

第十五章　怎样在备课中进行教学反思
　　　　——教学反思的方法与策略 ……………………………… 259
第一节　反思是教师专业成长之桥 ……………………………… 259
第二节　教学反思的策略与方法 ………………………………… 261
第三节　寄语中青年教师 ………………………………………… 267

后　记 ……………………………………………………………… 271

第一章 为什么说高效课堂源于高质量备课

——教师备课的新思考

◆问题

"备课"似乎是一个老掉牙的话题，然而，殊不知就是这个老掉牙的话题却隐藏着提高教学质量的全部秘密。成也备课，败也备课，苦也备课，乐也备课。提高课堂效率，减轻师生负担，促进教师专业化发展，化解新课程实施中的矛盾——这些都需要回到"备课"这一起始点来加以研究。备课"牵一发，动全身"。

那么，教师应该怎样去诠释备课？为什么传统备课总是高耗而低效，它的主要弊端是什么？新课程下备课有什么新特点？有效备课的出路又在哪里呢？

备课，这是一个既古老又年轻的话题。说古老，是因为当老师，每日授课，每日备课，数十年如一日，甘苦自知，一代代承袭下来，从孔夫子至今已有几千年的历史。说年轻，是因为有效课堂教学源于有效备课，至今我们对备课这门科学的认识还缺少突破。多少年来压在教师头上的有两座大山，一是写不完的教案，二是批不完的作业。怎样帮助教师在备课时少走弯路，用较少的劳动时间取得较好的备课效果？备课是一门科学，也是一门技术。新课程下教师应树立哪些备课理念，教师怎样才能减少备课中的无用功，教师备课的最优方法、技能、策略是什么，教师怎样去优化课堂设计……教师高效率的备课已经到了必须认真研究的时候了。

第一节 备课是教学的源头

为什么我们要如此高度重视备课呢？

一、备课质量决定课堂质量

在上课与备课的关系上，有怎样的准备就有怎样的发挥和怎样的效果。这种相关性有多大呢？这里我们还是举一个案例吧。

那一课，我度日如年

那天，不知是什么缘故，反正是开学报名、注册等一系列琐屑杂事搅得人恨不得像《西游记》中的孙悟空一样使用分身法，以使千头万绪的许多事迎刃而解，听到上课铃声那一刹那，我的头"嗡"了一下。但也不得不赶忙辞别几位仍在询问孩子情况的家长，迅速整理一下教材，粗略浏览一下将要学习的新内容《日本明治维新》，便貌似镇静地走向课堂主阵地。我心想："我不信照本宣科还上不了一堂历史课！"

果然，没有重复准备地上课让我感到干涩异常，一点也不流畅生动，甚至还出现了知识性的错误（课后反思才发现），我甚至都不敢抬头正视学生们一双双企盼的求知的眼睛，我觉得那明眸里肯定少了许多兴奋与满足，而多了许多失望和埋怨。唉！那一节课好难挨呀——我简直是度日如年啊！——40分钟终于熬到头了，我赶快"逃"出了神圣的知识殿堂——教室，长嘘一口气。

事后，静下心来反思，惭愧、羞耻、内疚——各种滋味不由齐涌心头；这就是我给学生准备的色、香、味俱全的精神大餐？这就是一位中级骨干教师的优质课？我内心暗发誓愿：今后绝不打无准备之仗，即使初中的历史等常识课，即使是自己的专业课，我也决不轻率视，决不在课堂上照本宣科——无论有多忙，无论有千万个冠冕堂皇的理由，照本宣科绝不是明智的选择。

（选自《教师报》 陕西省眉县金渠中学 强军会）

教育为先，质量是魂。每一位教育行家都懂得：提高教学质量，关键靠课堂，向45分钟要质量。正所谓抓住课堂，满盘皆活。但是怎样才能有效地提高课堂教学质量呢？诗人在谈到做诗的经验时说："功夫在诗外"，这话颇耐人寻味。那么，当我们谈到备课与上课的关系时，可不可以说，功夫在课外呢？仔细想来，同样有道理。特级教师斯霞说："要上好课，首先要备好课，我常常把备课比作指挥员在组织'战役'，我总是反复推敲，直到有了自己认为比较满意的设计方案为止。"特级教师张子锷说："我教中学物理50年了，同教3个班，课已讲了150遍了，但是到最后一遍，不备课我还是不敢上课。"看来，"教"字成功，必"备"字先行，功在课前，效在课上，备课是教师整个教学活动的基础工作，只有认真备好课，才能上好课。不久前，杨再隋教授撰文指出：语文课出现了"虚"、"闹"、"杂"、"碎"、"偏"的问题。如果这些问题带有普遍性的话，那么我认为问题首先出在备课上，是备课的指导思想出了偏差，才导致教师对文本把握和实施教学出现了偏差。

二、有效备课能减轻师生负担

多少年来，有一事物一直未引起我们的高度重视；多少年来，有一门科学一直未被我们真正地认识；多少年来，有一种技术一直未被我们真正掌握；多少年来，我们一直寻找一条既减轻学生负担又减轻教师负担的短时高效的课堂教学的最佳途径……。其实它就是学校中再平常不过、老师们也再熟悉不过的备课。

我们知道，"备课—上课—批改—测试—辅导"是教学过程的几个主要环节。要提高教学质量，关键是上好课，向 45 分钟要质量。而要上好课，其关键是备好课。所以只有教师认真备好课，上好课，才能减轻学生的课业负担，以比较小的代价换取较大的效果，这就是良性循环。

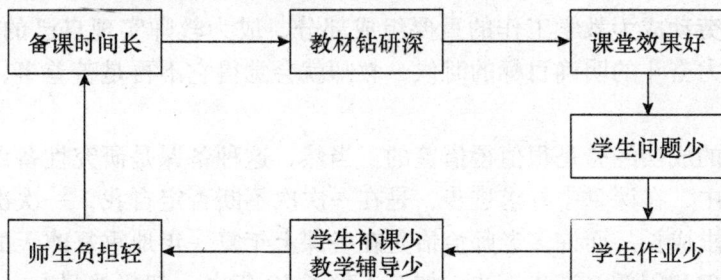

```
┌─────────┐      ┌─────────┐      ┌─────────┐
│ 备课时间长 │ ───→ │ 教材钻研深 │ ───→ │ 课堂效果好 │
└─────────┘      └─────────┘      └─────────┘
     ↑                                 │
     │                                 ↓
     │                            ┌─────────┐
     │                            │ 学生问题少 │
     │                            └─────────┘
     │                                 │
┌─────────┐   ┌──────────┐   ┌─────────┐
│ 师生负担轻 │ ← │ 学生补课少  │ ← │ 学生作业少 │
│         │   │ 教学辅导少  │   │         │
└─────────┘   └──────────┘   └─────────┘
```

教学活动的良性循环

而在违背教学规律的情况下，教师的工作重心出现本末倒置现象。他们没有把更多时间和精力用于认真备课、上好课，而是把主要精力和时间放在批改、课后辅导和应付频繁的考试上，这就造成了教学过程的恶性循环。

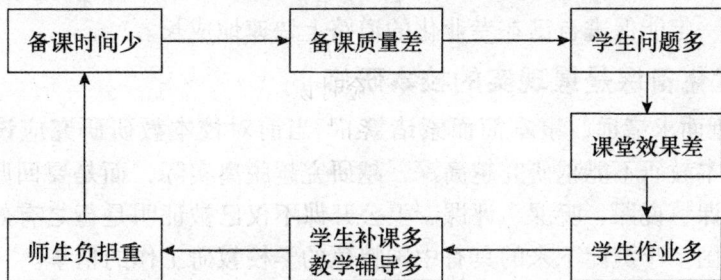

```
┌─────────┐      ┌─────────┐      ┌─────────┐
│ 备课时间少 │ ───→ │ 备课质量差 │ ───→ │ 学生问题多 │
└─────────┘      └─────────┘      └─────────┘
     ↑                                 │
     │                                 ↓
     │                            ┌─────────┐
     │                            │ 课堂效果差 │
     │                            └─────────┘
     │                                 │
┌─────────┐   ┌──────────┐   ┌─────────┐
│ 师生负担重 │ ← │ 学生补课多  │ ← │ 学生作业多 │
│         │   │ 教学辅导多  │   │         │
└─────────┘   └──────────┘   └─────────┘
```

教学活动的恶性循环

所以，减轻学生负担的关键应该是变教学过程的恶性循环为良性循环。教师应在备课、优化课堂设计上下一番苦工夫。课前勤一点，课上懒一点，总体上会用较少的劳动投入取得较大的教学效果。

三、备课是教师专业成长之桥

备课中，教学设计能力既是教师的一种综合教学能力，又是一种创新能力，它在教师教学能力中居于核心地位。因为设计教学的过程，既体现了教师的教育思想，又反映了教师驾驭教材和处理教材的能力。特级教师曹晓红说："在我看来，备课是一种学习、提升和修炼的过程，是一种放飞思想、张扬个性、抒发情感的过程，它需要每一个教师用心、用情、用力去打造。"

清华大学附小业务副校长窦桂梅老师之所以能从吉林长春一个普通的小学教师成长为全国著名特级教师，并在小学语文教学中有所建树，与她从教后特别重视备课教学设计有关系。在一次给年轻人介绍经验的培训会上，她告诉青年教师，提高自己业务水平的关键是要事先写好课前设计，写教案是一项创造性的劳动。当这种劳动成为教学工作的重要组成部分，成为教师实现自己的教学理想，成为教师努力奋斗的明确目标的时候，教师就会觉得它不再是苦差事，而是一件开心事。

窦桂梅的成功经验是很值得借鉴的。当然，这种备课是研究性备课，是在优化课堂设计中、在课堂中寻求进步，是在一次次不断否定自我，一次次不断创造新自我中寻求成长。而许多老师恰恰是在备课上年复一年地重复昨天的故事，所以，缺少突破和创新，进步不快。如有人教了10年书，却仍然只有一年的水平，有人只教了一年却有了别人教10年的水平，原因很简单，前者每年所做的只是年复一年的重复，比如备课写教案，今年抄去年，明年抄今年，辛辛苦苦抄了10年，也没有别人下工夫研究一年的水平，自然也就没有什么长进，没有什么成功乐趣。世界上最枯燥的事莫过于简单重复。所以教师如果能紧紧抓住备课，用心研究，一定能促进自己在专业化的道路上快速地成长。

四、优化备课是最现实的校本研修

"意在近而求诸远，事本简而索诸繁。"当前对校本教研研究应该有一个逆向思考：校本教研不能越研究越高深，越研究越脱离实际，而是要回归学校，回归实践。备课、说课、听课、评课、上公开课不仅已被证明是行之有效的教研方式，也是我国多年沉淀下来的具有中国特色的学校教研工作的精华。

尤其是备课，它是教师从事教学工作的先导性基础性工作、计划性工作，一着走错，满盘皆输。现在教学中有许多问题表现在课堂上，但根源是在教师的备课上。也就是说，现在课堂教学中的许多问题都要回到原点——备课来研究。

面对新课程的"课"，到底应该怎样"上"，这确是一个有挑战性的问题。因为在课改浪潮中凸显出许多新的矛盾，备课既是一个矛盾焦点，也是一个难以破解的难题。思路决定出路。也就是说，课堂教学上的许多问题，单靠课堂是不能解决的，要解决，就要在备课思路的教学设计上有所突破。只有备出精品课，才能上出精品课，只有备课有突破，上课才有突破。校本研修最应投入精力的是指导教师的个人备课，优化集体备课。

其实，备课既是教师的一项工作，同时本身就是教师的一项教研。加大备课的校本研修的力度，不仅能让教师受益，且最容易被老师接受和青睐，一举多得。

第二节　解密当前备课的误区

如前所述，备课既然如此重要，那么今天的备课发挥了它应有的作用了吗？为什么那么多老师花了那么多时间来备课，但教学效果并不见提高呢？为什么许多教师提到备课，尤其是写教案的时候，十分痛苦和无奈，备课到底怎么了？

现行的中小学备课制度，始于 20 世纪 50 年代，完善定型于七八十年代，在倡导自主、个性发展的信息时代网络社会的今天，传统的备课制度特别是统一、机械、烦琐的备课呈现方式，越来越显现出它的形式主义、低效、无效、加重教师工作负担、不适合每位教师的工作习惯与备课方式，影响教学质量的提高，阻碍教师专业化成长。

研究表明，今天备课无论是在备课理念上还是在备课内容方法上，无论是教学设计的策略还是课堂教案呈现形式，无论是教师的个人备课还是教研组织的集体备课，无论是学校在备课指导上还是在备课管理上，都存在着许多弊端。可以这样讲，备课正面临一次深刻的变革。为了研究备课改革问题，这里对当前备课的种种弊端进行一下分析。

弊端一：备讲案——以教代学

教学的本质是什么？教学规律告诉我们：学生是认识的主体，教为学服务。离开学生的学，教师教得再好也毫无意义。但是现在教师的备课多数备的是"讲案"。

在备课理念上，许多教师不自觉地把备课当成了单纯的课堂教学"讲"的准备阶段，以致把教学过程变成资料→教案→黑板→学生→笔记→考试卷的生产流水线，置课标、教材的整体于不顾，把学生当成了知识容器。还有的教师的教案叙述，几乎一半是教师要说的话，另一半是例题与习题，这种"台词＋习题"式教案，就是一种讲案。

另外许多教师把教案看成是一成不变的方案，编写得过细、过死，每个环节的安排不能变动，甚至于过渡语句和学生的正确回答都事先设计好，按部就班地组织教学，教师上课就像演员背台词，学生在配对白。有位老师深有体会地说："记得在一节乡优质课上，我教学的是《荷花》一课，课堂上热热闹闹，而且整节课都非常'顺',没有出现一点问题,究其实质,学生有多少自主的成分,只不过顺着教师的思路走罢了。这样的课堂教学,虽'顺'但统得过'死'。"

所以备讲案、以教代学的结果给课堂教学带来如下效果:重教轻学,重讲轻练,重知识传授、轻能力培养,重死记硬背、轻消化理解,重理论灌输、轻实践操作。备课时,教师围着教案转;上课时,学生围着老师转。转来转去,就是跳不出传统教学的圈子,教学方法单调枯燥,学生完全处在"你讲我听"、"你问我答"、"你教我学"的被动地位。其后果是:教师累、学生苦、负担重、效率低、能力差。

弊端二:形式化——无效劳动

"两眼一睁,忙到熄灯。"平时我们都说老师的劳动量大,工作辛苦,那么这都表现在哪些方面呢?其实,教师备课方面的低效甚至无效劳动就是其突出表现。

一位老师曾给他的上级领导写过一封信,信中有这样一段话:

从教以来,我感到最厌恶、最痛恨、最无可奈何而不得已为之、灵魂为之受苦最多的,便是——造假材料。

这些假材料名目繁多,惊人之至,被冠以"教学常规"的美名,但实则是一些浪费教师们的时间与精力、将老师们变得越来越愚蠢的不干不行、干了白干的任务。

……单是"备课本",就非常压制人。首要的要求就是"项目齐全"、"字数充足",但备课本上却有许多不必要的项目,有好多不必要的书写内容,并且无论教龄多么长,一本书教过多少年,一样的教案写过多少遍,每次都是从头再来。这些东西对教学本身有多少帮助?然而老师们却不得不整天忙于编造这类东西,哪有工夫去搞研究,搞创造?

那么,上述情况是怎么造成的呢?这是与学校的备课管理有密切关系的。检查备课笔记,往往是领导们乐此不疲的,但老师们却比较无奈。许多老师认为备课写教案是在做"无用功"、"出工不出心"、"充其量也就是练练字罢了"。其实老师们"仇视"的并不是备课本身,每个老师都知道课前应该备课,备好课是上好课的前提,没有老师会不负责或狂妄地宣称:"我不用备课就能上好课。"既然是必须做的一件事,那么我们的老师为什么要"仇视"备课笔记的检查呢?原因是某些领导和管理部门以"教案论英雄",今天教案评比,明天备课笔记展览,让备课笔记承载了许多不应该承载的、也承载不了的东西,使之成为合理化管理的工具。

无题（赵时铭）

我们知道，教师的工作头绪不管有多么多，劳动量多么大，划分起来不外乎两类：一是教师应该做而且需要做好的工作，这些工作多一点累一点都是正常现象，这是有效劳动。二是教师做了没有用却不能不做的工作，这是无效劳动。教师的无效劳动有多少？有专家曾公布过调查统计结果，中小学教师的无效劳动大约占50%。有位校长经多年来的观察发现，教师的无效劳动大多表现在七个方面：常规项目多，重复工作多，作业批改多，编造材料多，参加会议多，应付检查多，重复培训多。在这"七多"中有"四多"都和教师的教案有关。在一次语文骨干教师座谈会上，有位校长曾问过上完课后再补教案的有多少人，在场的34位老师举起了34只手。抄来补去，忙忙碌碌，里面有用的成分能有多少？

弊端三：缺创作——设计肤浅

备课是一种什么行为？多年来一直有一个误区：备课＝写教案＝模仿或编材料。

其实备课的核心是一个教学设计，而既然是设计，它就是一个重新构思创作的过程。这就如同工程师画图纸，作家写小说，将军制订战斗方案，严格看来教师教学是先继承后创作、再实施的过程。它的程序是：研读教材（弄清楚教什么）→搜集素材（开发课程资源）→再创作（组织处理，设计教学）→课堂实施（实现教学方案）。例如，特级师刘大伟就谈过自己的备课体会，他说：备课我有了"三步曲"：第一步，"有它（教材）没我"；第二步，"有我有它"；第三步，"有我没它"。上课，有了"三境界"：第一境界是"形动"，即千方百计吸引学生，让学生喜欢上政治课；第二境界是"心动"，即用我的真情打动学生，刻意创设特定的课堂情感氛围；第三境界是"神动"，即把我的观点变成学生的思想，进而导之以行。

那么，为什么我们许多老师不能备出精品课呢？问题出在哪里？其根本是缺少创作。一是许多老师缺少创作意识，"我的课堂我作主"。他们不知道国家只规定了教学的目标和内容，但是具体当堂课如何上，这是教师自己的事。备课教学设计过程要发挥教师自身知识、智慧和才华。他们放弃自身的优势和智慧而不用，非要从教材和参考书中去找到别人现成的东西。二是缺少教学设计的能力和方法。当了十几年的老师不知如何设计一节课。三是太迷信教材。教材句句是真理，字字值千金，不能改不能丢。老师成了教材的奴隶。其实教材是重要的课程资源，也是重要的教学依据，但不是唯一的课程资源。教师完全可以因地、因时、因人进行增删、取舍、简化、重组，这样才能设计出好课。那么为什么有的教师上得很出彩而有的教师却上得很平庸呢？差异就在于是否尊重教材，跳出教材，并创造性地使用教材。小学语文特级教师窦桂梅老师的阅读课倾倒那么多的小学老师。她有一个重要的"三个超越"的备课思想。即：尊重教材，超越教材；尊重课堂，超越课堂；尊重教师，超越教师。

正是由于教师缺少教学创作意识和创作能力，导致课堂教学设计流于肤浅，课程效果一般，因而也使他们的专业成长不快。

弊端四：图省事——照抄照搬

比设计肤浅危害更大的是教案的照抄照搬。现在教师备课容易多了，有铺天盖地的资料，有神通广大的网络，一下载，再贴上几块"补丁"，自己的备课任务就算完成了，神速！美观！应付检查就是小菜一碟。

可是一上课堂，就坏事了，"满堂灌"倒是其次，主要是有些人上课时自己就不知所云，以己昏昏，如何能使人昭昭？

诚然，不是抄袭一点作用没有。目前市场上有许多教师备课手册，且都是名师的作品，仔细翻翻，确有许多精妙之处，对青年教师特别是刚上岗的老师会有许多启迪和帮助作用。但是，需要注意的是，那些名师的教学经验、教学思想不可能完全体现在课例中，而且他们的教案都是针对自己的学生，对我们的学生缺乏足够的指导意义。关键是，如果备课时只是一味地抄写，不作研究再设计，变为自己的东西，那么这样的备课又有何用？更有甚者，是在课后补抄的，实在有悖备课的初衷。

有这样一个笑话：一个学校在学期末要查教案，一位教师平时不写教案，此时的他不慌不忙，从他的同事那里拿来一本，交给了他的一个字写得好的学生，经过几天的加班加点，教案交了上去。检查的结果是：由学生代抄的"新版"教案得了"优"，而被抄的教师的"原版"教案得了"良"。原因很简单，学生代抄的教案书写认真整齐清楚，比原版教案"好"多了。

一位青年教师说，每学期我只要用几周的时间突击把全学期的教案写（抄）完，把政治、业务等学习笔记写（抄）完，其他的琐事敷衍一下，然后死盯学生，最后成绩好了，考核不得个"优"，最起码也落得个顺利过关。你看，做个教师在他看来就是如此简单！

弊端五：求规范——束缚个性

实际的教学工作中，关于备课的要求有很多，如备课的项目就有备课时间、教学内容、教学目标、教学理念、教学重点、教学难点、教学关键、教学方法、课前准备、课时安排、媒体运用、教学过程、板书设计、教学后记等等。在这些条条框框中形式主义的成分居多，教师为了应付检查，为了保持备课本的整洁、保持书写规范……使得写教案蜕化成了一项机械、呆板的体力活，成了教师一项沉重的负担。

现在我们许多教研部门和学校领导都很强调备课，但强调的往往是刻板的备课模式，写出详尽的"规范"的教案。比如语文每一课教完都要求写课后小结，每一课时要有板书设计，大小测试都要做卷面分析，要写出讲评教案，每一次教案都要写满两页纸……最令人无奈的是连几轮几步都"搞定"了。这好比建大楼，人家立好了框架，你需要做的只是些填填补补、修理修理之类的零活儿，至于楼建成什么样，其实已不是你的事啦。教案写成这样，学科死了，教师蔫了，授课哪来的活力？正因为如此，许多教师认为写教案毫无意义，仅仅是为应付领导的检查、考评，于是，形式主义的无用功还得去做。他们往往写的是一套，行的是另一套。写教案的真正意义充其量也就是练练字罢了。

弊端六：时间紧——精力不足

时间紧是困扰教师的又一大问题。请看下面的几组调查。

常州市第八中学课题研究小组曾对教师的备课时间做了调查，结果如下：

在调查新授课时，有40%的教师备一节课平均要用的时间在30~60分钟之间，其余60%的教师都在60分钟以上。平均备课与上课的时间比为1：2.5。对于备课时间，许多教师备课工作本身量太大，时间不够用的主要原因在于分在了批改作业、辅导学生、管理学生等工作上。

还有一项调查问：备课时间是否充足？A. 明显不足；B. 可以；C. 很充足。选择A者，占91%。问您的备课时间通常都在什么时间来进行？答：几乎全部是用教师的休息时间进行备课，主要是每大晚上和双休日，在校内得先忙于批改作业。

从上面这个调查可清楚看到，影响教师备课的因素虽然很多，但是第一位的还是时间和精力不足问题。

研读课标需要时间，钻研教材需要时间，了解和教育学生需要时间，创编教案需要时间……教师经常是备课时间少，课前准备不足，匆匆忙忙走进教室。

综上所述，备课改革势在必行，刻不容缓。要让中小学教师从繁重、机械而低效的备课中解脱出来，使备课从"为它所控"转变到"为它所动"，最终"为我所用"，就必须进行一次备课的深刻改革。

第三节　诠释备课新思路

一、什么是备课

什么是备课？目前还没有统一的说法。通常"备课"可以理解为"准备"、"预备"。它是教师充分地学习课程标准、钻研教材、开发课程资源和了解学生，弄懂弄通为什么教、教什么，学生怎么学、教师怎么教，并在此基础上创造性地设计出目的明确、办法适当的教学方案（写出教案）。

狭义的备课包括学期备课、单元备课、课时备课、课后备课（教学反思）。广义的备课包括长年备课，即平时的学习、有意无意积累备课资料、观察生活和人生体验等等。

新课程下教师备课的特点：

1. 动态备课

传统意义上的备课，基本上是教师按着"我教你学"的思路来编写教案，教学过程完全是由老师来控制的。因此这种教学设计基本上是预设的，有计划的，是可控的。显而易见，这种方案是静态的、单一的、机械的、细致的。甚至每一个教学环节、具体活动内容、什么时间学生发言、教师讲什么都由教师课前做了规定。

与之相反，新课程教学设计是"以学定教"。教学设计始于体现学生学习需求的"教案"，因此教学设计是一个流动的过程。教学设计是通过教师与学生、学生与学生、学生与教材之间的多向互动，始终是在"发现问题——解决问题——引发新问题——解决新问题"的循环中进行。正因为这样，教学设计不应是对课堂情景进行面面俱到的预设，它只能是描述大体的轮廓，而要给孩子留有更多的空间，让他们在流动中不断充实和完善。一堂课的完成，也就是教学设计的暂时终结。如下面这个动态备课案例：

教案"乱"了　课堂活了

刘老师的备课本来是整整齐齐的，可是近两年来涂改、增删见多，并且多了一些勾勾画画。他的教案"乱"了，但他教的课"活"了。在他的讲读教学课上，学生思维的敏捷、发言的流畅给教师们留下了深刻的印象。他教学的成功，是把主要精力放在了研究如何引导学生探索性学习的备课上。

走近看，刘老师备课分为四个步骤：第一步是研读教材。他备课很少先看教学参考书，更不抄、套教学参考书，而是注重对教材的研读、理解和背诵。他所教教材基本上达到了短文会背，长课文熟练成诵，并广泛涉猎有关文章，使研究教材的过程成为对教材再加工、再创新的过程。第二步是初备教案。这是他把握教学结构、初步设计教学方案的过程。主要是从教材出发，先备对教学目标、重点段落的理解及自己对文章内容、中心的把握，然后简要地写出教学的要点和过程。第三步是了解学生的学习需求。在授新课之前，刘老师要求学生预习课文，写出学习中遇到的问题。通过一张张小纸条，刘老师了解到学生的认知程度和学习中的困难。第四步是复备教案。根据学生的各类问题和教学目标的要求，刘老师从学生的学习需要出发，重新修改教案，形成课堂教学方案。他的课堂教学方案有"三为主"：

（1）以教学目标为主攻方向。刘老师把教学目标一般设计为知识目标、能力目标和德育目标。在考虑教学过程的每一个环节时，都注意不偏离目标和方向。

（2）以学生的疑问为备课的主要思路。

（3）以解决学生的学习问题为主要内容。

（李守义文，选自《北京教育》1999.12）

2. 研究型备课

传统备课是一种封闭式的备课，教师满足于一本教材，一本教参，备的是课内的，讲的是自己知道的，把自己关在办公室里独自钻研教材，选择教法。可谓"关门教书"、"闭门批改"，一年又一年上课主要凭自己的经验，显然这是一种磨道式循环式的备课、备十年课仍停留在最初一年水平上。实施新课程，备课是一个全新的变化，由写经验型教案向研究型教案转变。

首先，备课内容要开放。新课程不仅要备教材上的内容，还要开发课程资料，回答学生提出的一些意想不到的问题。

其次，备课方法互动性。新课程设计新，问题多，困难多，矛盾多，有些问题不是教师一个人能解决的，所以要靠集体备课，要靠合作交流。

再次，备课过程的反思性。新课程的教学设计是在探索中前进，所以要经反复研究，课后的反思，再补写、改写教案显得十分重要。

最后，教学设计的创新性。新课程教学设计要打破常规，探讨新路子。

3. 网上备课

现在，许多学校和教师家中都已配备了电脑，连接上了宽带网，网上有许多有助于教学工作的信息资料，有的教学设计稍加修改便可直接使用。教师备课时要在网上选取所需资料，精心编排，有的甚至可直接下载优秀教案，然后结合本班学生实际进行修改、打印输出。另外，在网上查到资料，可以直接复制到硬盘上，上课时再调出，节省了大量用来制作课件的时间，可有效提高教学效率。

在新课标要求下备课，不应再拘泥于统一的模式和格式。教师可充分运用自己灵活、多样、自主的教学方式，不苛求于篇幅，不局限于形式，要真正体现出"内容在心中，机智在课堂，落实在学生"的教学原则。

二、备课类型

教学备课可分为这样几种类型。

由宏观到微观，就是教师备课从程序上要由大到小、由粗到细。"由大到小"是指备课的范围，要按照全册教材→单元教材→课时教材的程序来备课。"由精到细"是指备课的深度，即教师对所教课程要反复推敲，深入钻研。宏观备课有方向性、设计性、超前性，是微观备课的指南。而微观备课是对每一课时，从知识到方法的逐一设计，是对宏观备课的具体落实。

从宏观到微观，教师备课应掌握以下几种方法：

（一）长年备课

一次，北京市特级教师陈毓秀讲《战国七雄》一课时讲得极为精彩。课后有人问她："这节课用了多少时间备课？"她回答说："要说时间长，我准备了一辈子；要说时间短，我准备了15分钟。"这里陈老师强调的"准备了一辈子"对我们的启发很大。也就是说，教师备课不能局限课前的几个小时，还应包括教师平时对现实生活素材的留心与观察，包括教师对各种教学资料的积累。

（二）学期备课

学期备课是指教师在教学大纲指导下对整册书的钻研。

学期教学进度计划表

学年		年级	课程		学期			
月日	周次	章节课文的题目和内容提要	时数	教学类型与结构	作业、实验实习、参观题目内容	时数	复习考试考查	时数	备注

（三）单元备课

单元备课是在一个单元或一个课题的教学之前进行备课，单元备课拟出单元的教学计划。

单元教学进度计划表

学年第　　学期　　年级　　单元（或课题）题目：　　任课教师

日期	目的要求	重点难点	主要内容与程序	方法手段	课时划分	备注

（四）课时备课

课时备课是根据单元明确的教学目的、任务、要求、重点、难点及其相应教学方法，进一步从每节课的实际出发，认真研究和解决单元备课各项计划的具体落实。

（五）课前复案

这是在上课前教师对教案内容揣摩构思、默记熟练的过程。

（六）课后反思

这是教师课后回顾、反思总结的过程，可以做教学后记。

三、备课是一门科学和技术

也许有人会说，备课能算是一门科学和技术吗？备课有什么难的，当老师的谁不会备课呢？有人教了一辈子书，不会备课不也教下来了。其实这是不言自明的，备课与备课不同，上课与上课不同。且不说有的教师常年备课，同是备课、上课，有的是抄袭别人的，有的是自己备的课。如果学生课堂有 10 分收获的话，那么有的老师备课让学生可能取得 8 分收获，而有的教师能让学生收获 6 分，而有的老师可能让学生才有 4 分的收获。10 分的课你只上出 4 分，都不及格，这能说你会备课了吗？况且有的老师上课学生越听兴趣越浓，而有的老师上课，学生越听越厌。所以备课和上课一样，它不仅是一门科学，也是一种技术，掌握了这门科学和技术能大大提高教师的教学效率。

何谓科学？它指事物内在的、本质的、规律性的反映。备课之所以可以称为科学，因为备课从掌握课程标准到研读教材，从了解学生到处理教材，从教学设计到创作教案，它具有一定的系统性。而这种系统性有自己特殊的性质，有自身质的规定性。而这些特殊性和质的规定性是有其内在的规律的。一旦认识和掌握了这些规律，备课就会起到事半功倍的效果。何谓技术？技术指的是已经客观化的操作方式、方法、规程、要领。备课之所以可称为技术，因为备课有一系列可供人操作运用的方法、要领和规程。备课者只要熟练地掌握和运用这些方法、要领和规程，就会大大提高备课的效能。

备课的研究内容：

（1）备课理念；

（2）备课程序（方法步骤）；

（3）了解学生技能；

（4）研读课标教材技能；

（5）组织处理教材和教学设计技能；

（6）教学策略策划技能；

（7）教案创编技能；

（8）集体备课策略与技能。

附：教师备课问卷调查个案（一名乡镇教师）

尊敬的各位老师：

以下问题是为研究和改进备课工作而设计的，请您认真把自己的状况、想法和建议写下来。真实就是力量，希望您能开动一下脑筋，把真实情况说透，把想法和建议说明。材料是不记名的，故不会对您产生其他不好的影响。

一、选择（用"√"表示最符合您实际的一项）

1. 备课时间是否充足？

A. 明显不足√   B. 可以   C. 很充足

2. 参考书的利用：

A. 因为参考书大部分是名家和优秀教师编的，加之平时备课时间少，故备课基本就是按参考书摘抄下来。

B. 我一般是先自己独立备课，而后再去看参考书等资料。√

C. 我基本不看参考书，我认为，看了参考书反而对自己有影响。

3. 您在教学设计上的一些做法。

A. 因为备课时间少，教学设计费时费力，故我一般不在这个问题上花费更多的心思。

B. 我以为，备课关键是教学设计，我备课特别想在教学设计上花一番工夫。

C. 认为优秀教师的教案设计都挺好的，直接抄过来就用挺好，既省了时间效果又好。√

4. 关于处理教材。

A. 我认为，课本课本，一课之本，教师教的就是教材，教师没必要做什么处理，按课本讲就可以。

B. 我一般能根据我班学生的实际情况对教材的内容做一点小的调整。

C. 从我班学生实际情况出发，根据我对教材的理解，我总是能对教材中的教学内容，从顺序、增加、减少和呈现方式上做大胆的处理，因为只有这样课才能上活。√

5. 关于备学生，了解学生的情况。

A. 我认为教师每天都在和学生打交道，对学生的情况是了解的。教师备课也没必要再去了解学生。我很少为备课专门征求学生意见。

B. 每每备课我总是要征求科代表、班干部及个别学生的意见。

C. 我特别重视学生对教学的意见，每每备课我总是千方百计用各种方法去听取学生意见。√

6. 关于集体备课。

A. 我认为备课主要是个人备课，集体备课纯属走形式，浪费时间，画蛇添足。√

B. 我认为集体备课是重要的。每次都能使我有很大的收获。

C. 我根本就没参加过集体备课。

7. 您对写教学后记怎么看？

A. 时间紧，根本没法写，形式主义。

B. 想写，但不知怎么写。√

C. 这是一种总结教学经验的好办法，能坚持写。

D. 有的课有必要写教学后记，有的课没必要写教学后记。

8. 您对教案本的要求。

A. 格式化。　　　　　　　　B. 自己设计格式。√

9. 您认为学校开展的"备课研讨"教研活动对您的教学有没有影响？

A. 帮助很大。　　　　　　　B. 比较有帮助。√

C. 帮助很小。　　　　　　　D. 没有任何帮助。

10. 实行集体备、分科写教案以来，您认为您的负担怎样？

A. 明显减轻。√　　　　B. 有所减轻。　　　　C. 没变。

D. 有所加重。　　　　　　　E. 明显加重。

二、排列顺序，按照您的实际情况要求进行排列

1. 关于备课的困难。

（1）对新教材理解和把握不准。

（2）备课资料不足。

（3）缺乏指导，不知怎样才能备好一节课。

（4）离开参考书不知怎样去设计课堂教学。

（5）备教材教法可以，但不知怎样备学生。

（6）新课程下不知该写什么样的教案。

2. 备课时间累计与分配。

每周备课时间累计可达（40）小时，其中时间分配（标出时间并按时间长短排列）：

（8小时）钻研教材，（3小时）集体讨论，（5小时）了解学生，（6小时）查阅资料，（9小时）编写教案，（5小时）学习课标，（4小时）其他。

3. 教学过程按顺序排列您认为都写哪些项？

（1）导入。（2）学习新知经历。（3）必要的练习拓展。（4）总结。

4. 您在备课实践中遇到的主要困难是什么？

（1）时间紧、负担重。

（2）缺少学习、指导资料。

（3）缺乏专家、名师指导。

（4）缺少领导支持。

（5）缺少同志间的真诚合作。

（6）受客观条件的制约。

（7）其他。

5. 您认为备课教研活动中的有利条件主要是什么？

（1）教师业务能力强。

（2）教学条件好。

（3）学生素质好。

（4）充分发挥集体备课的作用。

（5）其他。

三、简述下列问题

1. 您的备课时间通常都在什么时间来进行？

几乎全部占用教师自己的休息时间进行备课，主要是每天的晚上和双休日。在校的课后时间忙于批改作业。

2. 您对备课时间有哪些要求和建议？

尽量能在工作时间完成备课。

3. 一般情况下，在备课进度上，您能提前备出几课时内容？

一般情况下，能提前备出一周或两周的课时内容。

4. 在全册、单元、课时备课上，一般您是怎样处理它们的关系的？

着眼于全册的教学知识点，了解好本单元的侧重点，结合本课时任务，互相兼顾，巩固基础知识的学习和掌握。

5. 在教学设计方面，您感到最为难的是什么？最希望给予哪些方面的指导？

学生经历知识的学习过程不知如何写清楚，特别是有些实践课的过程不好备。再加上格式化教案的规定，更不知如何设计和编写。

6. 在备课中了解学生对教学的意见，您都有哪些好的做法和经验，请至少列出 5 条。

（1）学习生字时，询问自学时遇到的困难；（2）读课文时，让学生谈怎样读才好；（3）解决计算不准确问题，征集学生中的好办法；（4）解决应用题时，先放手让学生自己做，了解哪些学生有困难；（5）平时问学生爱上什么课，为什么爱上；（6）打听学生怎样的课他们爱上。

7. 您认为过去的集体备课都存在什么问题？应该怎样改进？您希望的集体备课是什么样？

以往的集体备课都是为了应付检查，每个教师在记录上随意写一课了事。我想集体备课的内容应该有针对性，最好是本册书中大家感到困惑、难备的课。集体备课的次数应灵活，最好由教师自发、随机进行。

8. 您认为当前的教案编写都有什么弊病，应该怎样改进？

（1）时间紧，在校时间批语文和数学两科作业，工作量大，下午还进行两科的辅导；（2）格式化、形式化，教师为迎合检查，工整编写了没有自己特点的教案；（3）实用性差。往往对于上述教案教师上课时不用。

9. 您希望在教案编写上，给予哪些指导？

（1）多给较充足的资料；（2）征订优秀教案做借鉴。

10. 您希望领导在教案编写上怎样去管理和要求为好？

教案是教师个人上课时的依据，只要教师自己看得懂，上课用得顺手，学生学到了知识，领导都应给予认可和鼓励。

[思考题]

1. 你怎样理解备课的意义？
2. 新课程下备课有什么特点？
3. 你认为当前备课中有哪些弊端？

第二章　新课程教师应树立哪些教学理念

——备教学理念

◆问题

新课程走过了 8 个年头，有人说好，有人说不好；有人说对，有人说不对。总之步履艰难。如今，争论好与不好、对与不对都不重要，重要的是平心静气地梳理一下新课程能够沉淀下来的是什么？

在中国，《课程标准》的诞生是一个伟大的创举，尽管它还有待修改完善，尽管它的实施受到应试教育体制的束缚。但它毕竟规划了我国基础教育的发展蓝图，代表基础教育的发展方向，是教师开展教学工作的基本依据。那么，新课程沉淀下来的教学主要理念是什么？教师备课应该树立起哪些教学理念呢？

正确的教育思想是课堂教学的灵魂。提到备课，也要更新教育观念。也许有的老师会觉得远水不解近渴，其实不然。人的行为方法是受思想支配的。观念决定思路，思路决定出路。教育思想是一种生产力，思想新，方法才能新，思想落后，方法必然落后。教师备课只重视教材方法的钻研和选择，不重视备课观念的转变，课是备不好的。当前有些教师的课之所以备得不好，有方法技能问题，但更多的是教育思想观念上存在着一定的问题。

新课程标准代表了当今我国最先进的教育理念，具有划时代的意义，是教师从事教学工作的方向和依据。教师应站在新课程的制高点上，在备课中树立新课程理念，用以指导自己的教学。

第一节　从"教知识"到"教发展"

方法的困惑往往源于目标的迷失。教育的核心问题是培养目标问题，即我们应该培养什么样的人，怎么去培养人？它是教学的出发点，也是教学的归宿。一切教学都是围绕它展开的。而"学有所得"是一堂课的基本要求，也是一节课成功与否的底线。

那么，新课程下教师备课应该树立什么样的目标意识呢？简单讲就是要把"人"的教育放在第一位，让学生的综合素质得到发展。为什么强调要把"人"的教育放在第一位，注重学生的综合素质的提高呢？我们从下面名师教育思想中可得到启迪。

△特级教师王栋生说："教师给学生的心灵世界种下一粒什么样的精神种子，学生就会有什么样的未来。"

△苏霍姆林斯基说："教育，这首先是人学。"

△特级教师张思明说："作为数学教师，我觉得好的教学成果并不一定是课堂上直接教给学生的知识、公式、定理、算法本身，而常常体现在学生经过遗忘后所剩的那些东西上。在这些'沉淀'物中更多的将是：怎样提出问题、怎样发现问题、怎样做学问、怎样面对困难和挑战、怎样利用信息、怎样寻求帮助……我不企盼每个学生都成为数学家，但若能通过我的教学使学生们有一种在生活、工作、学习中应用数学去思考的观念和习惯，通过我教他们在课内外创设的'微科研'环境，使他们得以培养一种勤奋求实，不断创新进取的精神，他们自身和我们的国家将受益无穷。"

△蔡元培说："教育是帮助被教育的人能发展自己的能力，完成他人的人格，于人类文化上能尽一份子的责任，不是把被教育的人造成一种特别器具。"

△皮亚杰说："教育的首要目的在于造就有所创新、有所发展和发现的人，而不是简单重复前人做过的事情。"

以上名师和专家从不同的角度深刻地揭示了教育的本质，为教育的培养目标指明了方向。它告诉我们，教学的一项重要任务是要完成知识教育，但它绝不是一种单纯的知识教育，它必须能促进学生的全面发展，为学生一生负责。以学生发展为中心的多层目标结构包括：

（1）教学不仅教学生学知识，更要让学生学会做人，形成正确的人生观和价值取向。

（2）教学不仅使学生掌握知识，更要使学生身心得以发展，潜能得以开发。

（3）教学不仅让学生学会读书，更要让其学会思考，掌握方法，发展智能。

（4）教学不仅让学生学习掌握书本理论知识，还要延伸到社会，与实践相联系，培养社会实践和创新能力。

（5）教学不仅要面向全体，还要尊重差异，培养个性。

（6）教学不仅要学生学习今天的知识、技能，更主要的是培养学习兴趣、习惯、自信、探索精神，使学习有可持续性，为学生一辈子负责。

有一次德国一家跨国公司负责人对前去参观的中国校长说，你们学生的书比我们的厚，考试成绩比我们的好，但你们还要买我们的技术、我们的产品。这是很值得我们思考的。

从上面可以看出，以学生发展为中心的教育就是立足于人的本质性教育，教育学生着眼于开发身心潜能，在学生掌握知识的同时，形成现代人的思想，掌握现代人的本领，使学生的知识、人格、智力、能力、非智力、创造力、个性等都得到和谐、全面发展，由一个自然人转变为一个社会人。一句话，我们要把"人的全面教育"写在旗帜上。这是一切教学的出发点。如果离开这个培养目标和教育宗旨，我们的教育就会偏离轨道。

这样看来，教师的职责就不是单纯的"经"的传授，更主要的是实现以人的发展为目标的教育。那么，新课程下要实现从"教知识"向"教发展"的转变，作为教师就是要认真贯彻新课程标准提出的知识与技能，过程与方法，情感、态度与价值观的三维目标。

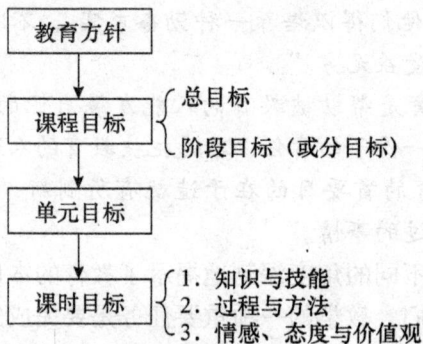

教育方针 → 课程目标（总目标；阶段目标（或分目标））→ 单元目标 → 课时目标（1. 知识与技能 2. 过程与方法 3. 情感、态度与价值观）

教学目标体系

那么，教师怎样才能做到认真贯彻实施新课程提出的三维目标，实现由"教知识"向"教发展"的转变呢？

一、欲教人成才，先教人做人

也许有人会担心坚持教学"以学生发展为中心"会影响教学成绩。会是这样吗？孙老师的回答是：否。北京市22中特级教师孙维刚多年的教学质量和升学率特别高是出了名的。这里仅以他教的实验班为例（并非重点中学）。在1996～1997学年度全国高中数学联赛中，他教的班有5人获一等奖，3人获二等奖，6人获三等奖。1997年高考，全班40人全部考入大学——38人上重点大学，其中22人进入北大、清华。阎珺同学还荣获第37届国际数学奥林匹克赛金牌。当有人向他询问成功秘诀时，他说："这绝不是仅靠学好知识和提高能力所能达到的，而是靠人的素质发生了根本的变化，最根本的是'德'的素质和心理素质的提高。"

孙老师的经历和体会表明：教书和育人，育人才是根本。智力的高超还是源于人性格的伟大，这也是一种规律。教师在备课上课等教学工作中必须建立起这种理念。

二、变平面教师为立体教师

当前的教师可以分为三种类型（相对而言）：

知识残缺灌输型。这种类型的教师备课教材钻研不深，甚至过不了教材关，文化知识面狭窄，乃至低于学生。这种类型的教师教学根本落实不了三维教学目标。他们的教学方式是灌输传授式的。受教于这种教学的学生，不仅不能得到很好发展，知识和技能也会欠账，学生在压抑中成长。有人说，这样的老师把聪明的学生教笨了，把笨的学生教傻了，把傻了的学生教死了。这一说法虽然有点夸张，但是有一定道理。

知识传授型。这种类型的教师掌握教材基本没有问题，也有一定的文化知识积累，但是他们的教学方式还是以"讲"、"灌"知识为主的传授型。所以他们还是平面教师，而不是立体教师。

智慧开发型。这种类型的教师不仅能全面而深刻地领会课标和教材，而且能够创造性地使用教材，很好地去落实三维目标，不满足于学生对知识的认知，重在启迪思维和人生。例如教学一篇课文，智慧开发型的教师不仅让学生得到了认知，知道了是什么，更能让学生由知到情、意、美的自主体验与感悟，进而求得为什么，怎么做，这能使学生全面深刻地发展。

所以教师要实现"教知识"向"教发展"的转变，首先应变知识传授平面型教师为开发智慧、启迪人生的立体型教师。

三、重教学结果更重教学过程

至今有人不理解课程标准为什么要提出"过程与方法"这一教学目标。其实，这一目标对提高课堂教学效率和促进学生的发展是极其重要的。

首先，过程与方法也是一种知识，是一种默会知识（如冰川一角，水下部分）。

"默会的知识"（又称"内隐的知识"），主要是相对于显性知识而言的。它是一种只可意会不可言传的知识，是一种经常使用却又不能通过语言文字符号予以清晰表达或直接传递的知识。如我们在做某事的行动中所拥有的知识。

默会知识的范例体现了智力的各种机能，它本质上是一种理解力、领悟力、判断力。比如，眼光、鉴别力、趣味、技巧、创造力等。

显性知识

默会知识
(隐性知识)

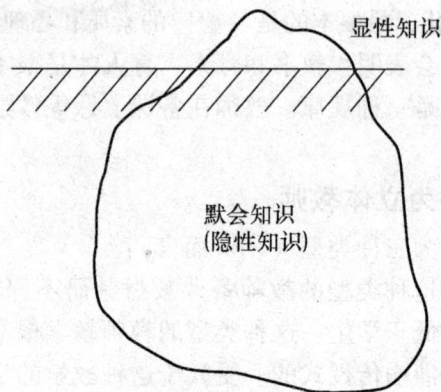

其次，重过程才能促进学生发展。

所谓重过程就是教师在教学中把教学的重点放在过程上，放在揭示知识形成的规律上，让学生通过感知——概括——应用的思维过程去发现真理，掌握规律。这是学习知识的过程，又是发展智能的过程。如识字教学，许多教师基本局限在让学生反复认读和机械抄写的教学方法，这就是偏重于教学的结果，而忽略教学的过程。而著名特级教师斯霞老师恰恰重视教学的过程。如在执教一年级小学生理解"祖国"一词时设计了这样一个精练的教学细节：

师：同学们，能告诉老师什么是祖国吗？

生：祖国就是家乡。

师：那么，我们的杭州市、长沙市就是我们的祖国了？

生：老师，我知道了，祖国就是国家。

师：美国、英国都是国家，我们能说美国、英国是我们的祖国吗？

生：老师，祖国就是我们自己的国家。

师：孩子们，你们说对了，祖国是我们自己的国家，是我们祖祖辈辈生活的地方。

两种不同学习方式，两种不同结果：机械背诵是孤立记忆，有限发展；体会感悟则是冲突——内化——拓展——智慧。

"祖国"一词，如果用语言解释，很抽象，学生不易理解，对于一年级的孩子来说，难度更大。斯霞老师这一细节设计，用三次对话把祖国的"家乡"——升华到"国家"——再引领到"自己的国家"这一正确含义。虽然师生只有三次简短的对话交流，却完成了对"祖国"一词正确而深刻的理解。这个细节就是一个完整的学习过程，它既体现了学习的过程性，又体现了学习的完整性。

有人对知识、方法、智慧做了这样的比喻：知识好比电脑中的数据，方法好比数据的程序，而智慧就好比运用数据去设计程序。

由此看来，过程远比结果更重要。学生学习知识的过程是不可省略和压缩的。压缩和省略学生思维过程，而直接得出结论、背答案的做法是舍本求末。学生对知识的概念、原理、定理、规律的掌握若不是通过自己思维过程获得的，那只能是死记硬背和生搬硬套的机械学习。

第二节　从"讲授成功"到"学习成功"

我们千万次地问：什么是一节好课？一节好课的一个重要标志是：追求学生课堂上的成功，而不是追求教师课堂上表演的成功。

教学伊始，教师可能有两种不同的设计思路。一种思路是这节课教师应该怎么讲，学生应该怎么听；一种思路是这节课学生应该怎么学，教师应该怎么教。这两种思路恰恰反映了"以教定学"和"以学定教"两种不同的教学思想。而这两种不同的教学思想，可能在课堂上会出现两种完全不同的教学效果。

一、教学的根本任务是教学生"学"

"教学"一词最简单的理解是"教"与"学"，也可以理解为"师教生学"和"以教定学"，还可以理解为"因学而教"、"以教导学"、"顺学而导"，但归根结底"教"是为了"学"。正如陶行知老先生所说："我认为好的先生不是教书，不是教学生，而是教学生学。"特级教师宁鸿彬说："我中师毕业后被赶上了讲台，就像孩童在教学道路上歪歪扭扭地走着……我绕过弯，迷过路，但也使我从中吸取了教训，步伐锻炼得渐近平稳。回顾往事，我时常想这段从学'教'到教'学'的里程。"从学"教"到教"学"，虽然一字之差却反映了宁老师教学思想的重大转变。小学语文特级教师窦桂梅说："做教师的关键是自己替学生当梯子，还是学生替自己当梯子。"从这里可以清楚看到名师都是十分重视学生课堂上的成功，而不是教师课堂上去如何表现乃至表演。

目前重教轻学的现象还普遍存在。教师决定课堂教学一切，形成"五个中心"，即教学活动以教师为中心，教学过程以讲课为中心，教师讲课以教材为中心，学生学习以做题为中心，教学价值以应试为中心。

为什么要坚持"以学定教"？

首先，能最大限度调动学生的心向。斯卡纳金说："如果孩子没有学习愿望的话，我们的一切想法、方案、设想都将化为灰烬，变成木乃伊。"这话说得十分深刻。要想让学生学好，必须让学生想学、爱学。而要想让学生想学、爱学，就要千方百计调动学生的学习积极性，发挥学生的主体作用。但是在实际教学中许多教师以教代学，教师主宰课堂。一是不折不扣执行教案；二是把表演当精彩，讲课有瘾；三是把听懂当学会，课上懂，课下懵；四是以讲解代思维，把讲完当学完；五是教师一贯正确，不能怀疑和反驳。结果学生积极性没调动起来，老师累得够呛，学生还不买账。

苏霍姆林斯基说："人的内心有一种根深蒂固的需要——让自己做一个发现者、研究者、探索者。在儿童的精神世界中，这种需求特别强烈。"我们知道，发挥学生主体作用，让学生主体积极活动，恰恰能满足学生作为发现者、研究者、探索者的精神需要，这能最大限度地调动学生的学习心向。以人为本，呼唤人的主体精神，这是时代精神最核心的内容，任何一种有效的、成功的教学，都必须是有学生主体参与的。换句话说，没有学生主体参与的教学，不是成功的教学。备课应把学生的主体活动作为一个重要问题来研究。

其次，是对学生认识规律的尊重。我们知道，教学依据不是由老师来决定的。它要靠教师吃透两头。一是教材；二是学生。要吃透学生，就要关注学生"最近发展区"的学习背景，研究学生的认识规律。即教师上课前必须弄清的问题：（1）学生学习新课时原有知识、经验是什么；（2）学生学习新课时能力是在什么水平上；（3）学生学习新课时兴奋点和障碍在哪里；（4）学生之间会有哪些差异，等等。因为离开这些，教师上课怎么精彩都没意义。

例如，就学生年龄差异上的认识规律说，教师就不能用"知之者"的水平和成人的认识水平来代替学生。要还原学生并尊重学生的认识能力，按照"未知者"和学生的水平来设计教学。也就是说，不同年龄阶段有着不同的注意、感知、思维、想象等水平。教师在教学设计时，必须充分考虑学生这些年龄上的特点和认识规律。如小学生由于年龄小，知识面窄，语言表达能力未成熟，他们的思维以具体形象思维为主，抽象逻辑思维能力还比较低，为了使小学生能够理解抽象的概念，应该千方百计地为学生提供感知材料，以丰富学生的感性认识。

学生概念形成过程

当然，从具体到抽象不能仅停留在提供感性材料上，必须引导学生由感性上升到理性。

再次，最有效地发展学生的智能。从哲学观点看，学生知识的掌握和能力的培养都离不开学习的主体——学生自身的智力活动，这是任何其他因素都无法代替的一种特殊的认识活动。所以，作为传递精神产品的教学，必须做两件事。一是调动学生主动学习的心态，让学生积极参与学习。二是要使学生形成良好的认知结构。最终促进学生知识的内化。显而易见，教师在讲授新知中，只有引导学生主动积极地"获取"知识，从知识的形成过程中去顿悟、去发现，才能完成知识的内化。而教师越俎代庖的简单给予是不利于学生知识内化的。有的学生说："只是告诉我，我会忘记；只是演示给我，我会记住；如果让我参与其中，我就会明白。"讲的就是这个道理。河北衡水中学对教师提出五个"要让"有一定道理：能让学生观察的要让学生自己观察，能让学生表述的要让学生自己表述；能让学生动手的要让学生自己动手；能让学生思考的要让学生自己思考，能让学生自己得出结论的要让学生自己得出结论。

所以，在讲授新知中，教师处理教材和选择教法不是"给予"，让学生"吃现成饭"，轻而易举得出结论，而是千方百计调动主体活动并创造思维条件，引导学生去悟出道理，发现结论。这既有助于学生知识掌握，又有助于智能的培养。

"因学而教"还是"以教定学"，其教学的起点和生长点也是不同的。"以教定学"的教学起点是定在自己的备课笔记上，"因学而教"则定在学生现实的学习状态上；"以教定学"的教学生长点是源于教师本身的才华，"因学而教"则是源于学生的困惑、疑问和需要。

二、"以学定教"不是降低教师作用

"以学定教"不是降低教师作用，关键是处理好主体主导的作用。美国加利福尼亚大学的学者做了这样的一个实验：

把六只猴子分别关在三间房子里，每间两只，房子里分别放着一定数量的食物，但放置的高度不一样。第一间房子里的食物放在地上，第二间房子里的食物分别从易到难挂在高度不同的适当位置上，第三间房子的食物挂在房顶。

数日后，他们发现第一间房子里的两只猴子一死一伤，伤的缺了耳朵断了腿，奄奄一息。第三间房子里的两只猴子也死了。只有第二间房子里的猴子活得好好的。究其原因，第一间的两猴子不用动脑筋，可以直接吃到食物，于是为了争夺唾手可得的食物大动干戈，结果死的死，伤的伤。第三间房子里的猴子虽然做了努力，但因为食物的位置太高，难度过大，够不着，被活活饿死了。只有第二间房里的两只猴子各自凭着自己的本能蹦跳着取食，然后在房间跑对角线来增加助路距离跳跃取食，最后，随着挂食物高度的增加，难度加大，一只猴子托起另一只猴子跳起取食，这样每天取到够吃的食物，很好地活了下来。

第一种，方法没有难度，培养不出能力和水平，反倒成了内耗式的互相残杀。第三种，方法太难，虽努力却不能及，也培养不出能力和水平，甚至埋没、抹杀了人才。第二种，方法适当，循序渐进，这样才能培养能力和水平，发挥人的主动性和智慧。

我们知道，充分调动学生的学习积极性，发挥学生主体作用，并不是要降低和放弃教师的作用。因为主体参与绝不是可以自发形成的，学生从被动学习转向主动学习，并参与教学全过程中，关键在教师。主体参与的有效实施，必须由教师有目的、有计划地组织指导和引导逐步去完成。

特级教师翟京华说："我们经常让学生做主体，这句话真正做到实在不容易。让学生做主体，首先要使学生会做主体，一个不会思、不会学，习惯于让老师牵着走的学生，即使给他时间，给他机会，他也做不了学习的主人，成不了主体。在任何一个教学环节中，如果学生没有自己的思想，没有活跃的思维，没有独到的思路，做主体就是一句空话……"翟老师的思考启示我们，要让学生参与学习过程，真正发挥主体作用，决不是仅在课堂上给了学生时间、空间，放手让学生自己去学、去讨论就可以大功告成的，关键要看教师的组织者、引导者、合作者的作用。

心理学研究还表明：教师知识水平与教学效果相关程度很低。也就是说，如果教师的知识残缺不全，不能帮助学生释疑解惑，那肯定会影响教学效果；但当教师的知识水平达到一定的临界值以后，而教师的另一类素质却会对教学效果产生最直接、最显著的影响——这就是教师的教学组织能力，尤其是组织学生学习活动能力。目前教师作用还存在下面一些问题：

（1）该引领的不引领，该要求的不要求。

（2）该讲解的不讲解。

（3）该示范的不示范。

（4）该释疑解惑的却"隔岸观火"。

（5）该纠正错误时不纠正。

（6）过分追求课堂教学的趣味性。

我们强调"以学定教，顺学而导"，教师的讲授作用表面看被弱化了，但教师组织教学的能力，尤其是组织学生学习活动的能力却强化了，要求更高了，这是备课必须注意引导的一个至关重要的问题。衡水中学李金池校长认为，在课堂教学过程中学生是主体，而教师就像教材、教法、环境等众多因素一样是"媒体"，是一种特殊的媒体，起着媒介作用。他有一个很形象的比喻："教师只是一位红娘，等张生和莺莺走到一起了，红娘就不要再在二者之间充当'第三者'

了。"在教学过程中，他认为：教师迟早要从学生和知识之间淡出，教师的任务是引导学生掌握知识，等学生已全身心地投入到对知识的探索之中时，教师再去不厌其烦地讲解，那就是"第三者"。洋思中学蔡林森校长打了一个比喻："学生在课堂上的自学好比是在高速公路上跑的汽车，而老师好比是引桥，引导学生走上高速路，不要走岔路。另外对后进生要督促、鼓励、辅导，对好学生要不断表扬。教师在巡回辅导的过程中把学生中的疑难问题写到黑板上，并考虑如何解决。"可见，在这里教师的主导作用还是非常重要的。与传统的教师主导作用不同的是：过去教师的主导作用是靠系统讲授来实现的，现在是"从知识的传授者转为学习的激发者、组织者和引导者"。它的作用主要体现在以下几个方面：

（1）组织者，使学生的求知活动始终围绕主要目标进行并收到最理想的效果。

（2）启发者，引导学生不断向知识的深度和广度进行探索。

（3）指导者，随时给学生以鼓励、督促和进行学习目的、学习方法的指导。

（4）传授者，在学生求"知"不得的时候，教师的讲授还是必不可少的。

第三节　从"教教材"到"用教材教"

有一幅漫画：开学了，学生兴高采烈地从四面八方涌进了建成三角形、梯形、扇形、拱形等几何图形的校门；毕业了，学生们无精打采地走出了都变成了圆形的校门。标题：应试教育。还有人对我们的课堂教学做了"四部曲"的概括：第一部曲"赶鸭子"，把学生都赶到教室里去；第二部曲"填鸭子"，给他们很多东西；第三部曲，填完后，到期终就是"烤鸭子"；第四部曲，最后学生都变成了"板鸭子"。

反思我们的课堂教学，有一重要弊端就是"封闭式"教育。教学观念封闭、教学时间封闭、教学空间封闭、教学内容封闭，教学形式封闭、教学过程封闭、教学评价封闭。这既不利于为 21 世纪培养合格人才，也不适合学生身心发展的规律，更不利于中华民族发展的后劲。

在新课程实施中教师备课的一项重要任务，就是要有"小课堂大社会"的观念以开放思想，倡导开放式教学，注重培养学生的实践和创新能力。那么教师在备课中应如何来贯彻和落实这一理念呢？

一、变"教教材"为"用教材教"，创造性使用教材

目前在使用文本教材上有两种值得注意的倾向：一种是把教材神秘化、神圣

化、教条化，教学中不能越雷池一步；另一种是冷落淡化教材，随意脱离教材，或不经过筛选和处理，盲目收集资料。新课程提出的"用教材教"而不是"教教材"，要创造性使用教材的理念问题，所以备课自然探讨这个问题。

（一）"用教材教"是一次观念上的重大转变

在中国，广大教师比较重视教材、大纲、教参。他们认为，教材是由国家组织编写的，教师的任务就是原原本本地教好教材，也就是说，教师普遍有教材意识而缺少课程意识。如中国向来就有对教材迷信的传统。在很长一段时间内，教材都是"四书五经"，它是文化经典，是皇帝钦定的，学生们只能读，不能疑。于是莘莘学子们便只能成天咿咿呀呀，摇头晃脑，忙着"代圣人立言"。这种做法能有多少好处？民国初年，我们不再以"四书五经"作为教材了，但是，教材崇拜、教材迷信的思想在许多人潜意识中仍然存在。多少年来中国就是在"教教材"，教材被神秘化了，被绝对化了。

如何突破我国沿袭多少年下来的教材神圣化的束缚？近现代一些有志教育改革的专家学者曾做过很多努力，也有许多重要的论述。叶圣陶先生有一个经典的观点："教材无非是一个例子。"他说："语文教材本只是些例子，从学生现在或将来需要读的同类的书中举出来的例子。"也就是说，语文教材的内容是很平常化的，没有必要把它神圣化，对它顶礼膜拜。这一认识的意义在于，把教材从权威思想的笼罩下解救出来。

实施新课程以后，我们大力宣传，教师不仅是课程的执行者，而且也是一个开发者、利用者，我们大力提倡教师要重视开发课程资源，要在充分吃透教材的基础上用活教材，创造性使用教材。特别是新教材给教师留出了充分发挥的空间，并要求教师在使用教材时要"用教材教"而不是"教教材"，这使广大教师的教材观发生了一些变化，增强了课程意识。

（二）"教教材"与"用教材教"的比较

"用教材教"而不是"教教材"，是一种理念。这种说法已有若干年了，目前许多人对它们的区别和联系以及各种作用，还有一些模糊认识。这里做一个比较归纳，以方便大家的分析和参考。

下面"教教材"与"用教材教"的比较是为了分析说明方便。其实"教教材"与"用教材教"并不是非此即彼对立的。它们之间是有重合交叉的地方。即"教教材"中有"用教材教"，"用教材教"中也有"教教材"，只不过以哪个为主、哪个为次罢了。

教教材与用教材教的比较

比较项目＼处理方式	教教材	用教材教
对教材的态度	①过于迷信教材。②教材编什么就原原本本讲什么。③重视固定结论和教材规定的任务传授，对教材比较负责化。④以书为本。	①教材是重要课程资源，但不是唯一资源。②教材是"范本"和"依据"，资源可开发，教材可拓展、创造性使用。③教材是载体，通过教材实现三维目标。④以人为本。
教学方式	①以教定学。②教师多采用讲授灌输为主，学生以记忆背诵为主。	①因学而教。②教师多采用教师引导、指导（包括讲授）下的学生自主、合作探究学习方式。③注重师生、生生、教材与学生的互动。
教学结果	①学生获得的主要表现为教材所呈现的知识结论，是一种单一的线性教学。②学生偏重知识，容易产生高分低能的学生。③精英选拔应试教育，容易牺牲大多数学生，学生灵活运用知识和社会实践能力差。	①学生获得知识的同时可能获得潜能开发、方法领悟、思维启迪、智慧生成、情感陶冶。②面向大多数。③知识面宽，运用灵活，学生社会实践和创新能力强。

（三）超越文本教材

我们知道，教材是学生学习的主要凭据，但不是不容质疑的圣经，不是冷冰冰的教条，教材是知识、技能、态度、价值观的载体。教材不是凝固、僵化的各种符号的堆砌，它应是师生互动、平等对话的媒体。由于文化的基础、地域或编写者的水平等因素的局限，任何教材都不可能是绝对完善的。另外，课本容量是有限的，现实生活远比课本更为精彩和丰富。学生不可能一生中只学习课本这些知识，况且新编教材一般弹性比较大，给老师留下了发展的空间，所以变"教教材"为"用教材教"，创造性地使用教材就在情理之中了。

（四）教教材就一定要教好教材

通过上面的对比分析我们可以看出，"用教材教"更符合新课程理念，并且是一种理想的教学境界。但是，由于受师资、教学背景资料、学生基础等因素的制约,现在还不能完全达到这种理想的教学目的,这就要从实际出发,分层次、分类别逐步实现。如对一些有定评的经典教学内容,不一定非要强行改造,与其东拉西扯,不如老老实实教好原版教材;而对于不适合本地区的学生或发现有明显的薄弱之处的教学内容,教师就可大胆地加以改造。

二、突破"三中心"——开放教学过程

尊重教材,超越教材;尊重教师,超越教师;尊重课堂,超越课堂。教师在备课教学设计中应突破"三中心"的课堂,放眼未来,走向社会,开放教学过程。

(一)课堂向课前开放

传统教学,学生上课才知道今天学什么,一切从零开始,显然学生完全处于被动学习状态。开放式教学要求教师在课前就公布学习内容,学生做必要的学习准备。如通过查找资料,收集信息,预习新课,对新授教学内容,有充分的了解和准备。正式教学时学生则处在相当的起点,学习过程中则处在时时主动探求的境界。例如河北衡水中学能取得高考全省七连冠,全市十二连冠的好成绩,这与他们实行的"学案制"有密切的关系(教师在课前将学习内容、目标下达给学生自学)。

(二)课堂向课后开放

传统教学把教学中的问题都封闭在课内,而开放式教学则提倡把问题带出课堂,带向生活,带向家庭,带向社会,真正收到课已尽但余味无穷的效果。

(三)课堂向家庭开放

学生的学习历来不是孤立的。家庭教育是课堂学习的重要背景和必要的补充,所以不能将它与课堂教学人为地割裂开来。教师备课应充分考虑课堂教学如何能和家庭教育联系起来,相互渗透,相互影响,从而相得益彰。

(四)课堂向社会开放

《语文课程标准》指出:要沟通课堂内外,充分利用学校、家庭和社会等教育资源,开展综合性学习活动,拓宽学生的学习空间,增加学习语文的实践机会。这就提示我们,教师必须重视充分利用社会这个大学校的人力资源和物力资源,让学生接触社会,接触实践,让课堂的时空向生活延伸,向社会延伸。

(五)教学问题开放

著名青年科学家、北京大学陈章良教授很有感触地说:"青少年活泼好动,对什么都充满好奇心。可是从六七岁上学起就被管得死死的,只有老师让你做什么你才能做什么,你不能离开那统一的答案一步,你没法问老师课本以外的一些问题,你不敢举手质疑……长此以往,就会磨灭好奇心,磨灭求知欲,磨灭想象

力。这样又何谈创造意识的萌生，又何谈具备创新能力?"陈教授一针见血地指出了我国当前在创新教育方面的弊端。

那么，新课程下，教师就要破除旧有的观念，解除束缚学生手脚的一系列清规戒律，给学生松绑，努力创造一个宽松、民主的教学环境。北京市八十中学特级教师宁鸿彬在教学改革中向学生提出"三不迷信"，"三个欢迎"，"三个允许"。"三不迷信"是：一不迷信古人；二不迷信名家；三不迷信教师。"三个欢迎"是：第一欢迎质疑；第二欢迎发表与教材不同的见解；第三欢迎提出和老师不同的观点。"三个允许"：允许错；允许改；允许保留意见。这是给学生的求异性思维松了绑，这样才能让学生大胆地独立思考，标新立异。

三、经历生发情感，体验产生智慧

认真学习过课程标准的教师会有一个重要的发现：以往教学大纲对知识的要求是"了解"、"理解"、"应用"，如今课程标准同时强调了学生"经历了什么"、"感受了什么"、"体会了什么"，如《语文课程标准》中"体验"一词成为整个文本中的一个关键词，总共出现了17次，贯穿于目标、建议、评价三部分之中，每部分都提到"体验"问题。这表面看来仅仅是几个字的变化，不过增加几个动词，但其深刻的含义却是很不相同的，就这几个字将会给教师的教学方式、学生的学习方式带来不小的变化。因为它突出了学生学习的过程，注重让学生在亲身"体验"中学习。

在教学中常有这样的事情，同一种类型的题目，学生一而再、再而三地出现错误，搞得教师窝火，学生丧气，很大原因就是出在我们教师身上，症结就在课堂教学这一环节中没有充分让学生参与，使他们在追求知识的过程中没有亲力亲为，能力没有得到锤炼和提高。

心理学的研究成果表明，学生的记忆因各种感知觉器官参与的不同而产生差异，表示如下：

记忆学习表

记忆的内容、材料	记忆量（%）
看到的书面材料	10
听到的信息	20
目睹的情景	30
边看边听获得的内容	50
听到、看到并经自己转述的材料	70
读过、说过并动手操练过的材料	90

根据上面揭示的原理，教师在组织教学过程中，变单一的信息输出为多向的信息输出，即让学生动口、动手、动脑，多种感官参与学习活动，一方面能调动学生的学习积极性，另一方面也有利于提高学习效果。

第四节　从"重知识"到"重情知"

动人心者，莫先乎情，情不深，则无以惊心动魄。考查一节课好坏的另一个因素就是看课堂上是否有"情"、有"趣"。

一、对学生厌学的反省

目前中小学生厌学的现象很严重，甚至还有愈演愈烈的趋势。有人对1.6万余学生抽样调查表明，无论是小学还是中学，学生一年比一年更加不喜欢学校环境和学习活动。有58%的学生选择"假如可以不上学的话，我会不去上学的"。有的学生把一首歌的歌词做了如下更改："书包最重的人是我！作业最多的人是我！起得最早睡得最晚的人是我！是我！是我！还是我……"

学生厌学心理产生的原因是多方面的。但是有两个不能回避的重要原因：第一，学生课业负担重。如下面这所学校的作息时间就发人深省。上午5点15分起床到12点，下午13点40分到17点10分，晚上18点到21点40分，每月休假半天。有的学生说：我的最高理想就是睡个好觉。还有比这个时间更长的，在应试教育中，教育行政部门逼学校、逼校长，校长逼老师，老师逼学生、逼家长——在这种恶性漩涡中学生、老师都搞得疲惫不堪。

第二，教师的教育思想落后，方法单一枯燥。我们不能把学生的厌学原因都归罪于应试教育上。学生为什么会厌学？很多情况下是他们由"厌师"、"厌教"引起的。反省我们的教学方式：重学生的认知活动，忽略学生的情感活动，学生学习没有快乐；教学方法单调枯燥、程式化、公式化，学生学无兴趣，是导致学生厌学的又一个重要因素。

调查研究表明，目前一些学校教师在一定层面还存在着"五个一"现象：1. 一讲到底满堂灌；2. 一练到底满堂练；3. 一看到底满堂看；4. 一问到底满堂问；5. 一乱到底满堂乱。设想一下，在这"五个一"的课堂教学情况下，学生能不厌学吗？所以有人说，如今在有些学校，学生已经被视为没有人性的学习机器，课堂不是一种快乐的生活，而是一种牢笼，这不是一点道理没有。

二、教学是一个情知过程

我们为什么要关注学生的情感活动呢？人非草木，孰能无情，何况我们每天要面对的是童心未泯、充满好奇、好动，有幻想和灵性的孩子？现代教学论研究证明，学生的学习心理存在两个过程。一个是感觉——思想——知识、智慧（包括知识技能的运用）的过程；另一个是感受——情绪——意志、性格（包括行为）的过程。前者是一种认知过程，是智力活动；后者是情感过程，是非智力活动。两者密不可分，缺一项都不能成为真正合理的学习过程。然而，传统的教学理论只看重认知过程，忽略了学生的情感活动，丢弃了非智力因素在学生学习过程中的巨大作用，这也是造成当前学生厌学和课堂教学效率低的一个重要原因。

众所周知，教学过程中最活跃的是师生之间的关系。教师与学生是一个有情感、有思维的教学统一体。教学中教师应充分尊重学生的人格，同时，学生又要尊重教师的教学劳动。师生在教学中情感交融、气氛和谐，进而达到师生情感共鸣。情感会滋润认识活动，它像润滑剂使机器减少摩擦加快运转一样，会使学生的认识活动排除障碍畅通无阻。正如北京市崇文区光明小学特级教师武琼所说："对于如何创设良好的心理氛围，在长期的课堂教学实践中，我的体会是：要和学生交朋友，与他们平等相处；要充分调动学生的潜能，激发他们在最佳的心理状态下参与学习的全过程的积极性，指导他们解决问题，帮助他们发展个性；要多表扬，慎批评，以理服人；课堂上鼓励与要求同在，给学生一个安全的课堂心理保障，其中最重要的就是与学生平等相处，尊重学生。师生之间在教学活动中有情感交流，很重要的前提是互相尊重，但首要的是教师尊重学生。我们的学生即使升入六年级，也还是未成年人，心理发展水平有限，需要理解、关心与支持。教师与学生相处，必须把他们当成是有独立人格、有独立个性的未成年人，平等地与之相处。教师对学生来说，在知识、能力、经验等方面的优势都是绝对的，不可能平等，但人格永远是平等的。"

总之，课堂教学也是一个小社会，是师生交流的场所，同样需要人情、友情、亲情的温暖。这种情是通过教师来传达的，作为备课者在课堂上就要注意到教师"知"与"情"的处理，看教师对学生是否尊重，看教学是否情知结合，互为作用，相得益彰，看学生在教学过程中是否不仅学会、会学，而且还爱学、乐学。

三、兴趣是最有魅力的教学资源

"人不入迷难出奇"，教师的教学不仅要依赖于情感，还要借助于兴趣。兴趣是最富有魅力、最有开发价值的教学策略资源。兴趣是点燃智慧的火花、最提升能力的前提，是推动学生学习的内在动力。教师只有创设有趣的学习情境，激发和保持学生参与各种学习活动的兴趣，才能消除学生的心理障碍，降低学生的心理负担，活跃学生的思维想象，从而充分挖掘学生的内在潜力。魏书生说："兴趣像柴，既可点燃，也可捣毁。"20 世纪 60 年代北京市著名特级教师霍懋征在总结自己六十多年成功的教学经验时，说有三种法宝：一是热爱学生；二是认真备课；三是培养学生的学习兴趣。特级教师吴正宪说："30 年的教学实践让我体会到兴趣这个内驱力的巨大的能量。……一位学生如果能对数学发生兴趣，他就会酷爱数学学习，持久地集中注意力，保持清晰的感知，激发丰富的想象力和创造力，形成'爱学——会学——学会'这个良性循环。"

从以上分析可以看到，"情"和"趣"是激活课堂教学和让学生由厌学转化为乐学的两件法宝。教师备课评课必须关注和研究教师在课堂上对"情"和"趣"的挖掘和运用问题。

四、"情""趣"教学的应用

通常课堂上的情趣教学主要通过以下几个方面表现出来。

（一）教师情感与亲和力

一个在学生中有威望、有人情味和有亲和力的教师往往在课堂上更能激发学生学习欲望和学习兴趣。学生从喜欢老师——崇拜亲近老师——喜欢他教的学科，直到喜欢他上的课。有人这样评价小学数学特级教师吴正宪老师的课：

她的课，知情交融，师生互动；她的课，充满了童趣、乐趣。课伊始，趣已生，课继续，情更深，课已完，意未尽。40 分钟的数学课，像磁铁那样把每一个孩子的心紧紧地吸在一起，孩子们觉得数学课很好玩，孩子们不愿意下课，请求吴老师再给他们上一节课，在即将离开时，有的孩子留下了恋恋不舍的眼泪……

（二）教师对教材情趣因素的挖掘

特级教师于漪在教《周总理，你在哪里》一课时，课堂出现一片悲咽之声。为什么会这样呢？于老师说："我的教案是用泪水写出来的。备课时我想得很多很多，想到周总理的伟大人格，非凡的才能，直到周总理几十个春秋南征北战，戎马倥偬，特别是想到周总理的临终嘱咐，真是悲痛欲绝。"因为于老师备课时有了这样的情感，教时怎会不激起学生强烈的思想共鸣呢！各个学科都存在着对情趣因素的挖掘问题。

（三）教师对教材的激活和独特处理

教材是死的，人是活的。教师通过对死教材的巧妙处理能够化抽象为具体，化平淡为神奇，激发学生的强烈学习兴趣。鲁迅先生曾说过："外国平易地讲述学术和文艺的书，往往夹杂些亲话和笑话，使文章增添活气，读者感到格外有兴趣。但中国有些译本，都将这些删去，单留下艰难花朵，折花固然是折花，然而花枝的活气却灭尽了。"领会鲁迅先生的话，联系今天我们的课堂教学，要让学生坐在课堂上学得轻松与快乐，教师上课为什么非要正经八百、一脸严肃呢？课堂上恰到好处地穿插一些笑话，让课堂教学增添活气和轻松快乐，就能使课堂情境化，生活化，寓教于乐。

（四）教师的教学激情

太原市特级教师刘颖的教学很有特色。她的学生曾说："刘老师会煽情，她的课不是叫我们笑，就是叫我们哭；要么叫我们争论不休；要么使我们回味无穷。我们在哭笑中丰富了情感，在辩论中明晰了是非，在回味中悟出了许多'作文与做人'的道理。"

（五）教学方法的多样化

单一的讲、学、练、问都可能带给学生学习上的枯燥无味。如果学生能够读读、看看、写写、画画、做做，就会激起学生的学习兴趣。

（六）教师的幽默感与人情味

学生比较喜欢幽默和有人情味的教师，他们说："有的老师上课很'神'，挺幽默，使我们笑口常开，在欢乐声中学会深奥的知识，听这种课是一种享受，是我们精神生活的一部分。我们不喜欢老师讲课太刻板，老一个调子，一个模式，一副没有表情的样子。上这种课，我们觉得是一种负担，在盼望下课铃声中度过45分钟，既学不会什么东西，又使人疲倦、厌烦。"

讲人情味就是教师要放下架子，和学生平等交流；要有亲和力，做学生的朋友；要用智慧给予学生开心的启迪。

第五节 从"统一要求"到"区别对待"

教师备课不能回避且必须面对的另一个教学理念就是怎样看待和怎样对待学生之间的学习差异。为什么有的教师备课、上课、批改等教学工夫没少下，可就是教学效果不佳呢？这往往与我们不能科学地认识学生的差异，不能很好地进行区别性教学有密切的关系。如当老师怨恨、埋怨、指责、惩罚学生学不会、不好好学时，想没想过：有时也许不是学生错了，是我们错了，是我们看待学生的方法不对，是我们要求的标准不对，是我们的教育体制出了问题，学生是无辜的。

一刀切、齐步走、统一规格、统一要求，这是当前现行教育中存在的一个突出问题。备课用一种模式，上课用一种方法，考试用一把尺子，评价用一种标准，这是要把千姿百态、风格各异的学生"培养"成一种模式化的人。显而易见，这既不符合学生实际，又有害于人才的培养。目前我们课堂教学中出现的许多问题和矛盾，以及教学质量的低下就与一刀切、统一要求有关。

从统一要求到区别对待，教师在教学中应建立哪些理念呢？应试教育的弊端大家都看得清楚，并深受其害，这里不必浪费更多时间去讨论。这里着重来思考教师自身观念转变的几个问题。

一、正视学生的差异

有三个这样的孩子：

一个孩子4岁才会说话，7岁才会写字，老师对他的评语是："反应迟钝，思维

剪冬青联想　丰子恺

不合逻辑，满脑子都是不切实际的幻想。"他曾经还遭遇到退学的命运。

一个孩子曾被父亲抱怨是白痴，在众人的眼中，他是个毫无前途的学生，艺术学院考了3次还考不进去，他叔叔绝望地说："孺子不可教也！"

一个孩子经常遭到父亲的斥责："你放着正经事不干，整天只管打猪、捉耗子，将来怎么办？"所有教师和长辈都认为他资质平庸，与聪明沾不上边。

这三个孩子分别是爱因斯坦、罗丹和达尔文。

三个从小看来毫无希望的孩子，后来居然成了卓有成就的名人，由此看来，教育并不是一种定格的模式。人的个性千差万别，教育者是不能把孩子的发展定格在我们自以为是的范围之内的。学校培养人才不是生产月饼，要立足人的本性教育，让学生全面和谐地发展，并不是让每个学生，按统一规格平均发展。而让风格各异的学生按统一的规格平均发展，不仅不可能，而且还会贻误学生一生的成长。每一个学生都是独特的、不可重复的、无法替代的个体，这种差异和独特是每个人最宝贵的精神财富，我们应该正视学生差异，尊重学生的选择。

有人说，黄沙如海，找不到绝对相似的两颗沙粒；绿叶如云，寻不见完全相同的一双叶片。那么也可以说，人海茫茫、教海无边，我们既找不到两个完全相似的学生，也不会找到能适合任何学生的一种教学方法。这就需要我们来研究学生的差异，以便找到因材施教的科学依据。那么，学生都有哪些方面的差异呢？

（一）智力发展水平差异

一个学生聪明与否，思维反应的快与慢，首先反映在他的智力活动上。所谓智力，是保证人们有效地进行认识活动比较稳定的心理特点的有机结合。学生智力上的差异主要表现为发展水平差异、结构特点差异和发展早晚差异。

心理学的研究表明，人的智力水平是呈常态分布的。有些人智力发展水平较高，有些人智力发展水平较低，而大多数人的智力属于中等水平。

（二）智力发展早晚差异

心理学研究证明，儿童的成长发育从时间说是不平衡的，有的早一些，幼年时期显露才华，有的中年时期或更晚一些才做出成绩，这大体表现出以下三种情况。

1. 人才早慧

这样的儿童天资聪明，在幼儿园或小学就表现出特有才华，他一般思维敏捷、灵活，反应快，想象力丰富，记忆力好，注意力集中。我国唐代大诗人李白"五岁通六甲，七岁观百家"就属于早慧。

2. 中年成才

大部分人的智力发展到中年达到高峰。有人曾统计 1960 年前 1234 位科学家、发明家所做的 1911 项重大发明创造，画出人才成功曲线，说明最佳年龄为 35 岁左右。由此看来，中年成才是普遍现象。

3. 大器晚成

由于受遗传、环境、教育等因素的影响，有些人的才华表现比较晚。如大发明家爱迪生 30 岁后发明留声机、电灯等。我国的著名画家齐白石 40 岁才表现出绘画才能，50 岁才成为有名的画家。所以有些学生在校学习成绩平平，甚至很糟，但毕业后显露才华也是不足为怪的。

（三）表现在学习领域与非学习领域的差异

正因为人先天秉赋的某些差异，后天环境影响与教育的差异，本人努力的差异，必然会给中小学生的智力和学习结果带来差异，因而表现出学习成绩上的大分化：一部分人表现出成绩优异，一部分人表现出成绩一般化，一部分人则表现出成绩低下。

学习成绩不好就表明了一个人无能，智力低下，将来不可造就；而学习成绩好就是智力优秀，将来有所作为吗？并非如此。这只能说是学生表现出学习领域中的成就和差异。著名漫画家蔡志忠有画漫画的天赋和兴趣，但功课一般。初二那年，一位新来的老师一段话改变了他的人生取向。这位老师说："并不是每个人都应该走读书这条路，也不是每个人都能从读书中获得最大的益处。我们应该随时随地反省，自己现在走着的路是不是应该走的路，自己现在做的是不是真心要做的事。"这段话促成蔡志忠果断地中断学业，背上行李去台北漫画界闯荡，若干年后，他成了华人世界中影响最大的漫画家。蔡志忠虽未在学习领域创造优异成绩，却在非学习领域创造了优异的成绩。

北京第二实验小学有一位学生，曾上了9年小学，几乎每上一个年级留级一次，而今，却靠完全正当的手段成为一位董事长。尽管当年学习不好，但现在他非常重视知识的作用，聘了不少博士、硕士，用"借脑袋"方式来发展自己，这样的例子在许多地方不胜枚举。

人有所长必有所短，有些长处突出者往往存在着明显弱点。例如，爱迪生刻苦钻研科学技术，具有惊人的创造力和成就，但在与人接触中，谈论起发明以外的事，却总是漫不经心、冷淡无情；他的个性是倔强、"不合群"。著名数学家陈景润具有高超的数学研究能力，但其个生活能力不及一般的人，做起生活方面的事来，连十几岁的小孩子都不如……大量的事实说明，人的长处与短处是相对应而存在的，好像"山高谷深"，山越高则谷越深。

（四）表现个性特长的差异

学生的差异不仅表现在智力水平上，还表现在智力风格和特长上。美国心理学家加德纳教授经过多年的研究认为，每个人都或多或少拥有不同的8种智力：①言语语言智力；②逻辑数量智力；③音乐节奏智力；④身体运动智力；⑤空间视觉智力；⑥自然观察智力；⑦人际交往智力；⑧自我内省智力。这8种智力代表了不同潜能，这些潜能只有在适当的情境中才能充分地发展起来。而加德纳的多元智力理论与中国古代的"六艺"有惊人的相似之处。

礼——人际关系处理智能；乐——音乐智能；射——运动智能；御——空间智能；书——文学、语言智能；数——数学、逻辑智能。按人才成长的规律，学生的兴趣、爱好、个性特长是他们成才的基础。学生选择职业和确定研究目标，往往是根据自己的喜好和特长。所以，兴趣爱好和特长是人成才的前提。而在学校里，成绩好的学生有特长，成绩差的学生也有优势。比如有的学生学习成绩很差，但模仿和表演能力很强；有的学生学习数、理、化钻不进去，但却能歌善舞；有的学生对文化学习不感兴趣，但酷爱体育和美术；也有的学生组织能力强，还有的学生善交际等等。如果教师对这些学生的特长及时发现，给以珍视，并注意正确引导，那么被考试分数一把尺子"判决"为"不可造就"、"朽木不可雕"的学生，很可能走上社会时就成为某一方面的专门人才。因此我们展望一个学生的成才不能仅限于学生在校学习的情况，还要看社会实践。如果喜欢美术的到广告公司搞美术设计，能歌善舞的当演员，组织能力强的当领导，这样每个人都有了用武之地。陶行知先生说："您的鞭下有瓦特，你的冷眼里有牛顿，你的讥笑中有爱迪生。"这话是很有道理的。

从以上可以看到，学生的智力和才能表现在生活、生产、劳动、学习、创造、语言、文学、体育、音乐、美术、空间想象能力等多方面，人类到底有多少种智力？有多少种才能？世界上还没有人能做出令人满意的回答。一般说，人只能在一个或几个方面显出优势，并同时也会有特长。只用学习成绩的优劣给学生做出聪明或愚笨的结论，那不是培养人才，分明是扼杀人才。人才是各种各样的，社会的各行各业都需要人才，人才的广泛性几乎渗透到整个的大千世界。所以，我们应该善待每一个学生。

二、差异性教育的实践

目前在对待学生的差异上，有两种值得注意的倾向。一种是不敢承认学生的差异，怕承认了差异会使教师放弃一部分学生的教育。一种是夸大学生的差异，把学习好的看做是天资聪明，将来有所造就，把学习不好的看做天生笨蛋，是朽木不可雕也。显然，这两种思想都失之偏颇，我们应以科学的态度来对待学生的差异。

学生的差异是客观存在的，而这种差异不仅仅是智力水平高低、优劣上的区别，而是有各具特色和风格上的差异。正是由于人的心理的差别性，每个人才能成为真正的"主体"，并作为一个真正的个体而存在。由于人的心理的个别差异，才形成了心理生活独特性和多样性。也正是由于这种差异越来越大，导致学生学习的分化现象是不可避免的。现在我们承认这种差异、正视这种差异，正是为了因材施教，培养学生特长，发展学生的个性。

洋思中学的老师有一个坚定不移的信念，这就是"没有教不好的学生"，这坚定有力的 8 个大字写在洋思中学的教学楼上，也烙在洋思人的心坎上。从校长、教师到学生，都坚信这 8 个大字，而且洋思人说起这句话时，总是充满了自信。

洋思中学的这个信念是由蔡林森校长树立起来的。这是他从自己三个孩子的教育经历中悟出来的道理，并且在洋思中学的办学过程中坚定不移地贯彻实施，才取得了如今这样的成绩。蔡林森有两子一女，三个孩子小时候都在老家的小学里上学，成绩均不理想。大儿子上一年级时，不识数，跟不上班；二儿子上四年级时，曾经把成绩报告单上的算术"68"分改成"88"分；小女儿小学毕业时，成绩在全初中班倒数第一，是全镇 26 名未考取中学的学生之一。小学老师对蔡林森摇头叹息："你的孩子怎么一个不如一个？"三个孩子先后离开老家，进了洋思中学读初中。蔡林森义不容辞地成了三个孩子的"辅导老师"。每天中午，他叫孩子口述上午学过的例题，口答习题，如果哪一道错了，就在那道题的旁边打一个"?"，但不告诉他答案，让孩子自己看书、思考、更正。孩子拼命地动脑筋，满头是汗，不停地自问："怎么错了？怎么错了？"蔡林森只是默默地看着孩子，耐心地等待。等呀，等呀，孩子终于惊喜地叫起来。蔡林森笑着说："对呀！"以后，蔡林森利用散步、洗脚和临睡前的时间再问一些类似的题目，看孩子是否真正理解掌握了。每天晚上，他还让孩子默写英语单词，错了的，自己更正，并记下来，再反复默写、检查。星期六回家，蔡林森骑着自行车，带着孩子，一边赶路，一边把本周学习中做错的题目再查一遍，如果错了，就再更正。这样，20 几里的乡间小路，成了孩子总结一周学习的"课堂"。

三个孩子慢慢学会了自学，读完初一，都一跃成为优秀生，并且越来越爱学，越学越好。后来，大儿子考取了上海交大，小女儿考取了华东师大，并先后赴美留学，大儿子已获得博士学位；二儿子大学毕业后入了党，提了干，并在一家知名企业中担任财务科长。

既然人的成功绝不是循规蹈矩地一味顺从，也不是局限在那仅有几门应试的科目上，是多类型、多规格、多层次的，教学方法也应该是有差异的，多形式的，是根植于个人资源的对某一领域的爱好与执著。北京市特级教师马芯兰对教学提出"下要保底，上不封顶"的评价思路（"保底"是指保证学生人人达到一个基本要求；"不封顶"是指在达到基本要求的基础上，让不同的学生都有所发展）。林崇德教授提"鼓励冒尖"、"允许落后"；浙江新昌中学提出"全面发展打基础，学有特色是目标"；最近浙江北海中学又推出"分类教学法"，即把学生分为 A、B、C 三类（动态）的分类教育。考试出题、布置作业都区别对待，因而取得了良好的效果。还有的学校提出三才教育，即成才教育、英才教育、特才教育。另外实施新课程以后，许多老师在备课时根据学生差异制订弹性教学目标，还有许多老师在课堂上尊重学生的学习个性，让学生用自己喜欢的学习方式来学习等，这些都是重视差异性教学的体现。

第六节　从"重记忆"到"重思维"

思维是智力的核心。思维能力也是一个人聪明才智的标志。所以教师备课无论是哪个学科，无论是哪一节课，都应该把思维训练作为重点内容来研究。

一、为什么要重视学生思维训练

（一）知识学习依赖于思维（思维有学习功能）

我们知道，学生学习知识是离不开思维的，而且越是肯动脑筋，积极思维，学习效果越好，而更不必说，思维能力越强的学生，学习的效率越高。语文的阅读与写作，数学的判断推理，物理的动手实验，哪些能脱离思维呢？一个缺乏思维能力的学生又怎能学好各科知识呢？所以，特级教师张富说："作为一名教师，只教学生读书，不教学生思维，书是无法教好的；作为一名学生，只会读书，不会思维，书也就无法读好。"

当前学生在课堂上的思维有两大弱点。一是思维惰性。由于思维领域狭窄，思维能力欠缺，往往不愿多想、细想、往深处想，思维呈呆板滞状。二是思维奴性。学生往往只能求同，不善求异，这是在知识面前的一种奴性的表现。以上学生思维上的弱点，恰恰是教师平时在课堂教学中不重视和缺少思维训练造成的。而学生这两种思维上的弱点严重影响学生对新知识的学习。

（二）思维训练是教学的根本任务（思维有增智功能）

现代教学研究告诉我们：教学是一个智育的过程而不是"知育"的过程。我们知道，在教学过程中，既要重视对学生知识的系统传授，又要重视学生智能的发展，这既是教学的本质和规律所决定的，又是我们的教育面向 21 世纪人才培养的需要。特级教师孙维刚说："我想，我们致力于培养能力，发展和完善学生智力素质，学生的头脑逐渐'强大'了，在试题面前'运筹帷幄'、'纵横捭阖'，难题自然是'落花流水'了。所以，我们的教学，一定要有利发展、完善学生的智力素质。"

特级教师胡炯涛说："我依据多年的实践与思考认为：数学教学姓'思'，即思考、思维。数学教学除使学生掌握一些必要的数学知识外，主要是为了使学生变得聪明，变得坚毅。数学教学方法主要应激发学生思考的热情，使学生会思考，善思考，勤思考。数学教学过程就是数学思维过程。"思维训练是课堂教学一项根本任务，也是实现教学工作由"以传授知识为中心"转向"以发展为中心"的关键所在。

（三）强化思维训练，减轻记忆负担（减负功能）

作业如山，题海茫茫，当前学生的真正负担，并不是在思维上，而是在记忆上的负担和重复性的劳动。现在学生虽然学习时间很长，劳动强度很大，但他们主要用于背诵和记忆，因此思维并没有得到很好的训练。这就是弊病。所以，强化思维训练，提高学生效率，减轻记忆负担，是学生进行有效学习的根本途径。

　　教学实践证明，人凡教学素养高的优秀教师，都是通过提高课堂教学效率来提高教学质量，而不是通过加重学生负担来提高质量的。如北京市特级教师孙维刚就是重视思维训练、培养学生能力、发展学生智力、减轻学生负担的典范。他从 1987 年起，10 多年来，基本上没给学生留过硬性的家庭作业，学生没交过作业，也没判过作业。他带的实验班各科老师也不多留作业，从而使学生在 6 年中，一直都能保证每天睡眠 8.5 小时以上。

　　他在提高学生智力素质方面有以下几点做法：

　　（1）站在系统的高度教学知识之上；

　　（2）着眼于知识之间的联系和规律，更着重于哲理观点的升华；

　　（3）课堂上，促进学生超前思维，并形成向教师（包括课本）"挑战"的态势，使学生在思维运动中训练思维，真正做学习的主人；

　　（4）题不在多而在精，更在于"知题善任"，一题多解，多解归一，多题归一；

　　（5）从初一年级开始，即指导学生进行研究，写出小论文；

　　（6）保证学生有充足的睡眠和体育锻炼。

　　孙老师卓有成效的教学实践是很值得我们研究和思考的。

　　综上分析，加强思维训练，是教学的本位，也是教学的最基本规律。

二、思维训练的落实

　　思维训练对老师来说，既不陌生，也不神秘。各科教师几乎人人在做，天天在做。只不过是有的教师是自觉在做，有的教师是不自觉在做，有的教师是在有序有效地训练，而有的教师在无序盲目地训练。那么，教师在备课教学设计中应怎样落实思维训练呢？

　　学生的思维能力不会随着知识的积累而自然增长。学生的思维能力发展和智力水平的提高，要看教师采取什么样的教学形式。而这种教学形式的确定，首先取决于教师有无训练意识。河北衡水中学课堂提出的"五为主"——"教师为主导，学生为主体，问题为主轴，思维为进度，训练为主线"是有一定道理的。

　　教师训练意识主要体现在有意、有机、有序、有效几个方面。

1. 有意

　　所谓"有意"就是有思维训练内容和目标，在教学过程中有意识强化学生的思维训练，并将思维训练与知识教学放在同一教学目标上。

2. 有机

　　所谓"有机"就是把思维训练有机渗透在知识的载体中，贯穿于课堂教学全过程。我们强调思维训练，并不等于老师要撇开课本另加一套。思维训练必须寓于各科的基础知识的教学之中。脱离基础知识教学的思维训练，思维能力也就成了"空中楼阁"。如语文教学中的思维训练，并不在完成预定教学任务之后另加的教学内容，而是在进行读、写、听说训练的时候，就融进了思维训练。思维训练强调的是渗透。

3. 有序

"有序"就是寓思维训练于教学之中，在内容上、层次上围绕教学大纲中的要求，从各年级、各单元、各课时训练目标的达成上，努力形成思维训练的系统和系列。既不能零打碎敲，也不能坡度太陡，要先易后难，循序渐进，构成体系，形成整体。

4. 有效

有效就是训练到位，见成效，不图形式。

一个人没有思想便如行尸走肉一般，作为一名教师，应该形成自己的教育思想，通过自己的教学实践体现自己的教育价值观，绝对杜绝东风来了向西倒，西风来了向东倒，听了一个专家报告，被他的教育思想所感染，学了另一个专家的思想，又被其"赤"化。现在很多教师往往专家怎么讲就怎么听，每次学习下来，总是很感动，眼花得不得了：今天一种观点，注意发挥学生的主体地位，于是乎教学围着学生转；明天一种观点，注意发挥教师的主导作用，于是乎教学由教师主导。整天忙于学习不同的教育流派，始终难以找到自己的观点。成功的教师一定要形成的自己思想，把自己在多年的学习和实践上的独到见解，积淀成自己的教学价值观，让每一节课，每个教学环节，都闪耀着自己智慧的光芒。

新课程下教师备课应树立的教学理念不能仅局限于以上几个层面。限于篇幅，这里不一一赘述了。

［思考题］

1. 结合你的教学体会，谈谈你对"教知识"向"教发展"转变的体会。
2. 你怎样理解"既要尊重教材，又要超越教材"这句话？
3. 你赞同"教学的本质是教学生'学'"这句话吗？为什么？
4. 你是怎样看待学生之间的学习差异的？

第三章　备课的最佳途径在哪里
——备课的基本方法步骤

◆ **问题**

赵本山和宋丹丹演的小品中，宋给赵出了一个幽默智力题："要把大象装冰箱，总共分几步？分三步，第一步把冰箱门打开，第二步是把大象装进去，第三步是把冰箱门关上。"显然这是个笑话。那么教师备课应该分几步呢？每一步又该怎样开始，备什么呢？实际这涉及教师备课的最佳方法途径问题。那么，怎样衡量备课的质量？怎样利用备课的最佳时间？怎样借鉴名师的备课经验？怎样利用网络备课？备课的基本方法步骤又是什么呢？

天道酬勤，亦酬术。教师备课不仅要讲勤奋，也要讲方法策略。备课有最佳方法途径吗？花费最少的精力和时间，而取得较大的备课效益，就是备课的最佳方法途径。本章就来讨论这一问题。

第一节　备课的四种境界

你把课备完了，我也把课备完了，那么谁的课备得质量更好呢？教师备课的质量水平可划分为以下四种境界。

一、形神皆散

这里说的"形"是指教材内容和课堂教学的外在组织形式。而"神"是指教材内容本身和课堂教学活动内容本身。

进入到这种状态的备课重要特征是：备课的形式不完整不规范，环节重点抓不准，主次不分，层次不清，程序混乱，乱如麻，备课内容简单复制教材，人云亦云，教参怎么说就怎么做，依葫芦画葫芦，连瓢都不敢画，整个备课全是别人的影子，找不到自己的灵魂，甚至做不到邯郸学步。备课既没有艺术性，也没有思想性。

这种类型的教师种种教学素养缺乏。一是文化底蕴不足；二是教材钻研不透，驾驭教材能力差；三是心理学、教育学的教育理论匮乏；四是教育思想人云亦云，没有自己的追求。

二、有形无神

这种境界注重教学设计的形式化。从常规看，导入、传授、巩固、练习、课堂小结环环相扣；从创新看，自主合作探究，师生互动很符合新课程理念。但是这种课还仅停留在表面，形式化的，有形无神，教师还缺少自己的思考，备课中不能体现自己的教学价值观，或者能较少地体现自己的理解，不能百分之百地用自己的口说自己的话。这类教师的数量不在少数，所谓完成了备课工作，应付学校的检查。

三、形散而神不散

这种备课内容不重形式，但这样的备课应该算得上是优秀的备课了，不大讲究备课的形式，根据自己的理解和思考删除了一些自己认为无多大价值的环节和程序，结合自己教学实践创造性地备课，以最大限度地体现自己的教育理念和教学的价值追求，把备课的思想性作为主要目标。比如这样的老师对内容的理解很透彻，也能讲出自己的见解，教学有个性，但他们的教学形式很可能是单一呆板的。这样的教师往往是教学能手或者是骨干教师，个性化很强，是教师队伍的主流，对促进学生的全面发展和素质教育的实践发挥了极大的作用。

四、形神皆不散

这是一种高品位的备课，在备课中使艺术性和思想性实现了最完美的结合，备课形式简洁凝练，环节与步骤，环环相扣，多一字显肥，少一字显瘦，肥瘦相间，过渡自然巧妙，处处显露智慧，字里行间，无不闪耀着自己的教学思想，这样的课备出来个性化极强，听课是一种享受。有人说这样的备课是用生命来备的，是用一生的时间来备的，评价恰如其分。如小学特级教师于永正，他的语文课堂形成了"五重"教学特点：重感情、重积累、重情趣、重迁移、重习惯。他的课体现他的新、实、活、疑、爱、情、趣、美的教学风格，这也是他语文教学的八字真经。他的口语交际性的作文教学更是作文教学的一朵奇葩。再如语文特级教师孙建锋，他的课堂教学与时俱进，彰显扎实、灵活、创新、诗情、人文、激情、幽默的艺术风格，他常常把语文上到学生心里去，给人以强烈的震撼。他认为语文老师应做到：目中有人，心中有本，教中有表，课中有智。他的教学语言是工整的、诗情的、智慧的。但很可惜的是这样的教师数量有限，他们成为了广大教师的榜样和学习的楷模。

第二节　课时备课的最佳时间

备课应是常年的，它包括平时对教材全册、单元的通览，各种教学教材的搜集等。那么课时备课，尤其是落笔"成案"，以什么时间为最好呢？

传统备课要求教师要超周备课，即提前一周备出一、二课时的课并写出教案。这样做适合适吗？仔细分析超周备课弊多利少。

首先，从教师负担上看，备课有其个体性，除必要的集体备课外，教师更适合于化整为零地穿插在批改、处理琐事等各种空余时间来备课。如果学校总要求教师超前备课，除了学期初，教师先于学生上学有一点整体备课时间外，平时是很少有整块时间来做到超周备课的。如果平时学校总追求超周备课，一方面会加重教师负担，另一方面教师势必要降低备课质量，或不做认真的教学设计，草率应付；或拿来主义，把别人的教案抄一下。其次，从遗忘的规律上看，我们知道，遗忘有一重要规律："先快后慢"、"先多后少"。教师备课备得过早，容易产生遗忘，容易造成备课成果的流失。再次，从教学激情和创意上看，教师备课时常会产生一些灵感和冲动，这是一种激情和创意，短时间内在教师头脑中是一种很好的备课资源，如果及时走进课堂，则可能带来预想不到的课堂教学效果。但是如果备课时间和上课时间拉得太长，则教师激发起来的教学激情和创意就容易降温和淡化，影响教师上课效果的有效发挥。

那么教师超前备课，什么时间最适宜呢？

有人对教师备课的提前量应为多少才合适做了如下的调查，结果是：A：一周（16%）B：三天（26.4%）C：1～2天（50.9%）D：当天备当天上（6.7%）。

从上面这个调查可以看出，多数的教师对课时备课比较倾向于提前1～2天（占50.%）和提前3天（占26%），只有少数（16%）赞同超前备课。

所以，教师备课在学期初，因为时间充足可以超周备课而要多备一点。教师在平时通览教材可早一点，但对课时教材的研读处理，特别是落笔成案（教学设计）就可晚一点。最好是上课前的1～2天。

在这一问题上，颇有经验的冯佳群老师谈了自己的备课经验：

我感到提前一天备课的好处是：在第一次备课到第二天上课之间的一天时间里，我们可以充分地准备教具，有意无意地思考第二天教学中的疑难点，在酝酿中激发灵感，寻找有灵性、创意的教学法。我的好多教学灵感都是在路上、床边、灶台旁闪现出来的。我的具体做法如下：

　　我课余时间捧得最多的也是教材。看教材时，先将一周的课时划分好，然后就看第二天要教的内容，同时结合上一天的教学情况和当天家庭作业批改情况，预想学生在学习中可能遇到的困难，确定教学的重点、难点和疑点，预设教学活动过程，并将教学要点在书上写出来，同时考虑如何详略得当、重点突出，合理安排每一环节的时间，并留足学生的课堂作业时间，等等。最后再看教参和参考教案，通过对比找到自己在把握教材时存在的认识不足和思想差距。这种对比式的备课方式是许多特级教师所积极倡导的，我从中受益匪浅。这样，我由钻研教本和人本到胸有成课的过程前后大约10分钟。在第二天上课前，我捧起课本，再次追问自己：这堂课的重难点在哪里？怎样设计教法学法和教学环节来分散难点、突出重点？在哪些环节上要舍得花时间，哪些地方要快马加鞭？学生在练习中可能会出现哪些知识负迁移？如何通过对比沟通新旧知识的内在联系，突显新知的本质？如何用直观、形象的方法让学生在活动中做数学等等；并借此再次熟悉教学环节，再次做到领会精髓、胸有成课。同时就地取材，为教学准备简单实用的教具。这样，前后准备一节课的时间不过15分钟。

（选自《中小学教师培训》2007年第11期）

　　如何看备课的时间和方法，下面这位老师的做法也值得借鉴。

　　我备课的具体方法是：

　　1. 教师提前一周将所教课文读几遍，并将有关的教参资料认真地看一遍，在头脑中留下一个总的印象，但不动笔。

　　2. 学生提前一周将课文读熟直至背诵，要求每个学生能提出两个书上没有的问题，要求互相帮助找出答案，并于课前抄在黑板上进行男女比赛。比谁提的问题多，最后经过老师评比，选出其中最有价值的问题，要求学生抄写其中20个问题在书上。

　　3. 教师提前一天备课，我要求自己每一课必须备出一个亮点、新颖点，每一课必须悟出一个练笔切入点。要求必须备出与教参的不同之处，每期我都能做到对课文的处理有三分之一左右与教参有所不同。

　　特别值得一提的是，每篇课文我都能或多或少地实践"作文教学与阅读教学密切配合"。

　　我始终认为：老师应带着问题上课，带着思考教学。

第三节　教师备课的五个步骤

我们常看到一些老师手持教材或参考书，而对错综复杂、千头万绪的教学，不知从哪做起。那真是老虎吃天——无从下口。出现这种情况，通常与教师不掌握备课的基本程序，即不掌握备课的方法步骤有密切关系。那么教师备课应该分几步呢？其实，这没有统一的标准，要根据每个教师的具体情况而定。有时可以采取三个步骤，有时可以采取五个步骤，有时也可以采取七个步骤。如下面这位老师备课采取的是三个步骤：

有效备课三步走
马采青

第一步：吃透教材，把握全篇。

在备课时，教师首先要熟读教材，对教材内容作深入研究，把握教材的重点难点，确定学习目标、能力目标和情感目标。例如，在教学《草船借箭》一文时，我把课文读了无数遍，几近达到背诵的程度，确定好教材的重点——引导学生了解草船借箭的原因、经过、结果，分析草船借箭取得成功的原因，感悟诸葛亮的神机妙算。用语言表现人物性格是本课在表达上的特点。因此，我在授课前自己先反复练习朗读。周瑜表面客气，内心暗藏杀机；诸葛亮明知周瑜不怀好意，却以大局为重，从容镇定，胸有成竹，这些都能通过我的朗读表现得惟妙惟肖。这样做好准备，上课时指导学生朗读就非常有针对性。

第二步：查阅资料，开阔视野。

在熟悉了教材之后，我和学生一起查阅资料，一起了解草船借箭的故事发生的年代和历史背景——东汉末年，曹操、刘备、孙权各为一方。当时曹操刚刚打败刘备，又派兵进攻孙权，于是刘备和孙权联合起来抵抗曹操，刘备派诸葛亮到孙权那里帮助作战，诸葛亮"草船借箭"的故事就是在孙刘联合抗曹时发生的。

同时，我把《三国演义》第四十六回"用奇谋孔明借箭，献妙计黄盖受刑"的前后几回又熟读了好几遍，对人物之间错综复杂的关系，尤其是把周瑜嫉妒诸葛亮的前因后果以及鲁肃在此事件中的立场做到心中有数、融会贯通。

第三步：广集教案，选择最佳上课模式。

做好知识准备以后，我通过网络和学校资料库搜集到几个关于《草船借箭》的教案，然后博采众长，结合自己的特长和学生特点确定了适合学生的教学流程；先让学生读课文，在初读课文的基础上感知人物性格；再通过朗读或表演，让学生根据自己的理解读出或演出自己认为写得精彩的地方，让人物形象在孩子们的心中活起来；巧设疑问，引导学生讨论诸葛亮在给周瑜立军令状之前已经计划好了什么，从而了解草船借箭的神机妙算；最后我利用草船借箭成功后的故事情节调动学生的阅读欲望，引导学生在课外阅读《三国演义》以达到课外延伸的目的。

（选自《中国教师报》，山东省临朐县第一实验小学校）

通常教师有效备课总要经历这样几个步骤：

第一步，定标准：明确教学任务

有的老师错误地认为：课堂教学效果的好坏是通过教学环节体现出来的，教学环节设计精彩，一堂课就可能出彩。而教学目标别人又没法看到的，只要象征性地写几句就可以了。因此，也出现过先写教学过程，再写教学目标的情况。也出现过教学过程和教学目标有出入的情况，这也是导致教学目标定位不准的原因。

方法的困惑往往源于目标的迷失。路不怕走得远、走得累，就怕走错方向。教师要备好课，首先学好《课程标准》（教学大纲），要明确本单元、本课时要完成的主要任务和目标。教学目标是一节课的主旨，教学环节的设计是为了达成教学目标，所有教学环节都是围绕教学目标展开的。不管怎样的教学设计，如果和教学目标没有关联，都应该剔除。

如北京市第二实验小学华应龙老师讲授《计算器》一课谈了如下体会：

叶圣陶先生有句名言："教是为了不教。"我觉得叶老师的这句话可以从教学的过程和终点两个层面上理解。而"教是因为需要教"，是从教学的起点和过程两个层面上说的。学生不是一张白纸，只有教在学生需要教的地方，才能上出一节有意义、有效率的课。在经济发达地区，如何开机、关机、认识数字键、运算符号键等，都不需要教，需要教的，是储存和提取数据的方法以及在使用计算器过程中应注意的问题。这对当下的课堂教学是有针对性的。

关于课题。在这节课上，我不是问"你会用计算器吗"，而是以不断地追问"你会用计算器吗"来贯穿全课，因为学习是学生自主建构理性认识的过程，也肩负培养学生反思智慧的责任。结果，应然的课堂和实然的课堂达到了很好的一致，我非常满意。

即然教学目标的制定这么重要，教师备课每一节就要先搞清楚教学目标。

第二步，定内容：知道教什么

这一步是教师研读教材的过程。通读、细读、精读教材，弄清楚教材内容的前后联系和内在的逻辑关系、重难点以及原因，构建知识结构和网络。尽量揣摩编写者的意图，以及教材内容背后蕴涵的情感、态度和价值观等。

也就是说，在这一步需要解决的问题："教什么？""选什么？""教什么最好?""主题是什么?""采取什么呈现方式?"如有位语文教师在谈到备课时说,我首先反复阅读教材,理解教材(通常对文章得熟悉5~8遍以上),寻找并确立教材的知识点(新旧知识衔接点、重点、难点)、兴奋点(情感共鸣点、生活切入点)、创新点(质疑难点、拓展发挥点)。上《和时间赛跑》一课时在多次阅读之后,我逐渐确立了抓主人公情感由悲伤、不理解到着急、激动这条线来代讲的策略。我结合学生生活实际来处理第八、九自然段,使重点得以突出,难点得以解决。

总之,第二步定内容要解决教学内容的宽度(范围)、深度、难度问题。教师必须清楚这一课,教是为了需要教本课中必须教的,不教是因为那些内容可以不教或少教。上海市虹口区教育学院语文教研员黄怡认为:教师讲授应坚持"五讲五不讲"的原则。"五不讲"是:支离破碎的分析不讲;学生已经懂的不讲;学生自己能讲的不讲;教师讲不清楚的不讲;学生听不明白的不讲。"五讲"是:要讲,教师必须有自己研究课文的心得体会、感悟发现;要讲,必须高于学生之上,要能讲得学生感兴趣,讲得学生记得住,讲得使学生开眼界,讲得使学生佩服你;要讲,必须是传授程序性的知识,而不是陈述性的知识;要讲,必须传授逻辑上有必然联系的知识;要讲,必须传授主题性的知识。

第三步,找素材:激活教材

这是根据教材内容寻找素材。即收集与本课有关的资料,也叫做开发课程资源。它包括:(1)背景资料;(2)影音资料;(3)教学设计;(4)教学实录;(5)同类资料;(6)拓展资料。如有位语文老师的《和时间赛跑》一课先后在网上阅读了7个教学设计,又看了吉春亚、孙建峰几位名师的课堂实录。

素材并不等于教学内容。教师准备了很多内容,不能一下子都塞给学生,要对素材进行梳理取舍加工整合。因为只有对素材根据自己的语言或者教学风格的特点和班级学生的实际情况进行去粗取精,优化组合,这样的整合才有效。因为只有这样居高临下,才能势如破竹。在讲课时力求把握特点,突出重点,克服弱点,让学生获得真知。

第四步,备学生:知己知彼

斯卡纳金说:如果孩子没有学习愿望的话,我们的一切想法、方案、设想都会化为灰烬,变成木乃伊。《孙子兵法·谋略篇》中曰:知彼知己者,百战不殆,不知彼而知己,一胜一负;不知彼,不知己,每战必殆。[①]

---

① 既了解敌人,又了解自己,百战都不会有任何危险;虽然不了解敌人,但了解自己,那么有时能胜利,有时会失败;既不了解敌人,又不了解自己,那么,每次用兵都会有危险了。

显而易见，这里说的"知彼知己"并不是要把学生当做敌人来看待，而是通过它给我们以启示：当老师的要想搞好课堂教学，仅仅满足于研究教材是不够的，还要了解自己，尤其是要了解自己的教育对象——学生。这就是知彼知己。教师教学工作只有"知彼知己"，方能"百战百胜"。

教师备课必须重视备学生——对学生的了解。所谓教师备课要吃透两头。一头是吃透教材，另一头就是吃透学生。备学生就是要了解分析学生的知识水平、能力状况，了解他们的情感、态度、价值观的发展状况，了解他们之间的个体差异，了解他们对学科的态度，了解对教师教学方法的态度等。教师备学生的方法也有很多。如通过与课代表或其他学生的征求意见，召开座谈会，传递纸条，设计问卷，作业批改，测试，平时观察，到学生中间走一走等等。

第五步，设流程：形成实施方案

这是设计教学的过程，编写教案的过程。教学过程设计包括教学环节的设计，从导入、新授、练习、小结作业的设计环环相扣，一节好课应是开头引人入胜，中间高潮迭起，结尾余音未绝。

总之，教师备课的五个步骤，既有相对的独立性，又是一个整体。在实际操作中又因课、因时和教师的个性习惯有所不同。但在大多数的情况下，教师遵循这个规律会大大提高备课效率。

第四节 学习借鉴名师备课经验

天道酬勤，亦酬术。教师备课不能只靠辛苦和蛮干，要讲方法，而快速提高备课能力的最好办法就是学习借鉴名师的备课经验。追循名师成长的轨迹，我们能发现一个共同的现象：他们无一例外都经历过"模仿——整合——创新——形成个性化风格"的发展历程。

那么，教师应该怎样学习借鉴名师备课经验呢？

第一步，学。

组织教师学习先进的课堂教学经验和教学模式。如翻印优秀教师的教学经验材料，组织教师收看优秀课例录像。让大家首先把别人的先进教学思想、课堂教学方法模式吃透。

第二步，仿。

这是在学习了别人经验的基础上，"依葫芦画瓢"模仿着上自己的课。学一课，管一类。

第三步，创。

这是在仿上"葫芦课"以后进行评议，同时照优秀课例，联系模仿课的成败得失，再进行设计，起于模仿而高于模仿，逐步形成自己的教学特点或风格。齐白石先生曾告诫弟子说："学我者生，似我者死。"教学也是同样的道理。要成为一名有所建树的教师，如果始终是单一模仿名家，只会把自己引向死胡同。在经历了模仿之后，要跳出单一模仿状态，而把自己学习来的各样经验加以融合，让它们成为能够适应我们的课堂需要，适应我们的学生实际的备课方式。

第四步，写。

教后反思，总结提升，形成经验论文材料。如今是网络时代，不仅书店有着铺天盖地的教学著作，图书馆中有着成千上万的教学文章，而且网络还以它的博大和宽宏，为人们提供了纵情驰骋的空间。当我们拥有了这么良好的备课条件时，又怎么能放弃这些宝贵的财富不用，而只凭借个人的微薄力量蜗行摸索呢？

江苏省仪征中学刘祥老师就谈了自己如下的亲身体会。

从学校毕业后，我便一头扎进了一所革命老区的山乡初中。学校很小，没有图书馆，没有资料室，所有的教学资料，就是教务主任文件柜里的一排北师大出版社的《中学语文教案》，但这上面都是名家的心血。于是，我就依照自己的喜好，倾心钻研各位名师所备的那些课文，不惜花费时间，将他们的课堂中起承转合的语言都熟练地背了下来，然后将它们模仿到自己的教学实践中。

大约是工作的第三年，一个偶然的机会，看到了县教师进修学校的一盘教学实况录像带，这给了我很大的触动，开始产生了强烈的观摩名家上课的念头。但县里的那点外出的参观学习的机会，都被县城中学老师占去了。于是，我辗转托了几个同学，从进修学校把他们的 12 盘教学实况录像借了来，一盘盘地看，同时一盘盘地记录。把每一句精彩的过渡，每一个精妙的提问都记录下来，写在自己的备课本上，然后在教学到这篇课文，或者教学到同类课文时，就在备课过程中反复揣摩，逐字逐句地推敲备课中的各个环节。就这样，我成了魏书生、钱梦龙、欧阳代娜等专家的"偷艺"弟子。这种备课活动，让我获益颇丰，自认为教学上向前迈进了一大步。

学习别人的经验往往会有三种态度。一种情况是照猫画虎，全盘照搬；一种是不以为然，百般挑剔；还有一种是取其精华、灵活运用。三种态度、三种做法会带来三种不同的结果。

第一种情况，这部分人妄自菲薄，盲目迷信别人，不相信自己，缺乏分析能力，把别人的教学方法生硬地套在自己的学生身上。他只看到别人的"花样"、"套套"，看不到实质。他们"依葫芦画瓢"，听一节课"用"一节课。由此这些教师常常是画虎不成反类犬。按照这种做法，这部分教师只能踩着别人的脚印走路，既不能创新，也永远不会超越。

俗话说："外行看热闹，内行看门道。"一节课，人家为什么这样安排，而不是那样安排；一个问题为什么这个时候这样提出，而不是那个时候提出，都是经过认真考虑的。假如你不是领悟其实质，学习其精神，而是一味地模仿照搬，这样做的效果能是怎样，自然是不言而喻的。

第二种情况，这部分人妄自尊大，没有虚心学习的态度，他们听课看不到别人的长处和优点，总是拿别人的短处来比自己的长处。他们听课不是从中想学习吸收点什么，而是挑刺，抓住一点，不及其余。听完课后，一会儿说老师说错了一句话，一会儿说写错了一个字。他们总是这不如我，那也不如我，或者强调起客观因素来，说什么他们领导重视，他们的学苗好，他们条件好……这样弄得别人一无是处，自己也就一无所获了。

尺有所短，寸有所长。三人行必有吾师。作为听课的老师，不管水平有多高都应有一个虚心的态度，你水平高也会有劣势的地方，讲课者水平再低也会有可取的地方。只有放下架子，虚心向别人学习，才会提高，而孤芳自赏、目空一切是不会学到东西的。

第三种情况，这部分教师听课不是学套套，而是学精神。对别人的经验消化吸收，重在创新。这部分教师善于发现别人的长处，补己之短。他们听一节课就能得一点，日积月累，就能逐步完善自己。他们有主见，既了解自己也了解学生，还能从别人的失误中找到值得借鉴的经验。这样的教师，就像蜜蜂一样，采得百花酿蜜，吸取别人的经验变成自己的东西，这样的听课收获就大。

显而易见，第三种人学习别人经验的态度和做法是值得提倡和效仿的。

教师怎样消化吸收别人的教学经验，而后进行创新呢？下面这个事例可提供参考。

一次，省特级教师黄中海老师讲了一堂课，课文是《"丧家的"资本家的乏走狗》。黄老师采用"剥笋"的方法，顺着作者的思路，以精心设计的板书引路，层层挖掘阐发，把文章中锋利的刀刃，闪现在学生面前，课堂上教师精心点拨，学生踊跃发言。课讲得实在太好了。一位青年老师模仿此法施教《藤野先生》，结果演了一场"独角戏"，效果很不好。这就是只学了套套，照搬的结果。这位老师碰了壁后，认真对照黄老师的课，又多次去请教黄老师，结合自己的实际和自己的特点，创造出"思路教学法"。他把中学语文教材中文章的思路归结为：记叙文"纵向或横向思路"，议论文为"问题思路"，说明文为"特征思路"，叙事诗为"纵向或横向思路"，抒情诗为"意境思路"，将这些思路认识，寓于每篇文章的教学之中，让学生感知，而后引导学生归纳总结，上升为理性认识。后来他教《故乡》一文时，就叫学生根据地点转换和描写的侧重点来理清写作思路，没多久，学生就理出来了：回故乡——在故乡（写人）——离故乡（抒情）。课上得生动活泼。

上面这位老师的做法就是既有借鉴移植，又有创新发展。

另外，刘祥老师谈的以下做法也很值得我们广大教师学习借鉴。

目前，我外出听课与授课的机会多了，每当有外出观摩的机会，听课记录便是最重要的一件事。我的习惯是尽量把他人授课中精彩的设计和启发、鼓动学生的话语都记录在专门的听课本上，这个本子，被我称为"授课秘籍"。回来后，遇见适合的课文，备课时就要把这些"秘籍"拿出来，与我的教学实践相磨合。一旦被我的教学实践验证了是适合我学生的好方法，那我就将之据为己有了。这种将别人的教学设计、教学细节跟自己的教学目标、教学构思相整合的过程，其最大好处是让我把偷艺得来的原本很杂的各种风格和自己学生的实际、自己的个性特点紧密地结合起来，为形成自己的教学风格奠定了良好的基础。

这种博采与整合的备课法，发展到21世纪后，已成为我更新知识、保持课堂活力的最重要的招数。2004年时，我在网络上看到了《愚公移山》、《荷花淀》、《斑羚飞渡》等几篇风格特殊的课堂实录，尽管我并不完全认同这几位老师对于文本内容的个性化解读，但我却十分欣赏他们的课堂处理技巧。于是，我把这些实录打印出来，每隔一个阶段，就在备课时拿出来揣摩。我在等待着尝试这种方法，验证这种方法。终于，我遇到相关的文本。我便在备课时，将自己对于这种深度解读文本、互文式拓展阅读的理解融合到了我的备课活动中，设计出了具有我自己的个性化理解的教学流程与细节。这种整合的结果是，这几个文本都成了我授课中的精品课。《一个人的遭遇》的课堂实录，被《人民教育》杂志选中；《贵在一个新字》的课堂实录，被《现代教育报》看中；其他的课堂实录，也在网络上引起了一定的反响。

备课中的博采与整合，不一定要建立在完整教学流程的基础上，更多的时候，是在备课过程中，将平日里积累的各种教学细节穿插到自己的教学设计中去。比如，课堂提问的设计，我就会把以前收集的资料提出来，看看别人是如何质疑的、如何表扬学生的、如何尊重学生的个性化观点等。研究这些细节，看起来和整个课堂的完整没有多大的联系，实际上，正是这些细节的完善，才有了整个教学流程的精细。例如，我在很多的课堂上，需要找学生朗读课文时，就这样问学生："今天，大家最想听谁来朗读课文？"这个提问，就是在最初的备课中，从一个老师的实录上发现的，然后就有意识地使用到自己的教学设计中了。

第五节 使用参考书的最佳策略

课程标准、教材、教学参考书是教师在教学中的三件法宝，教师在教学中应充分利用好。

目前在中小学教师备课中，普遍存在照搬照抄参考书的现象，有的甚至一字不差。这种做法是十分有害的。第一，表面看来，老师似乎是节省了时间和精力，而实质是以参考书现成的思考，代替了教师个人对教材理解思考的过程，因而影响了教师对教材的真正理解。教师自己都未能深刻理解而是鹦鹉学舌说别人的意思，在教学中怎能分析透辟、打动学生呢？

一位教师讲《草》这篇文章，讲完之后有人问她，你读好这篇文章没有？她理所当然回答"好了"。可是有人问她，课文开头的引言放在那儿有什么作用？她却无法回答！这就是她已经被"教参"参住了，自己没能设计好文章，读透文章。

第二，迷信参考书，这会使教师受参考书"先入为主"的影响，束缚自己的创造力。教学参考书说了的，自己就不再深入思考，满足于"吃人嚼过的馍"。这样的教学是没有个性的教学，也是没有前途的教学。

第三，参考书都是有关教育专家、教研人员编写的，它对指导教学具有比较普遍的适用和参考价值。但是全国那么多学校那么多班级，怎么可能用一个统一的教案去进行教学呢？"教参"有普遍的指导意义，是针对教材的整体结构和教法的一般特点而言的。具体地对一所学校、一个班级来说，还要考虑它的许多特殊性，如学校条件、学生基础、后进生的情况等。因此，全盘照搬"教参"，不利于因地制宜地定出授课计划，不利于因材施教。况且教学参考书也并非都是十全十美。

第四，教学参考都是水平较高、教学能力较强的教育专家和特级老师编写的，其中不乏可行的、精彩的教例。但是这样的教例也存在一般教师如何驾驭和控制教材问题。用中等或低水平的教师素质来驾驭和控制高水平的教例，也有一个是否适用的问题。

第五，长期照抄、照搬"教参"，容易形成依赖和惰性心理。懒惰是教师从事教学工作的大敌。不动手、不动脑，长此以往，不利于严谨治学。

对参考书的态度重在参考。既要学习利用，又不照搬。正如特级教师于漪所说："我给自己立了个规矩，绝不做参考资料照搬照抄的人，要独立思考，刻苦钻研，力求真懂。为了备好一堂课，我常常花 10 个小时、20 多个小时，经过上百篇教材的钻研，我尝到了庖丁解牛的滋味。我总觉得别人分析教材写的资料，别人潜心钻研所得，对我一说，总隔了一层，只有经过自己钻研，所得体会才是真切的。拿自己的真切体会指导学生，课堂上就得心应手、左右逢源。"

对参考书的正确使用应该是这样的：

（1）先钻研教材，后看参考书。

（2）参考书贵在参考，既要发挥它的参考作用，又不要受它的束缚，要有所选择。

（3）把参考书作为开拓思路的工具，在此基础上再去发挥、去创造。

（4）参考书选择应是大家公认比较好的。有条件应多看几家的，取众家之长，补己之短。

第六节 有效利用网络备课

一台电脑、一根网络连线，就能让你足不出户便知天下事，与素未谋面的同行交流……如今，大山挡不住知识，网络发展给教师学习提供了一个挥洒自如的天地。网络是让教师走出狭小空间、走出自我的绿色通道，越是偏远地区，越应该与网络联通。利用网络来备课给教师带来一场革命，其优势是：

一、提高备课效率

在过去的备课方式中，教师用在书写、修改和查找资料等方面的时间过多，从而增加了教师的工作量。电子备课，则可以利用计算机和网络技术很方便地找到自己所需要的资料和课件，再加上其特有的修改和编辑功能，从而大大提高了备课的效率，使教师有更多时间放到思考课堂教学设计和其他的教学准备工作上来。

二、开拓备课思路

由于计算机和网络具有强大的信息搜索功能，使老师在进行电子备课时，可以轻易地找到或者发现与教学内容相关的资料，这样拓宽了教师信息来源的渠道，丰富了课堂教学的资源。再加上通过网络和"网上邻居"进行资源共享，教师能很容易地得到其他老师的教学方案，这必然会开阔老师的备课思路，帮助老师更准确地理解和把握教材，提高备课质量。

三、方便资料积累

通过备课，教师可以把平时接收到的教学资源、课件和信息，通过其快捷的下载、复制和输入功能，及时地收藏到原来的教学设计中，从而充实了备课资源库，并为其今后的检索和再现提供了条件。

但是网络备课也是一把双刃剑，它有优势，也有弊端。网络备课处理不好也会带出一些负面影响。因为网上有了大量现成的东西，反而让一些老师产生了依赖的心理。网络备课为责任心不强、懒惰的老师，打开了方便之门。有的不假思索地全盘复制网上的教案和课件；有的学期初就把别人的教案全部拷贝过来，不做任何修改。这样的备课还不如手写，因为在抄写时，至少回忆了原有的教学设计，加深了印象，效果远比复制粘贴好得多。如下面这位教研组长在博客上谈的情况就很值得思考：

离开了网络和教参，我们还能上好课吗？

元旦假完了以后复课，办公室的同仁们都在忙着备课，由于这次复课后，高二要上语文第二册的《陈情表》，而前一天的假期和头一晚上的晚自习，大家没有备课，今天上午，有几个老师都在忙着备课。由于教学的是下一年度的课文没有教材，教材只有靠学校印刷厂临时印刷几课文章；没有教参，教学用书还没到；没有教案（我说的是现成的，书店里能够买到的教案书），所以大家都在忙碌地"备课"。

所谓的"备课"不是研读教材，研究教法，而是逢人便问：有没有课件？有没有教案？有没有课文朗读？到网上找到了没有？面对这种情况，我只有悲哀的份。

离开了网络和教参，我们还能备好课吗？我们还能上好课吗？作为语文备课组长的我，只能坐在一角，装作没有听见。我能说什么？我有教案，但是，是自己先研读教材了解了学情后设计出来的；我有课件，是自己根据教案，借鉴别人的课件，修改出来的；我有课文朗读，是自己在听了一遍课文后，发现读音和课文有不符之处后，心里有数的。可是我能给别人吗？到底是先有别人的教案和课件，再"备课"，还是先得有自己的主见和想法，再进行教学设计？照本宣科能上好课吗？

现在网络上什么教案都有，甚至是作文教案和课件；书店里什么参考书都有，包括成套的教案设计和教师用书。可是，可敬的老师们，没有自己的审视教材，你还能称得上"师"吗？难怪我们还都只是"匠"，甚至，在有些时候，有些人连"匠"都还称不上！现实是，我们中间有太多的不会备课的教师。

（选自《我的博客》网页）

由此可见，网络备课，喜忧参半。作为学校领导和教育行政部门首先应该明白，随着信息技术在学校教育中心的广泛应用，备课已经不可阻挡，因此既不能因噎废食，也不能过于放任，应正确引导和建立必要的规章制度。网络备课本身没有错，关键是教师要增强责任意识，无论是用文本备课还是用网络备课都应以讲究实效为原则。

那么，作为教师又该怎样利用网络来备好课呢？

教师们目前采用备课的方式仍是相对落后的。学校配笔记本电脑对教师备课行为的影响是否大？有人做过调查，91%的教师认为"大"，其中50%的教师还认为"很大"，但是落实到行动上，能运用电脑撰写教案的仅占13%，其中只有6%的教师能用电脑备课案。教学设计来自网络的只有35%的教师采用过。对于教学资源的选择，认为教师的积累和学校条件是最主要依据的仅占21%。这实际上就是没有充分认识到电脑在资源管理的优势和学校可能提供的现代化教学条件。由此可见，对网络资源的好处的认识，是较充分的，但运用并发挥其优势的意识明显不足，而实际使用的情况则令人担忧了。

那么要改变这种局面，首先，学校和教师要充分重视电子备课和利用好网上资源。学校在设备上和技术指导上做好工作，而教师必须有一个积极态度。网络是一个博大精深的资料库，远隔千山万水，教师可通过看优秀教师的课堂纪实、教学反思，查阅课标解读、教材处理、下载课件，为自己备课服务，并优化教学设计。

"踏破铁鞋无觅处，得来全不费工夫。"把网上能查阅出来的各种资料，或下载打印出来，或放在收藏夹、新建文件夹中，随时可翻阅查看。这是教师储备知识的一个极好的方法。

其次，利用博客、QQ的巨大力量。亲切而自然，真心地表露自己的感言，让情感流淌在鼠标上，这就是网络博客和QQ的巨大魅力。教师可利用博客和QQ同名师或杰出人物真情对白，也可与同行、普通教师推心置腹。有了这个平台，教师就能迅速地提高和成长。

什么叫教师博客？教师博客是教师中的一种，它们以文字、多媒体等方式将自己日常的生活感悟、教学心得、教案设计、课堂实录、课件等上传发表，超越传统时空局限（课堂范畴、讲课时间等），促进教师个人隐性知识显性化，并让全社会可以共享知识和思想。博客网认为，随着教师博客的大规模普及，将在基于传统课堂教学的"教堂式教育模式"之外，催生出真正开放的"集市式教育模式"，从而推动人类教育事业的进步。

再次，克服负面影响。网上可聊天，可做游戏，可看影视，可看书……教师紧张工作之余上网休闲一下，一张一弛，未尝不可。当然这需要把握分寸，适可而止，尤其不可在一些低级无聊的网站上荒废时间。

附：靳家彦《备课五字诀》

执教四十余载，备课小有心得。概括成五字诀，即：钻、参、联、选、写。这五个字，既是备课流程，也是常态方法。

钻：即钻研，备课如同打井，只有深钻，才能得水。我在备一课时，总要先放声诵读，一丝不苟，反复吟咏，口诵心惟，如朱熹所言："使其言皆若出于吾之口"，"使其意皆若出于吾之心"。如《林海》一课，老舍先生描写大兴安岭的"岭"时，写道："这里的岭的确很多……可是没有一条使想起'云横秦岭'那种险句。""云横秦岭"明明是一个词，作者为什么说是险"句"？这"句"究竟是哪句？查阅大量资料始知韩愈在《左迁至蓝关示侄孙湘》一诗中有"云横秦岭家何在？雪拥蓝关马不前"句，这句还不险吗？故云"险句"。这种由此及彼，一追到底的方式，既是备课，也是进修。

参：即参考，除了教材之外，备课要参考大量的资料。大至原著、出版，小至一词一句，都要胸中有数，明明白白。决不可以己昏昏，使人昭昭。如备《珍珠鸟》，除了查阅有关珍珠鸟的大量参考资料外，还登门访问了冯骥才先生，请他介绍创作意图和经过，进一步深入领会了"信赖，往往创造出美好境界"的深刻含义。

联：即联系，联系学生实际，联系前后内容，联系学生发展。要全面提高学生的语文素养，备课时就要充分研究学生的知识水平、能力状况，对他们在情感、态度、价值观的发展上处于何种状态做到心中有数。语文教材前后的联系很密切，要从纵、横两个方面研究它们的内在逻辑，重视知识、能力、智力的提升线路与范畴，促进学生得到切实的发展。

选：即选择教与学的方式方法，选择恰当的媒体手段。该学生钻研、思索的，一定留给他们充足的时间；该合作探究的，一定保证质量，不走形式；该老师讲授的，不要有顾虑，接受性学习与自主合作要各展其长，相辅相成。现代信息技术与传统恰当运用，都要与教学内容有机整合，不能以点击代替对学生的点拨。

写：即写出教案。写教案是为了指导上课，而不是束缚手脚，生成与创造是课堂教学永恒的主题。

（选自重庆万州天城小学网页）

[思考题]

1. 你怎样理解备课的四种境界？
2. 在课时备课的时间上你有什么体会？
3. 说说教师备课的五个步骤。
4. 说说你利用网络备课的体会。

第四章　怎样解决课堂上的一厢情愿

——备学生的方法策略

◆问题

老电影《南征北战》中国民党高级将领李军长在军事会议上有段经典台词："——对，对历史教训，我们谁也不能忘记。但是知己知彼方能百战百胜，这是军事上最普通的常识……我们以往的失败就在于轻敌哟。"

这里虽然谈的是军事上的问题，但是对教师的教学工作不无启发。知彼知己者，百战不殆，对教学工作有相同的道理。正如斯卡纳金所说："如果孩子没有学习愿望的话，我们的一切想法、方案、设想都将化为灰烬，变成木乃伊。"教师要想搞好课堂教学，仅仅满足于研究教材是不够的，还要了解自己，尤其是要了解自己的教育对象——学生。那么，教师怎样去了解自己，了解自己什么？了解自己的方法和途径又有哪些呢？

课堂教学最怕的是教师的一厢情愿。那么，课堂上怎样才能变教师的一厢情愿为师生的两厢情愿呢？一项重要措施，教师备课中不仅要备知识、备教法，还要备学生。要经常来一个换位思考：假如我是学生应该怎么学。本章就来讨论这一问题。

第一节　为什么要重视备学生

一、有助于把握学生心理

教师在课堂上讲什么当然是重要的，然而学生想的是什么更是尤为重要。一位老师就有这样的体会：我常常遇到这样的情况，自己辛辛苦苦地备了课，教案写得详，课讲得细，可学生听了感到厌烦，这是怎么回事呢？一了解，是教学脱离了学生的实际。相反，有些课文，自己较熟悉，胸有成竹，只写简案，把时间花在了解学生、倾听意见、改进方法上。由于讲授的内容在详略取舍方面与学生的心理、基础、要求相吻合，讨论的问题与他们的兴趣、意愿相通，方法运用恰当，因此学生听得有滋有味，教学效果就好。

从这位教师的体会中可以看到，教师要上好课，既要钻研教材，又必须去了解学生，掌握学生的学习情况，做到目中有人。否则，对学生的基础、学习态度、需要等情况若明若暗，或一无所知，即使课备得滚瓜烂熟，也容易因脱离学生实际而造成教学的失败。

二、有助于恰当地处理教材

教师吃透了教材，但在设计教学的时候如何处理教材的详与略、精与细、难与易，该如何增删取舍，不应以教师的好恶为标准，它的依据应是学生的实际。常听到学生反映："我们懂的地方老师讲得多，我们不懂的地方，老师反而讲得少。""有的老师讲得过多，重点还不突出，讲过以后我们还似懂非懂，下课后无法做作业……"这都说明，老师不了解学生的实际，心中无数，教学失去了针对性。所以，教师处理教材时只有了解学生，心中装着学生，才能有的放矢。

三、有助于学生参与教学活动

传统课程教学最大的弊病，就是用教师的一厢情愿，强行灌输，代替学生的主动学习和自我体验。

新课程下的备课可以用"教师搭台，学生唱戏"这句话来概括。"搭台"就是教师要洞悉学生心理和时代精神，构建适合学生智力发展的问题情境，以便更有效地组织学生"唱戏"。教学环节的预置、课堂组织方式的确立，都要以充分发挥学生的主观能动性为前提，不能搞生硬的牵引，教师应灵活地发挥自己在教学过程中的作用。比如，备《社戏》一课，教师与其干巴巴地提出诸如"分析双喜、阿发、桂生的性格特征"这样冷冰冰的问题，不如把自己当成学生的知音，问："如果你和这三个伙伴一起，你更愿意和哪一个做朋友，为什么？"这实际上是变换角度，使学生真切地进入问题的情境。面对这样具有亲和力的问题，学生愿意思考，也愿意表达出自己直面文本的感受。那么要想做好这一点，教师必须在备课中充分了解学生。不了解学生就无法实现"教师搭台，学生唱戏"这一愿望。

四、有助于选择合适的教学方法

任何一种教学方法，当它还存在于我们的观念中，当我们还只是在字面上——教科书上、教案上分析其优缺点时，这不仅不能算是真正的方法，而且即使是最好的、最精密的教学法，也只有在教师加入了自己的个性，对一般的东西加入了自己的、经过深思熟虑的东西以后，它才能是有效的。这里不由得想起波兰的著名教育家亚努什·科尔恰克的话："指望别人给你提出现成的思想，无异于计别的女人替你生产你的怀胎的孩子。有些思想是要你自己在阵痛中去生产出来，这样的思想才最宝贵。"只有你在其中注入了自己的智慧、自己的活思想的教学方法，才是最好最有效的方法。

那么，教师怎样才能将教学方法融入自己的思想个性和智慧呢？这也需要充分了解学生。当你备知识的时候，应做到学生好像就在你的面前，当你教学过程中对某一环节进行构思和设计的时候，就应自然地想到，哪些学生能适应你的设计方案，哪些学生不适应你的设计方案，为什么不适应你的设计方案，采取什么方法和措施使之适应。换句话说，就是不能把备知识和备学生割裂开来，而应把二者结合起来，作为备课的一个整体，长期坚持下去。

第二节　备学生什么

既然备学生如此重要，那么教师应该备学生什么呢？

一、班级情况分析

教学班是教师开展教学工作的基本单位，教师应该对班级有一个全面的了解。了解班级的学生构成、特点、风气、智能结构、学习情况、学习兴趣，以及多数学生对自己教学所持的态度，班级中比较有代表性的意见，班级中各正式团体和非正式团体的构成及活动能量等。

二、了解学生个体自然情况

一个班级又是由每一个学生个体组成的，要了解学生的爱好性格、习惯、家庭状况、文化背景等。

三、了解学习基础

这是对学生原有知识、技能掌握范围、程序和存在问题的了解。有位中学老师谈了这样一段体会："我第一堂课给初三学生讲比例的概念和性质，课前反复钻研教材，编写教案，甚至自己一个人到空教室中试讲，设计板书。但课堂实际效果不佳，学生说我把他们讲糊涂了。开始我不理解，自己课堂上一句话也没讲错，而且还特别注意逻辑推理的严密性，怎么会把学生讲糊涂呢？冷静思考以后，才悟出其中道理。我课前根本没有了解学生已经掌握了哪些知识，在旧知识的运用和理解上有什么缺陷，接受新知识会有哪些困难。仅从教材出发，片面强调逻辑推理的严密性，不考虑学生的可接受性，在课堂上滔滔不绝地把一个又一个的结论抛给学生，使他们无法招架。经过这一堂课，我认识到只钻研教材，不了解学生，在课堂上只想突出自己的'主导作用'，而不设计发挥学生的'主体作用’是无法上好课的。"

这位老师的深刻体会告诉我们，教师要把课上好必须要把学生的学习基础把握住。只有根据学生学习基础的实际出发，来确定"讲什么"、"怎么讲"，才能达到预想的目的。

那么学生的学习基础都包括哪些内容呢?

（1）已有知识，学习新知识的准备知识;

（2）新课可能产生的困难和障碍;

（3）起点能力;

（4）对新课程兴奋点。

四、了解学生的差异

世界上没有完全相同的两片叶子。由于天赋、后天教育加之个人努力不同，学生在学习成绩、智力因素和非智力因素个性上存在一定的差异。

（1）学习成绩包括优、中、差;

（2）智力因素包括观察力、记忆力、想象力、思维能力等特点与优势;

（3）非智力因素包括学习方法、兴趣、能力、气质、性格、自信心、意志、特长等差异;

（4）学生的年龄特征：不同年龄阶段的感知、记忆、思维、情感、注意力等特点是不同的，了解这些特点上的差异是进行教学设计的重要依据。

选才 （湖南，袁国）

五、学生中的热点问题

了解学生中的流行热点问题对备课也很重要。如流行什么歌曲，对歌星影星的崇拜，上网聊天，生日聚会，学习负担，收费，早恋，与老师、父母、同学间的关系等。

这里就以学生的学习情绪变化为例。受到老师的批评或表扬产生的变化，同学之间闹纠纷吵架后的变化，在家里受到叱责或打骂后的情绪变化，考试成绩下降后的情绪变化等，往往都有异常表现，或议论纷纷，或窃窃私语，或兴奋激动之情难耐，或情绪低落消沉。那么，教师特别要注意发现学生的进步，哪怕是微小的进步，都要及时地强化引导，使之体验到学习成功的愉悦，产生巩固自己成绩的力量和继续前进的愿望。

六、对教学方式的意见

这里有一个"教学方法与学生学习情感相关调查"：

教　学　方　法	喜欢的人数	不喜欢的人数
1. 教师很少讲，我们实在不懂再讲	28	23
2. 教师多讲	13	21
3. 课上经常进行讨论，大家都可发表意见	66	6
4. 没有讨论，教师问我们答	5	13
5. 遇到不懂的问题，老师讲给我们听，并把答案抄给我们	15	127
6. 遇到不懂的问题，老师鼓励引导我们自己解答	62	9
7. 教师要我们尽量多读课文，让我们读懂	13	15
8. 读书很少，主要靠老师	2	28
9. 课上经常让我们动脑、动口（读课文）又动手（画画点点地学习）	68	5
10. 课上很少有动手机会	4	29

以上调查结果反映，学生对学习方法的选择带有非常明显的情感倾向性，最受学生欢迎的学习方法是3、6、9 三项（占27%），而这三项内容的性质是相同的，即都具有活动性、独立自主性与相互交往性。不受学生欢迎的教学方法有5、8、10 等三项，这几种方法的实质正好与3、6、9 三项相反，有被动、机械、静止的特征，不符合小学中高年级学生"需要尊重"、"需要相互交往"和"自我意识增强"等心理特征。

第三节 怎么备学生

教师了解学生的途径和方法有很多，这里介绍几种主要方法。

一、观察法

所谓观察法是指教师在日常的教学活动中有意识观察学生的各种行为表现，从而达到了解学生的目的。这是一种比较直接常用的方法。

要提高观察的效果，教师应注意以下几点。

（一）将随意观察与有目的有计划观察相结合

随意观察是教师在开展教学活动时随时地顺带去观察。有目的、有计划观察是在一个阶段里，就一个或几个问题，对某一个学生或某一部分学生进行有重点、有步骤地观察。

（二）现场观察与切身回忆相结合

教师是从学生时代走过来的。学生的今天就是教师的昨天。学生对待学习的态度和行为乃至犯了错误的心情，与教师自己当年当学生时可能有某种相似，这样认识就更真切一些。如好奇、好动就是少年儿童的天性。课上出现的某些交头接耳、调皮捣蛋等不良行为就不一定是有意同老师做对的行为。另外少年儿童情绪不够稳定、好冲动和激动等也是这个年龄段容易出现的正常现象。对此教师就应从自身体会中加以理解。

（三）直接观察与心理交换相结合

教师要真正走进学生的心灵，让学生能够同自己谈心里话，就要和学生交朋友，并与学生交心。对此魏书生有很深的体会，他说："学生的心灵并不总是敞开的，特别是对他们不熟悉、不信任、不知心的老师，常常在心灵的门口设一个警戒的哨兵，不把真情实感的心理活动流露出来。如何突破这一岗哨，使学生的心灵和教师的心灵交流呢？最好的办法是和学生一起去参加他们感兴趣的活动。和他们一起唱歌、打球、野游等等。当玩得很开心的时候，学生变得无拘无束了，这时他们心灵的岗哨不知不觉地撤掉了，师生心灵之间好像搭起了一座宽阔的桥，感情在交流，心灵在互换，什么心里话都肯告诉老师。教师可以探索到平时在课堂上几年也发现不了的心灵的奥秘。"

（四）观察与思考相结合

教师的观察不能停留在就事论事上，通过学生的表面的行为方式来窥视，觉察学生的心理状态，为教学服务。如观察下面学生课堂上的四种状态，可了解到学生的学习情况。

①凝视状。学生的表现是正襟危坐，聚精会神，目光炯炯有神，课堂鸦雀无声，这是外静内动，说明学生对老师讲的内容有了兴趣，在积极听取老师的讲授。

②活跃状态。学生的表现是认真思考、神情愉快，时而议论纷纷、时而积极发问，课堂活跃，这是学生外动内也动，说明学生对知识心领神会，豁然开朗，积极主动地摄取知识。

③睡眼状。学生的表现是东倒西歪，眼光呆滞，愁眉苦脸，无精打采，这是外静内也静，说明学生对老师讲的内容厌烦，虽然规规矩矩，但是对老师讲授的内容却听不进去。

④疑虑状。学生的表现是疑惑不解，凝神思索，交头接耳。这说明学生对老师讲授的内容没搞清楚，产生疑虑。

"眼睛是心灵的窗口"，教师在课堂上观察学生的时候尤其要观察学生的眼睛，通过眼睛来窥视学生的心理状态。

此外，教师还可以通过听学生背诵、朗读、说话、讲演等来了解学生。

二、文献法

所谓文献法是教师通过对学生的作业批改、试卷分析，预习笔记检查，阅读学生日记等方式来了解学生。

作业批改是了解学生的一个重要途径和方法。教师应边批改边进行研究；必要时应做统计定量分析：学生都常在哪些地方出错？哪些学生容易出错？为什么会出错？有无新的独到解法等等。

学生在预习过程中，也就是初步自学时，往往会发现一些自己认为难以解决的问题，会及时反映在预习本上，教师通过检查预习本就可及时了解到学生在学习中遇到的困难。

为了全面了解学生，可以建立和查阅学生档案、班级教学档案。

试卷分析也是了解学情的重要方法。它既可以看到学生掌握知识的情况，又能发现知识的漏洞和问题。

教师通过看学生的作文、日记，也能掌握学生思想感情的脉搏。有不少性格内向、不善言谈的学生，常常把心里话在日记里说一说，看作文、日记常常可以发现学生心灵中许多闪光的东西，也能看到学生的情绪变化和喜怒哀乐。有时为了有目的地调查学生心灵对周围事物的反映，教师可让学生写命题作文或日记专题：《我是谁》、《最难忘的一件事》、《我最喜欢的老师》、《我的好朋友》等。

下面这位老师就是通过学生的作文来了解学生的。

怎样知道学生的需要

无疑，了解并理解孩子们的需要是首先要着力解决的。我最近请所有学生写一篇作文，题目是《我的语文老师》，要求是通过具体的事情来写。有很多孩子写了这件事，其中一位是这样来写的：

有一次语文课上，小宇在黑板上写"承"字，结果将中间三横写成了两横，于是彭老师问他："小宇，你肚子饿了吧？"

小宇不解地看着老师说："没有啊！"

老师又看着他问："那么你怎么吃了一根'排骨'呢？"

"排骨？什么排骨？我没有吃呀。"他小声辩解。

"那，你好好看看"，老师指着他写的那个错字，说："那你怎么将'承'身上的'排骨'吃得只剩下两根了？"

他看了看，"哦"的一声，终于恍然大悟。

我统计了一下，全班48人有18人次写到这个事例，还有15人次写到我教学写"芬"字偏旁针对学生将草字头写得太大进行教学的那件事，还有47人次写了关于老师的爱心的事例。

后来，我采访这些学生，问他们对这两件事情印象深刻的原因。他们有的说因为这样教很好玩；有的说能很快乐学到知识；有的说很新鲜，这样的教学方法还是第一次遇到；有的说老师很亲切温和；这样学到的知识记得深刻牢固；用生活中的事情来讲语文知识，很形象；不知不觉就掌握了东西。

我的理解是，学生需要的教学活动应该具有以下特征：（1）老师语言、神态幽默；（2）教法新鲜好玩；（3）关系平等；（4）联系生活来讲解。

三、调查法

调查法是教师通过召开集体座谈会或个别交谈，或用书面问卷等方法来了解学生的一种方法。如抓住开学初、期中、期末这样的时机通过召开座谈会，听取学生意见。如高年级学生反映段中分层、给文章划分段落有困难，常常划分不准确。还有一部分学生反映概括段意不准确，不是内容啰唆就是丢了重点，或是过于概括。再如找某同学的几个朋友了解某同学的课外兴趣，以找出注意力不集中的原因和后进同学谈心，了解他们的信心与自卑感在心灵深处的斗争，了解他们所承担的心理压力等。

问卷调查是一种很好了解学生的问题的方法。如下面这个调查问卷就对了解学生有很大的帮助。

学生对教学目标制定的需要评定问卷（在合适的栏目打下"√"）

你对教学活动的看法	总是	经常	有时	很少	从没
你在活动目标方面的需要					
1. 你知道语文课堂中每次活动的目标吗？					
2. 你觉得老师提出的目标对你有挑战性吗？					
3. 你觉得目标由自己确定比较好吗？					
你在活动目标方面的需要					
4. 你需要老师以口头或黑板的形式明确提出每节课的目标吗？					
5. 老师提出的目标有趣吗？					
6. 你需要适合自己的目标吗？					
7. 制定自己的目标的时候你希望一起得到某人的支持和帮助吗？					
8. 你帮助别人制定他的目标吗？					

（选自网络姚老师战线资料）

根据这个调查我们可以知道学生需要怎样的目标以及怎样的目标呈现方式。那么，如果根据活动的其他要素"教学活动方法、教学活动组织、教学活动内容、教学活动评介、教学活动环境"分类设计问题进行调查，那么就能比较清楚地了解学生的需要了。然后我们在策划教学活动时，就有"需"可依了。

还有一种调查方式，是经常征求学生对自己工作的意见和建议。问一问学生哪些问题处理得对，哪些问题处理使大家感到失望，对犯错误学生的批评是不是过火，这是事后征求意见。还有的老师总是在事先征求学生的建议，管这种做法叫"民意测验"。

四、测验法

测验法是通过编制测试题来测试学生，然后进行统计分析，从而达到了解学生某一方面问题的目的。

下面介绍两种学生的问卷卡。

老师备课问卷卡

亲爱的同学，为了协助老师备好课，上好课，请你认真并实事求是地填写好以下内容（真实就是力量）。你的心声对老师很重要噢！谢谢。

本课学习内容	游戏公平吗
你对本课内容有兴趣吗？你对哪些内容熟悉，感觉哪些内容陌生和比较难？	1. 很感兴趣 2. 熟悉内容：必然、不确定事件，可能、不可能事件 3. 陌生内容：无
通过自学，哪些知识你自己学会了？你还知道哪些与本课相关的知识（信息）？	我学会了必然事件、不可能事件的可能性如何表示。我还知道（游戏的）可能性和称为（游戏的）概率，概率起源于博弈问题。
你希望老师用什么方法来上这节课？不希望用什么方法来上课？	希望：灵活，趣味性强，自己动手操作的多；不希望：干巴巴地只讲理论、概念，死板。
请对本课提出2个新颖有深度的问题，好吗？	1. 怎样判断游戏的公平性？ 2. 如何计算不确定事件发生的可能性？
你还想知道些什么？	这种游戏在日常生活中起什么作用？

填表人：孙冲　　　　七年级　　　　2006年4月19日

学生课后问卷卡

亲爱的同学，刚刚上完这节课，你感觉如何？请和老师真心说说心里话好吗？我代表全班同学谢谢你！

本课内容	
课堂上你收获最大的是什么？感受最深的是什么？	
你觉得哪些地方还没听懂学会？	
假如这节课在别班再上，你有什么好的建议？	

1. 使用方法

（1）将问卷卡印若干份（数量可根据一个班学生数留出一学期或一学年的份数）。

（2）将全班学生按优、中、差的水平分三个层次。每次可选优、中、差各2~3名填写问卷卡。

（3）操作时任课教师可在学期初把教学进度表交给课代表。课代表将一学期填写问卷卡的学生按课的进度提前分配好，落实到人，课代表适时将各问卷卡交给填卡人。填卡人要在教师备此课前，将填好的问卷卡及时交给教师。

（4）教师仔细阅读问卷卡，根据问卷卡提供的信息，有针对性地备课，并设法在课堂上得到落实。

2. 使用要求

（1）教师必须认真对待，在学生填卡初期，既要严格要求，又要给予必要的指导。为了提高填卡水平，可让学生竞赛，教师要分阶段总结讲评。

（2）为保证活动的经常化、制度化和不加重学生负担，每次填卡人不宜过多。

（3）教师要将每次的问卷卡按授课顺序一个不少地积累起来，并订在一起，便于经常查阅。

（4）学校业务领导经常深入年级及时检查，指导教师运用问卷卡，随时调阅，并在听课评课时看教师对问卷卡落实情况。学校将这项活动列为教学管理和考核教师的一项内容。

教师备课问卷卡使用尝试
——辽宁省本溪县南甸镇中心小学教导处

由县教师进修学校编制的"教师备课问卷卡"我们选择了一所村办小学进行了操作实践，教师反映很好。这里选择几份尝试实践后的体会性文章供老师研究参考。

材料一：对学生填写"教师备课问卷卡"的反思

近期，我们班进行了"教师备课问卷卡"的填写，看了学生填写的内容，真是让我大吃一惊，学生提出的问题、学生向老师所提的建议深深地震撼了我，使我的心久久不能平静。我不得不承认，学生虽小，但是他们的想象却出乎老师的意料。正是学生的想象，学生的心声，对老师备好课、上好课起到了很重要的作用。例如在数学《精打细算》一课中，学生在填写中提出的比较有价值的问题：①为什么本课题目叫精打细算？②我想知道为什么有的时候小数末尾不够除时（或仍有余数时）在余数后面添0补位？③小数除以整数是不是所有的题都能除开？④为什么在算小数除法时，商的小数点要和被除数的小数点对齐？……这些问题的提出，正是本课的重点和难点，于是在备课时，我从情境导入，设计了对学生进行一次小调查——怎样使用零花钱。使学生明确小数除法存在于生活中，同时又是对学生进行生活中应该精打细算的思想教育，解决了提出的第一个问题。在教学中尊重学生的意见，在突破重点难点的同时，适时地有步骤地通过讨论，或通过点拨或渗透，逐步解决学生提出的问题，课堂既民主又突出自主，收到了良好的效果。

（孟秀杰）

　　材料二："教师备课问卷卡"的使用体会

　　通过两次"问卷"，使我深刻感受到学生学习的思维方式完全不同，这就提醒了我，在教学中要注重"个性化"教学，采用不同的方式与学生沟通、交流，达到更好的教学效果。

　　在翻阅"求平均数"这张问卷时，我发现有两个同学分别是这样写的："（1）我希望老师让我们自学，然后再教我们，这样我们可以学两遍。（2）我不希望老师让同学们自学，如果这样的话有的同学学会一点就不愿听老师讲课。"这两个截然不同的观点，引起了我的深思：每个同学的观点都有道理，什么样的教学方法才能适应两种观点呢？于是，教学时我采用"变换"例题的讲解法，还是在原来的知识点，我把其数字、题意换为同学们身边的事例，这样学生又进入了一个相对"陌生"、相对感兴趣的"境界"。如果没有此"问卷"，那么我不会修改我的教学方法，通过问卷我深知"个性化"教学的重要性。

　　通过"问卷"我还深切地感受到，程度相对好的学生能提出有价值的问题，程度差的学生提出的问题实用性较差，基本属于教学任务必须完成的内容，而且由于本校是乡村小学，学生的视野较窄，问题多集中于一点，缺乏有创意的问题。

　　教学中应"注重个性教学"，充分发挥学生的长处，避其短处，使其在轻松愉快的环境中成长。

（崔景双）

　　材料三："教师备课问卷卡"的使用简析

　　六名学生学习了《太阳》和《丝绸之路》之后，有着不同的理解和认识。他们对课文内容很感兴趣，基本掌握了各方面内容，也给教师提出了宝贵建议，学生希望老师能带着微笑，用亲切、幽默的语言来完成课堂教学。呼吁老师不要用单一的教学模式和固定的教学方法，课堂中多增加游戏、故事、竞赛等小组活动。尽力做好师生互动、生生互动。今后的课堂教学中，尽量用亲和力感染学生，创造良好的课堂气氛，激发学生兴趣，调动学生积极性。

　　[思考题]

1. 教师备课为什么要重视备学生？
2. 结合你个人体会谈谈备学生的方法。

第五章 为什么要重视研究学生的"学"

——备学习指导方法策略

◆问题

我国著名的教育专家陶行知先生说："世界上的先生有三种。第一种是只会教书，把学生当作书架子、字纸篓。第二种先生不是教书，而是教学生。他注意的中心从书本移到学生身上了，不像从前拿学生来配书本，而是拿书本来配学生了。然而学生还是处在被动地位。第三种先生是好的先生，他不是教书，不是教学生，而是教学生学。把教和学联结起来，一方面先生负指导责任，一方面学生负学习责任。这样学生才能'自得、自动'。"

作为教师怎样才能进入"第三种好先生"这个层面呢？这就要求教师要用心去研究学生的"学"，而在备课中要备学习指导。那么，教师的学习指导都包括哪些内容？学习指导的方法策略又是什么呢？

从重"教"到重"学"；从单一的教知识到教知识和方法，培养有实践和创新能力的新型人才。这是新课程下教师的教学使命。因此，教师教学中重视学生的学习指导，在备课时研究学生的"学"就自然在情理之中了。

第一节 教学的本质是教学生"学"

一位初三年级数学教师有一天突发奇想，向全班学生提出了这样一个问题：我们的教室的空间体积有多大？全班同学异口同声地说："这简单，你告诉我们长、宽、高。"老师反问学生们："你们就不能想办法吗？比如，量一量？"同学们受此启发，又异口同声地说："你给我们尺。"老师说没有。"那就没有办法了。"只好再次提示："难道你们浑身不都是尺吗？""对啊！我们的身高、臂长、掌宽都是尺啊。"很快，这个问题就迎刃而解，学生为什么会出现如此情况呢？他们对体积公式是烂熟于心的，只是一旦不知道"长、宽、高"，就"没有办法了"。因为他们从来都是在书本上已知这些条件的情况下进行训练的，从来就不曾有过实地"量一量"的经历，当被告知没有尺子时，他们就一筹莫展了。

上面的例子从一个侧面反映出当前课堂教学只重视学生知识的教育，忽略实践能力，忽略学习指导，从而造成学生"读死书"、"死读书"的片面发展的现象。另外，一位专家谈起这样一件事：首都某高校对入学新生做了一次测试，试卷就是两个月前考过的高考试卷，结果70%的人不及格。笔者一点也不怀疑上述情形的真实性，因为每每寒暑假过后，再来检测一下上学期所学的东西，情形大致差不多，"来得快，去得也快"，这就是时下课堂教学中不争的事实。

如今怎样评价教师的一节好课？不能只看学生对当堂知识本身的掌握，要看三维目标的达成，要看学生的学习兴趣，可持续学习，要看课堂为学生引发的思考，要看信息的建立。一句话，要看教师让学生学些什么。特级教师张恩明说："我觉得好的教学成果并不一定是课堂上直接教给学生的知识本身，而常常体现在学生经过遗忘后所剩的那些东西上。在这些'沉淀'物中，更多的将是：怎样发现问题、怎样提出问题、怎样把问题转化成更易于解决的形式、怎样做学问、怎样面对未知和困难、怎样利用信息、怎样使用工具、怎样与人合作、怎样把握机会……我不期盼每个学生都成为数学家，但若通过我的教学，能使我的学生有一种在生活和学习中应用数学去思维的观念和习惯，使他们得以培养一种勤奋求实、不断探索创新的精神，他们自身和我们国家都将受益无穷。"

重视学习指导，"教会学生学习"，我们从各地的成功教改经验中也能得到很多启示。1997年，河北省衡水中学大胆提出"素质教育的重点在课堂教学，培养学生的各方面能力的主渠道在课堂上"的观点。学校制定了深化课堂教学改革的指导思想，明确提出教学改革的目的是"教会学生学习"，具体目标是"轻负担、高质量；低耗时、高效率"，具体要求是"三转"、"五让"。"三转"是指课堂教学要实现三个转变，即"变注入式教学为启发式教学；变学生被动听课为主动参与；变单纯知识传授为知能并重"。"五让"即：在教学中要让学生自己观察，让学生自己思考，让学生自己表述，让学生自己动手，让学生自己得出结论。明确提出把长期以来的学生服从教师，"学"服从"教"的观念变为"教师的教要服从学生的学"，1998年学校引入了陕西师大张熊飞教授的"诱思探究教学论"，要求从校长到教师认真学习领会这一理论，依据新的教学理论，学校对课堂教学进行了大刀阔斧的改革，以文件形式规定减少教师的授课时数，把时间和学习的自由还给学生，如语文课每周压缩2节，变阅读课；外语课每周压缩2节，为听力课。把自习课还给学生，教师不准以任何形式占用自习课；减少作业量，提高作业质量。通过改革，学校从根本上改变了传统的"满堂灌"、"大题量"、"时间+汗水"的应试教育模式。

那么，这种改革也使衡水中学的教学质量发生了翻天覆地的变化。该校1995年至今，在全市42所高中里，大学升学率获得市十四连冠；在河北省752所高中里获得大学升学率九连冠。

另外，从洋思中学"先学后教，当堂训练"；杜郎口的"三三六"教学模式；魏书生重视培养学生的自主学习能力，最后都取得良好的改革成果，也都证明重视学习指导、"教会学生学习"是符合教育规律的。虽然他们的方法不同，但有这样几点惊人地相似：（1）相信学生有能学好的潜质；（2）相信学生通过自己的努力能学会很多东西；（3）教学的本质是教学生"学"，教是为学服务；（4）千方百计调动学生学习的内动力；（5）教学有模式，但不能模式化。

所以今天的教师的教学使命是：根本任务绝不能仅仅满足于教会学生学会知识，而是要教会学生学习。促进学生的发展，为学生终身负责。教师备课中必须研究学生"学"的问题，强化对学生的学习指导。

第二节　怎样理解学习指导

我们应该怎样认识和理解学习指导呢？

一、关于学习指导的内涵

有人把学习指导理解为仅局限于方法的指导，这是不够全面的。或者确切地说，学法指导这个概念太狭窄，学法指导从广义上说应叫学习指导。

我们知道，学生的学习活动本是一个整体，它既包括动力系统，又包括操作系统，二者密不可分（见图示）。

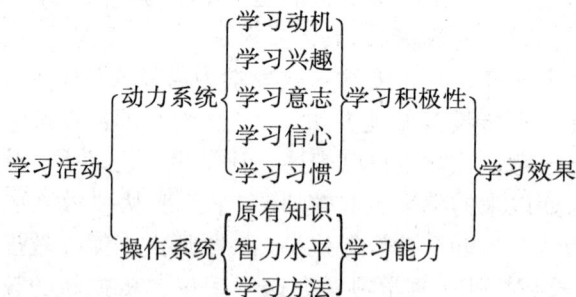

学生学习的两个系统

从上图可以看到，在总体上影响学生学习活动的有两大系统，即动力系统和操作系统，但二者作用不同。动力系统对学生活动起着定向、强化、促进、保证作用，是解决"想学"、"爱学"的问题。操作系统是学习的技巧、策略、手段、途径，解决会学、学会的问题。二者如同鸟之两翼、车之两轮，缺一不可。没有动力不能学，没有方法不会学。因此学法指导就不能只抓方法不抓动力，应该既进行方法指导，更要给以动力指导，使学生的动力系统和操作系统都发挥作用。

关于这一观点我们从魏书生的学法指导成功的范例中可得到证明。魏书生老师十分重视培养学生的自学能力，还经常给学生讲学法，但更重视给学生动力系统指导，培养非智力因素。如给学生讲理想，让学生追溯名人的脚步，他让学生写日记，培养毅力，他让学生写作文，《谈信心》、《再谈信心》、《三谈信心》。可见给学生学习动力的指导也是十分重要的。

但是，如果我们把学法指导仅局限于方法，势必会误导老师把指导的注意力集中在方法方面，而忽略对学习动力的指导。这种只见"方法"不见"人"的做法，必然事倍功半。所以我们必须坚持学习动力指导和学习方法指导并举的原则，形成学习指导的体系。

二、学习指导的体系

根据上面的认识，学习指导应该包括这样一个体系。

（1）培养非智力因素的方法——培养动机、兴趣、信心、意志、习惯等。

（2）培养智力因素的方法——培养观察力、记忆力、想象力、思维力等。

（3）制订学习计划的方法——确定学习目标，分配学习时间和方法。

（4）五环节的基本学习方法——预习方法、听课方法、复习方法、作业方法、小结方法。

（5）应试的方法——考前复习方法、临场心理调适方法、答题方法等。

（6）课外学习的方法——课外阅读、课外活动、课外休息等。

（7）学科学习方法——结合各学科教材特点的学习方法，如学习语文的方法、学习数学的方法、学习外语的方法等。

三、教、学、管三位一体

我们知道，方法是一种手段和途径，但它不是能力，我们指导学生学习不仅是弄懂某种方法，更主要的是形成某种学习能力。而能力不是"讲"出来的，也不是"听"出来的，是学生在学习实践中形成和提高的。这就需要我们在指导过程中，不仅要让学生懂方法，更要引导他们去用方法，并在学习过程中形成能力和习惯。

但是，目前在中小学的学法指导研究过程中，还存在重方法传授、轻能力训练的问题。即学法指导就方法讲方法，脱离学生的学习过程和学习实践，这是不利于提高学生的学习能力的。例如，近些年来有些学校开设学法指导课，系统给学生讲学法，但效果却不尽人意，就是佐证。所以学法指导是教与学同步、学与用相统一、学与管协调的过程。对于学生的学习指导，仅提供方法是不够的，教师应坚持改进教法，指导学法，加强管法。改进教法是把对学生的方法指导纳入到具体学习活动中去，而不是脱离学习过程孤立讲方法。讲指导，是在学生学习困惑之中，在教学的潜移默化之中给以学生方法指导。加强管法。学生非智力因素的培养，学习技巧的获得，从知到行是一个实践过程。由于学生自身的自制力等原因，需要一个训练过程，那么就需要督促强化，这是一个把方法技巧变成能力和习惯的过程，也是把智力因素和非智力因素形成信念，变成能力和习惯的过程。

在学校中常常有这样的情况：有的教师教学水平似乎不怎么高，可反映在学生身上成绩却不一般；有的教师教学水平似乎很不错，可反映在学生身上成绩却平平，原因何在呢？这与非教学因素的教师是否严格教学管理关系密切。如有的教师虽课讲得一般，但是对学生的训练要求严格：

▲字写不好，重写；

▲课文读不好，再读：

▲作文写不好，指导后，重做；

▲题错了，必须纠正；

……

由于教师对学生一点不含糊，一丝不放过——这不仅能弥补教师讲课的某种不足，而且能克服学生的一些惰性，有助于开发学生的潜能。

所以学习指导必须坚持：教—学—管相统一，这样才能更好地发挥学习指导的作用。

第三节　学习动力指导

学习动机是直接推动学生学习活动，以达到一定目的的内部动力。学习动机从形式上看可以表现为兴趣、意愿、企望、理想、责任感等。它是家庭、学校及社会对学生提出的客观要求或学生环境的影响在人们头脑中的反映。所以教师在教学时不仅要经常想学生对教材能不能理解，能否学会，更应该想学生是否有学习需要，有没有学习兴趣，愿望如何？每个学生之间的差异又是怎样？因为只有这样，教学工作才能有的放矢。教师备课不仅要深入研究教材，还要仔细分析学生的学习动机。

一、学习动机的形成

动机是在需要的基础上产生的，没有需要就不可能产生人的动机。学生的学习动机，是由社会和教育所提出的要求转化为学生的需要时产生的。这种转化的过程，就是通过一定的舆论和教育手段，使外界要求转化为学生的内部需要，形成学生自觉的求知欲，产生对学习内容的间接或直接兴趣。

学生究竟为什么学习呢？一个学生说了这样一段饶有兴趣的话：

老师说，这是为了建设四化，使国家富强。

邻居说，这是为了将来有个"金饭碗"。

父亲说，这是为了转户口，吃国家粮。

奶奶说，这是为了将来娶个好媳妇。

同学说，这是为了争面子和为了老师。

这里谁说的对呢？

其实，学生的学习动力往往是由多种学习动机驱使的。所以，从这一点说，上面大家说的都有一定的道理，不过是从不同角度说的。而在实际的学习过程中，有的同学可能是以老师说的为主导动机；有的同学可能是以家长说的为主导动机；有的同学是以同学说的为主导动机，而辅助其他学习动机。

下面有一项"关于学生学习动机"的研究性学习的调查。

学习动机调查

（1）对学习活动或学科内容感兴趣占8%。

（2）争取好成绩占10%。

（3）服从父母的决定，实现父母愿望占11%。

（4）学好知识、报效祖国占11%。

（5）为了将来多赚钱占14%。

（6）为了更好地适应社会，增强自己的竞争力占12%。

（7）争取做优秀学生，早日加入共青团占6%。

（8）为了提高自己在集体中的地位占8%。

（9）为了升学，实现自己的志愿占13%。

（10）为了集体的荣誉占7%。

这项调查说明学生学习动机是多元的，也是有差异的。

下面是对部分优秀生的学习动机所做的归纳：

1. 为祖国富强

李筝：我的学习动机也就是我的学习目的——成为一个有用的人，以中华民族的振兴为己任。把上好每一节课，做好每一道题，都和"四个现代化"联系起来。

李文君：说实话，小时候在低年级时，认为自己学习只是要得到教师和家长的表扬，以便在同学们之间比一比。我现在长大了，我学习是为了建设四化。我们国家和先进国家比还是落后的，我要为中国早日成为一个最发达的国家而发挥自己的力量。但光说空话不做实事不行，只有从小就踏踏实实地刻苦学习，才能达到目的。

2. 为了实现未来崇高的理想而学习

王琳：我觉得人生一世，时间短暂，不能白活一生，要活得有意义。我十分羡慕那些学识渊博的学者、科学家，他们为祖国做出了突出的贡献，人们尊重他们，国家尊重他们，我就是以他们为榜样，向他们学习。我现在在小学读书就是打好基础，为将来升入高一级学校做准备。

王奇峰：我看了许多关于毛泽东的书，他小时候就立下大志，刻苦读书，这使我感受很深。我就是要像他那样刻苦学习，将来干点大事业。

3. 为了不辜负老师和父母的殷切希望而读书

孙颖：老师的谆谆教导、父母的殷切希望是我学习的强大动力。每当我看到老师那期望的目光，听到父母那语重心长的话，我就鼓足了勇气，努力地学习。在家里每当我看到父母含辛茹苦，舍不得穿，供我读书，我就暗暗下决心，一定好好学习，不能让父母的汗水白流。

李琦：老师和父母经常说要好好学习，多掌握科学知识，长大了做一个对社会有贡献的人，我认为这是对的。我的目的就是要通过努力学习，能升上高一级学校。爸爸常说，他有时干工作很吃力，就是因为文化基础太差，所以要求我多学文化。因此，在平时的学习中，我是听老师和父母的话的，按老师和父母的要求去做。凡是老师和父母要求对的，都一丝不苟、认真地去做，这样学习就有积极性。

4. 对学习的兴趣和为了求知欲的满足而努力学习

柳林：为了使祖国富强，必须用知识和双手来创造。为了揭开宇宙之谜、科学之谜，就需要利用知识和技能来探索，来解答。我对各个学科知识都有浓厚的兴趣，有强烈的求知欲。

王凯：我喜欢培根那句话："知识就是力量。"将来没文化，干什么也不行。一个人从小到大就要学习，用知识来武装自己。无知愚昧会被人瞧不起。特别是在改革大潮中，社会在发展前进，要想在竞争中站住脚，就得有知识，懂技术。所以追求知识的富有，满足学习的需要是我学习的重要动力。

5. 在文学艺术作品的影响下努力学习

宋鸽：我比较喜欢看课外书，如历史、童话等。文学作品对我有很大的影响，它不仅使我吸收了知识营养，而且是激励我努力学习的重要力量。这里我举个例子：

我含着泪读完了《闪耀在铁窗里的小星》这本书，被"小萝卜头"宋振中在铁窗里那种认真、刻苦学习的精神深深地感动了。

在那难见天日、又潮又湿的女牢房里，宋振中饱尝了人间的酸甜苦辣，吃的是发霉发臭的饭，穿的是妈妈改小的囚衣。由于长期监狱生活的折磨，使他长得脑袋大、身子小。即使条件如此恶劣，"小萝卜头"在牢内仍能认真刻苦地学习，学到了牢外儿童学不到的东西。没有纸和笔，他就用一段生锈的铁钉在潮湿的地方画着。不管夏天多么闷热，冬天多么寒冷，他总是一丝不苟地写着算着。

这样聪明活泼的孩子像一只笼中的小鸟，不能自由地生活，想到被铁窗囚禁的"小萝卜头"能在那样艰难困苦的情况下坚持学习，我们生长在新中国的少年儿童，学习中还有什么艰难困苦不能克服呢！我们还有什么理由不好好学习呢！所以每当我想到"小萝卜头"，学习劲头就上来了。

栗晓禹：我每次读文学书都有很大的收获，它给我以学习的力量和战胜困难的勇气和决心。就说我最近读《挑山工》这篇文章吧，读罢，我默默地坐在椅子上，眼前不由地浮现出一幅感人的画面：

在攀登东岳之巅最艰难的路途上，一群大汗淋漓的挑夫，迈着坚定的步伐，用不急不缓的速度担着担子，奋力地攀登着，汗水顺着他们的面颊一滴一滴地洒在他们走过的路上。

啊！挑山工，我赞美你们，你们挑着百斤重的担子，走着百把里长的山路，尽管这活儿很苦、很累，但你们还是顽强地走着干着……

挑山工那种不畏艰险、顽强拼搏的精神，多么值得学习！学习不就像登泰山吗！我们应该以泰山的挑山工为榜样，去攀登科学文化技术的高峰。在学习中我常常还有拈轻怕重、忽冷忽热的思想，这和泰山上的挑山工比，是多么渺小。所以每当想起了他们，学习时我就有使不完的劲。真是"学习如登山，登山必有难，有难必有苦，有苦必有甜"。

6. 在伟人、名人、先进模范人物影响下刻苦学习

孙伯玲：伟人和先进人物对我的影响很大，比如毛泽东、周恩来、刘少奇等伟大的人物，给我们做出了榜样。他们几乎把自己的一生献给了国家。没有他们这些领导人，就没有今天的幸福生活，所以，每当想到他们，我就努力学习，要用自己的行动来报答老一辈无产阶级革命家。

鲍春雷：推动我学习的动力是赖宁精神、雷锋精神，是他们的好精神、好品质，推动了我的学习目标，激励我奋进。

孟微微：每当我追溯名人的成长道路，我就默默地暗下决心，要以他们为榜样。如张海迪大姐姐自强不息的生存精神和坚忍不拔的学习精神。无臂少年成洁5年来用脚写字、翻书，用脚洗衣、洗脸、吃饭。虽然她失去了双臂，但她却以顽强的毅力做出了许多人意想不到的事情。残疾人能做到的事，为什么我们四肢发达、头脑健全的人却做不到呢？这些残疾人做出了不平凡的事，是激励我学习上进的重要因素。

栗妍：我常用名言警句来激励自己，我平时有个本子，发现有好的名言警句就摘抄在上面。

"不踏进深山，不能得宝；

不钻进书本，不能获益。"

"意志能征服世界上任何一座高峰。"

"百善勤为首，万恶懒为先。"

这些名言警句是激励我学习的重要动力。

7. 学习竞争竞赛激发了我的学习劲头

姜玮钰：同学之间的竞争是我学习的重要动力。我总爱和学习好的同学比。我把目光经常瞄准班级前几名同学，他们使劲，我也使劲，而且比他们更使劲，我不比他们少什么，这样我的学习积极性就上来了。

徐跃：说实话，我天生就好胜，不服输。我学习是为了自己将来的梦想，为了自己未来的前途，为了不让那些老人说女孩比男孩差。为了人与人之间的竞争，也是为了国家的繁荣和富强，我的誓言是为了不让别人说我不如别人，要争口气，和别人一样，不是软弱的，是强者。

8. 学习进步的强化

学习成绩的好与坏也直接影响学生的学习积极性。下面是学习动机与学习效果的良性循环，反之学生学习成绩差，学习动机与学习效果就会出现恶性循环。

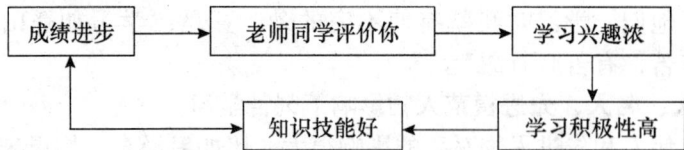

学习动机与学习效果的良性循环

二、学习动机的培养和激发

有一位青年教师向一位特级教师讨教让学生爱学习的秘诀。这位特级教师说：我没有更多高招，但是这几招也管用：第一招：用教学内容和教学艺术吸引学生；第二招：每一天讲一个笑话，也可以布置给学生，轮流坐庄，一天一个；第三招：让学生喜欢你，爱屋及乌；第四招：给学生读小说；第四招：利用学习竞赛。

看来条条大路通罗马，培养和激发学习动机的方法也有很多。这里介绍一些常见的做法。

（一）进行学习目的教育

在学习动机中占有重要地位的两种成分是学习目的性和认识性兴趣（求知欲）。伟大的毅力来源于伟大的目的，学生对学习目的、意义认识得愈清楚、深刻，他就愈能自觉地、积极地对待学习。所以教师要特别注意对学生进行学习目的教育。

学生学习目的教育包括两个方面。一是政治思想方面，激励学生奋斗成才，树立远大的理想和志向；二是对各个学科的目的、任务、学习重要性和必要性的教育。

对学生进行学习目的教育，无论是思想志向方面的，还是学科方面，教师都不能板起面孔进行空洞的说教，而是应该从学生的思想实际出发，用典型、可信的材料，采取生动、具体的教育方法来进行教育。

夸美纽斯说："不了解其用途的知识，无异于来自其他世界的怪物，学生毫不关心它的存在，更不会产生掌握它的需要。"对于学生所学学科的热爱的培养，教师主要是让学生知道这一学科或某一方面知识的重要性，从而使学生产生获取它的需要。

（二）培养学习兴趣，激发求知欲

爱因斯坦说："对一切来说，只有热爱才是最好的老师。"兴趣是入门的老师，学生只有对学习"热爱"了，觉得乐在其中，他们才能勤奋学习。所以教师要通过培养学生的学习兴趣来激发学习动机。

培养学生的学习兴趣，首先教师要在提高教学艺术上下工夫。提高教学艺术，一是要注意运用巧妙的教学手法开启学生的思维，让学生独立思考，享受独立获取知识时得到的欢乐；二是多注意用生动直观的教学手段来激发学习兴趣。如合理使用教课书的插图、教学挂图、教学活动卡片。正确使用幻灯、投影、录音、录像等现代化的教学手段等。此外，教师富有感情的、生动形象的讲解，优美、准确利落的示范动作等也能诱发学生的学习兴趣。

培养学生的学习兴趣，教师不能把学生限制在书本上，还要通过课外活动来培养学生的学习兴趣。如组织课外活动兴趣小组，注意发挥学生个人的特长和兴趣爱好。

苏霍姆林斯基说："人的内心有一种根深蒂固的需求——总想感到自己是发明者、研究者、探索者，在儿童的精神世界中，这种需求特别强烈。"对于学生在学习和各种活动中所表现出的求知欲、好奇心，教师千万不能压抑，要珍惜和保护，给以正确的引导。因为这些不仅是他们学习动机的主要成分，也可能成为以后发明创造的动力。

（三）利用学习成果的反馈作用

让学生及时了解学习效果，使他们看到自己所学知识在实际应用中的成效，解答课题时的正确与错误，以及学习成绩的好坏等，以此为信息调整学习活动，激发他们进一步努力学习的动机。这就是利用学习成果的反馈作用。用学习成果反馈作用来培养和激发学生的学习动机有重要的意义。有人做过这样的实验：令两组被试者以最快的速度和正确性来做同样的练习（减法、乘法、写字母 a、找课文中的外文）。连续实验 75 次，每次 30 秒钟。在前 50 次练习中，对甲组增加了下列鼓励因素：（1）知道每次实验的得分；（2）实验期间不断予以鼓励，督促他们努力做；（3）对所犯错误加以分析。对乙组则无这些鼓励因素。练习 50 次后，把两组的实验措施加以对换，即对乙组加上上述鼓励因素，对甲组则取消这些鼓励因素，所得结果如下图。在前 50 次练习中，甲组成绩比乙组好；在后 25 次练习中，甲组成绩下降，乙组成绩明显上升。

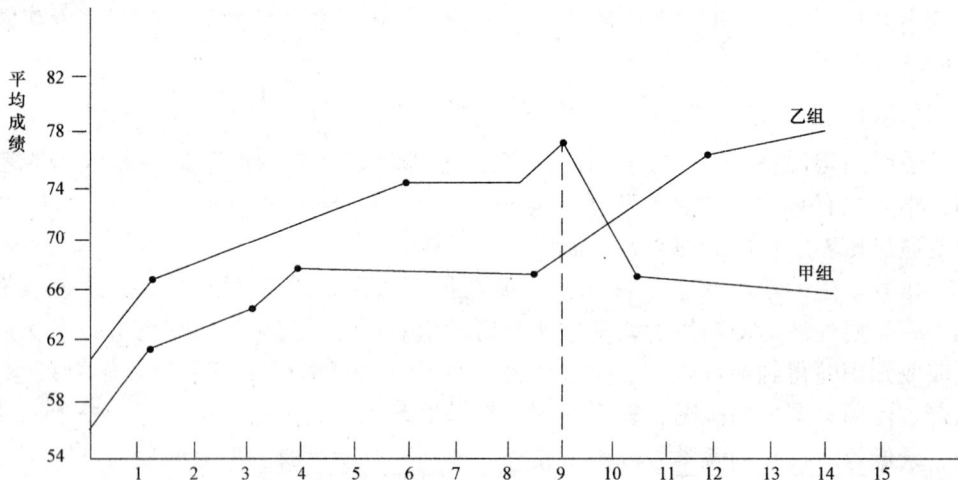

学习成果反馈实验研究图

这个实验说明，在教学中，教师使学生及时了解自己的学习成果，积极创造条件，使学生能及时运用所学的知识，对于激发学生的学习积极性，有良好的作用。所以教学应该注意充分利用学习成果的反馈作用来培养和激发学生的学习动机，使学生及时获得学习后的成果反馈信息及其效应，以便继续努力。

（四）开展竞赛活动

竞赛活动能激励人的斗志，能克服人的惰性心理，特别是人的大脑这部机器处于竞赛状态时要比无竞赛时的效率高得多。即使是毫无直接兴趣的智力活动，因为希望竞赛取胜而产生的间接兴趣也会使人兴致勃勃地投入到竞赛中去，少年儿童逞强好胜、喜欢竞争，如果在讲课中适当运用竞赛，引入竞争机制，这将大大提高他们的学习兴趣。

培养和激发学生学习动机的方法和途径有很多，这里不一一赘述。

第四节　学习方法指导

指导学生学习的方法途径也很多，这里介绍一些常用的方法。

一、建立以学定教的课堂教学模式

学法指导要得到根本性的落实，关键是教师要改进教法，建立以"学"为主的教学模式，使学生的学法与教师的教法和谐统一。也就是说，学法指导是在组织学生自学的大背景下进行的。如果教师的教学方法基本上属于"注入式"、"满堂灌"，学生根本没有自己读书、自己动手主动学习的机会，学法指导也就无从谈起。例如魏书生的"定向、自学、讨论、答疑、自测、自结"六步教学法就充分体现了以"学"为主的教学模式。首先，这个教学模式给学生主动学习创造了条件，保证了学生自学的充足时间和机会。其次，学中有指导，在学生自学困难时得到老师的指导和帮助。这就是学法指导的课堂教学结构。在这种课堂教学背景下，学法指导才有坚实的基础。

二、渗透指导

这是教师最常用的方法之一。这种方法是在教师教学的各个环节中，在传授知识中指导方法，见缝插针，随时渗透。还可以把讲授、示范、提示、归纳等指导熔于一炉，在教学过程中，让学生既知道学习结果，又掌握学习过程，既懂学习步骤，又会学习技巧。

三、讲授指导

讲授指导是开设学法指导，直接向学生讲授系统的学习方法知识。开设学法课可采取两种形式。一种是每周固定课时，按课表准时上课。另一种是不定期，根据学生需要每月讲一两次专题。

运用讲授法要注意理论联系实际，针对性强，确保学生用得上、学有所得。

四、总结交流指导

总结交流指导就是教师组织指导学生总结交流自己的学习经验和方法，以达到互相学习、取长补短的目的。学习方法的总结交流可采取以下几种方法：

（1）全班每个同学都做总结（老师可事先提出具体要求），写出书面材料，然后分别在全班同学面前做介绍。

（2）每个同学都做完总结后在学习小组中做交流。最后各组选出经验突出的同学在全班同学面前做介绍。

（3）请优秀生做经验介绍。这方面是直接让学习成绩突出、方法得当、经验丰富的同学总结学习经验，然后在班上做介绍。所请的优秀生可以是本班的，也可以是其他班的，还可以是其他学校的。

五、提示点拨指导

有的学法，不一定指导得太细，只要教师在适当时机加以适当点拨、提示，学生便能抓住要领，迎刃而解。既然是提示，就不需要教师直截了当地把学法讲得明明白白，而是在学生迷茫时给以恰当提示，让学生自己悟出道理，掌握方法。

六、咨询指导

这是让学生自己提出学习中的问题，由任课教师或优秀生作答。这种形式可以通过召开座谈会的方式进行，面对面地给以解答和指导。

七、示范指导

学生掌握学法过程的规律告诉我们，有些学法仅靠教师的讲解是不够的，必要时教师要做出示范，让学生效仿。

八、归纳指导

学生在学习活动中领悟到许多学习方法，但可能是分散、零碎的。有些方法是不科学的，效果不好的，学生又把握不准。因此教师要帮助分析、归纳、总结，使学生的学法得以升华，得到巩固。

第五节　怎样帮助学生提高学习效率

在班组里常常会有这样的情况，学习同样用那么多时间，有的同学收效大，而有的同学收效就小。甚至有的同学学习所用的时间并不比其他同学多多少，该玩还玩，轻松愉快，学习成效却很大；反之，有的同学，起早贪黑，不玩，不看电视，忙忙碌碌，但学习成绩并不理想。这是为什么呢？

这就有一个学习是否得法、讲不讲效率的问题了。学习不仅仅要看用多少时间，还要看是不是有效率。效率低，不仅学习负担重，而且成效小。所以，在教学中教师有责任和义务来指导和帮助学生提高学习效率。

一、学生低效学习的表现

什么样的学习是低效率呢？下面这些同学做了归纳。

吴溪：我认为无效的或者效率不高的学习表现就是不注重理解，只顾盲目地死记硬背。比如背课文，应是先读熟理解后背诵，才又快又好。如果只顾一字一句地死背，既浪费时间，又慢，过后还容易忘记。数学方面背概念也要理解，灵活运用，而不能生搬硬套。不理解背诵，只是表面记住了定义，没有用。

杨源：我认为最浪费时间，而学习收获又小的做法，就是同学们在老师没有布置学习任务的情况下，不能"活"学，就是说不会利用时间，不知干什么，不能独立地学习。

孙元元：我认为学习是有窍门的，无论是预习、上课、复习、背诵，都有窍门。学习不找窍门，只顾蛮干就浪费时间。

陈锦宇：我认为"轻课内，重课外"学习效率最不好。也就是说，上课不注意听讲，然后回到家里才"用功"，书看到半夜。由于上课时没有听明白老师讲的内容，自己看时只能看表面，并不能理解实际内容。这样，因为当晚睡不好觉，又影响第二天上课。反反复复恶性循环是学不好的。这就是教师说的"用功"没用到正地方。

魏相楠：只顾做笔记，不注重理解，耽误听课。有的同学为记笔记而记笔记，笔记记的内容是什么，不清楚。即使记了的笔记，过后也不看。这样学习，既浪费时间，收获又小。

毕芸芸：我认为无效的学习表现之一是过多地做笔记。因为就小学高年级来讲，主要是培养口头表达和分析问题能力。如过多做笔记，第一不能锻炼这两种能力；第二不便记忆；第三浪费时间。所以不宜过多做笔记。

路略：读书不专心，一边学习一边玩。如写作业时，一边看电视或一边听录音机，学没学好、玩没玩好，这样虽然学习时间很长，但效果不好。

王小威：已经掌握的东西，还反复做，搞不必要的重复性劳动，如非常简单的题，还做很多遍。写两遍已经能记住的生字，非要写十遍不可。这特别浪费时间。

张宝顺：学习不会抓重点，平均使用力量，结果把很多时间用在非重点内容上，而重点内容没有得到重点学习和巩固。

杨阳：忽视课外学习，只看语文数学书，死抠书本，知识面狭窄。不听广播，不看电视，不看课外书，不唱歌，不爱上体育课，埋头书本，可成绩却不好。

王琪：学习、休息、娱乐安排不好。天天死抱书本，拿本书走路看，坐车看，回家吃饭也看。只顾死记硬背，不注意灵活运用，有时只装模作样，表面看是学习，实际上是浪费时间，学习应提高效率，不能靠拼体力，应该要学就扎扎实实，要玩就痛痛快快。

除了上面同学们总结的这些外，还有一些表现。

（1）每次学习前犹豫时间太长，浪费时间。如晚上学习前总是要看看这，摸摸那，一磨蹭几十分钟就过去了。

（2）舍本求末，教材还没弄通，就忙着解数学竞赛题，去抠偏、怪、嘎的题。

（3）学习拖拉，磨磨蹭蹭，一件事不能一次性完成。如一篇作文两周还没结尾。

（4）情绪不好，心绪烦乱，有的同学由于同学中的摩擦，或和老师的冲突，以及受家长的训斥等，造成内心冲突和矛盾。或因情绪不好，焦虑、忧郁、忌妒、怨恨、骄傲等背上思想包袱，学习就坐不住，钻不进。在这种状况下，学习效率最低。

（5）贪玩成癖，贪恋游艺机、台球、武打、爱情小说、电视。学习时老走神，闲话、闲气多，学习效率低。

（6）学习生活无秩序无计划，课前准备不足。书包里的书本摆放没有顺序，上课了现打开书包，费了好半天时间，书找到了没有笔，笔找到了又没有墨水，宝贵的课堂学习时间白白浪费了。

二、怎样帮助学生提高学习效率

（一）指导学生制订学习计划

制订了学习计划会使学习、生活、休息、娱乐有规律。先干什么，后干什么，什么时间干什么，有了顺序，一件事做完再做另一件事。学就学，玩就玩，既节省时间，又有劳有逸。

因为有了计划，定时间，定任务，定方法，就不能松松垮垮，漫不经心，长此以往可以形成良好的学习习惯。

这是初三学生姜楠的学习计划：

在人的成长过程中，目标是奋斗的动力，计划是目标得以实现的保证。

我的学习计划

一天的学习生活安排：

早自习　背诵一些（语文、英语）内容

上午：上课

中午：阅读一些感兴趣的课外书

下午：上课

晚上：写作业，复习，预习

△节假日学习生活安排：

1. 练书法

2. 增大阅读量

3. 坚持每天记日记

4. 做阅读练习题

△一学期学习生活安排：

1. 熟记 100 个成语，20 首古诗

2. 读 5 本课外书

3. 提高计算速度

学习计划实施应注意这样几个问题。

1. 目标具体，有所遵循

学习计划不能仅仅是几个条条，制订的内容和时间必须具体，真正做到定内容、定要求、定时间、定方法。

2. 切合实际，便于操作

计划应该从每个同学的实际出发，不要订得太高，或太低。优等生可定得高一点。如基础差的同学就不必急于系统自学课外读物，应该把主要精力放在自学缺漏知识和弄懂课本内容上。有的同学订了计划而没有执行下去，就是因为计划目标订得太高。

3. 计划留有余地

为了保证计划的实现，计划不要定得太满、太死、太紧，要留有余地。

"想，壮志凌云，干，脚踏实地。"做计划要敢想，但计划做出来之后，关键还是要去贯彻执行。这就需要毅力和决心，持之以恒必有成效。

（二）指导学生搞好预习和自学

预习→听课→复习→作业四环节是学生的学习常规和基本方法，而课前预习是四环节的第一步，它对整个学习活动起着十分重要的作用。

课前预习能提高了解学习内容。因为对新知识有了初知和概括了解，做到心中有数，扫清了障碍，课堂学习时间就可以灵活一些，便于抓住重点和难点。

课前预习的方法与策略。

采取什么样的方法和策略预习是有效的，以下同学谈了自己的体会。

王琳：我的预习方法是根据各科的特点，比如常识课，熟读课文明白其中的意思；语文课，根据课后问题在文中找出重点词语、句子；数学课，理解概念，看熟公式；地理课，了解新课内容，查一查新课有关地名在地图上的位置。

刘娜：我预习语文是这样进行的。通读全文→分段分层⇒（抓重点）词句⇒想目的。

王巍娜：我的预习方法是：数学课可以背背概念，然后分析应用题；语文课可以分析课文，划分段落，写预习笔记；历史课先阅读课文，记住朝代、时间和人物；品德课可以先阅读课文，回答书后问答题；自然课可以先阅读课文，然后再背概念。

孟霞：我对数学课的预习方法是：（1）看例题，讲的是什么；（2）看例题的解题方法；（3）看例题的提示，做题要注意什么？最后理解重点词句。

陈锦宇：我经常预习的是语文、数学、英语，我预习数学的方法是先把例题弄明白，然后对照书中的法则、定义、公式、把书上的试题做一做。英语预习方法是随着录音一起去记。

王子：我体会，无论预习哪一学科，都应做好笔记，特别对疑难问题要记下来，以便课堂上特别注意听。

预习可以采取灵活多样的方法，有时可以在书上画线；有时可以在书的空白处写批注，写提要心得；简单练习也可在书的空白处做。自己不懂的，打上问号，预习时合上书围绕上述几个任务想一想：下节课老师要讲什么；哪些自己懂了，哪些还不理解，哪些内容要记住；哪些方法要掌握等等，这样回忆就可以检查预习效果。

另外，还应该注意这样几个问题：

（1）预习要独立思考，注意实效。预习要读进去，独立思考。有的同学预习，只是简单翻翻，草草读读，显然不会取得预习效果。预习读进去，就是要深入教材中去，不"走过场"。要对重点内容细读、深思。对读不懂、思不通的地方，要提出疑问。遇到新的公式、定理、定义，要认真仔细琢磨。

（2）从实际出发，方式多样。不同阶段，不同学科，不同教材，不同的学生，对预习的要求也不同，不能"一刀切"，否则就会加重负担。从预习的科目看，大多数同学应重点预习语文、数学、英语。而其他科应根据个人的具体情况来定。就是以上三科也要根据教材的重点或深浅程度区别对待，不能平均使用力量。

（3）要安排好时间。预习的时间，要根据个人学习计划，可以提供多少实际时间来安排。不要因为过多地抓了预习而打乱学习计划。如果时间很紧，可以先大概看一遍下节课要讲的内容，建立初步概念。一般来说，教师讲一节课的内容，在课前花 15 分钟左右时间预习一遍就可以了。如果学习已经比较主动，能抽出较多时间预习可以多一点，钻得也可以深一点。预习不一定强求要把所有问题都弄懂才罢休，留些问题等到课堂上听教师讲解，也是正常的。

（4）要形成习惯。俗话说：滴水，经久不息可以穿透顽石，烈火却不能；微雨，稀疏不断可以滋润幼苗，急雨却不能。预习不能靠一时的心血来潮。应坚持形成习惯，这样才能卓有成效。

（三）指导学生上好课

1. 为什么要重视上课

在学生的各个学习环节中，上课是最最重要的。因为大量的知识，只有通过课堂才能搞明白。如果课堂听好了，就成功了一半。课堂认真听 40 分钟比课后预习两小时还理解得深。认真听老师讲一遍，胜过自己看 10 遍。认真上好课是最好的学习方法，课堂学习是收获最大的学习。如果课堂不认真听，无论你多聪明，也难学好。

2. 怎样指导学生高效率上好一节课

能不能上好一节课，会不会上好一节课，这里既包括心理因素也包括方法策略问题，下面是一部分同学的体会。

李等：我的体会，要高效率听好每一节课，应该掌握下面的方法和要领。

（1）上课前先回顾一下上节课的内容，以便和新课联系起来。

（2）带着预习中不懂的问题听课，注意教师的讲解。

（3）精力集中，老师讲到哪，自己思想就跟到哪，同时积极思考老师提出的问题。

（4）多问几个"为什么"，对每一节课，每一道题，要能讲出道理，做到当堂"消化"不留"尾巴"。

（5）做点课堂笔记，把老师的分析步骤及重要内容记下来，便于帮助自己的记忆和复习。

于淼：要上好课最关键在于注意力集中，全身心地投入。心静，不想其他事，课堂上不交头接耳，不搞小动作。

路璐：要最有效地听好每一节课，就要时刻紧跟老师讲课的思路，老师讲到哪，就想到哪，紧盯住老师，眼到、口到、心到，要眼睛看着黑板，耳朵听老师说的话，脑子想老师提出的问题，对老师提出的问题迅速做出反应。

吉丽娜：我认为上课要有趣味，快快乐乐的，就像做游戏，看一场精彩的电影，而不是把它作为一种负担，学习效果就会好。

孟印：上课脑子不能懒，积极动脑筋，不要等老师喊"喂"，主动配合老师讲课，对有些问题联系过去学过的知识来理解。尤其对预习时没搞清楚的问题应格外注意。

李明月：上课不能死板，在快乐中求得知识，方法应该是边听边看，边听边想，边听边记。

张晶欣：上课应该积极发言。特别对不懂的问题不能放过，也不能不懂装懂，要举手问老师，直到弄明白为止。

王艳青：听好一节课不能眉毛胡子一起抓，要抓住重点和难点。

学生：什么是重点呢？

王艳青：可能有几种情况：一是预习发现的（如课本注明问题或书后习题）；二是老师在讲课时提出和强调的重点问题。如课上提示："注意"、"重点记住"、"主要掌握"、"一定理解"等；三是老师一节课前提出的授课目的和重点，或提问考查学生，并提请同学注意的问题；四是课堂要结束时概括小节的内容等。

付玉：我觉得上课还要学习老师分析问题的思路、方法，把自己的思路和老师的思路相比较，找差距。

老师：上面同学谈得很好，概括起来，同学要上好课，就是心要静、脑要想、手要勤，最后达到专心学、当堂懂、思路清的目的。

3. 指导学生做课堂笔记

李文君：做课堂笔记要处理好听和记的关系。上课应该以听为主，不要为记笔记而记笔记，在听好的基础上来记笔记。听时要专心，记时要挑重要的概括地记。我记笔记有两种形式：一种是摘老师讲的主要内容；二是由主要内容扩展出去的由粗到细。

王子：在课堂上做笔记，首先听记能力要很强，并且记笔记时应该有选择，不能漫无边际地什么都记。着重记重要的地方或自己不懂的地方。不懂的地方下课要向老师请教。另外，要处理好听和记的关系。不能听时顾不上记，记时顾不上听，应边听边记，听时认真，记时要快。

鲍玲：做好课堂笔记要详略得当。我记笔记的方法有两种，一种是直接在书上记，就是把老师讲的重点问题在书上画出，或记在书的空白处。另一种是在笔记本上记。这就要详细一点。

李艳：课堂老师讲的应先用脑子记，记不住的做一下简记，课后再详记。

丛莉莎：记笔记应该抓住时机，老师讲时要认真听，在老师讲课有空闲时，见缝插针做笔记。

李筝：我并不是在课堂上作笔记，而是在课后整理笔记。我的笔记有提纲式和小标题式两种。

整理笔记应该抓住这样几个问题。

（1）忆。课后抓紧时间，对照书本、笔记，及时回忆有关的知识，这可以同复习结合起来。

（2）补。课堂上记的笔记常会出现缺漏、跳跃、省略、简录，甚至用符号代文字等情况，这时应及时作修补。

（3）改。对笔记中的错字、错句及其他不够确切的地方进行修改。

（4）编。用统一的序号，对笔记内容进行提纲式的、有逻辑性的排列，注意号码，使笔记有条理性。

（5）以文字、符号、代号等划分笔记内容的类别，为分类摘抄作准备，使笔记有系统性。

（6）舍。把无关紧要的笔记内容舍去。

（7）集。将同类的知识，抄在同一本子上，或同一个本子的同一部分里，也可以用卡片分类抄写，使笔记有资料性。

4. 指导学生保持课堂注意力

孟赫：学习应全身心地投入，心中一直想到自己的理想和奋斗目标，把每一节课的学习和奋斗目标、理想前途联系起来，把学习当作第一任务，而不去想如何穿戴享乐，这样有了责任感，就会约束自己，一心一意学习。

李艳：应该对学习产生浓厚的兴趣，把上课作为一种乐趣，满足求知欲，这样就能保持注意。当然，兴趣在于培养，要培养兴趣，先要认真仔细地学习，有成功的喜悦就会产生兴趣。

吴楠：我认为要保持课堂注意力就是要进入课文中去，进入情境，钻进去了，跟着老师思路走，被学习内容吸引住了，就不会想其他事了。

于淼：应该努力克制自己不去想别的事，排除杂念，用纪律来要求自己，尽可能不搞小动作，不与前后桌同学说话，头脑里只是"学习"，把自己完全置于学习之中。

叶丹：为了防止课堂思想"溜号"，上课之前应把不必要的东西收好，特别是不要把容易引起分散注意力的东西带到学校去，上课时老师不让拿笔翻书就不要动，学进去了，自然也就保持注意力了。

张成举：课堂上应一边听一边记笔记，用做笔记来牵制自己，两头一忙，就兴奋，也是保持注意力的一种方法；还有就是课堂积极发言，参与讨论，通过让老师提问来牵制自己，心想学习，就忘了其他的事。

李雪莲：为了防止头脑里一些杂念的干扰，回家应少看武打等电视节目和很热闹离奇的小说。心情舒畅，下课不要做太剧烈的活动，晚上还要休息好、睡足觉。

杨丽丹：为了防止注意力分散，还有一个办法就是眼睛总瞅老师和黑板。或者和同学约定好，出现溜号或犯困时，提醒一下。

也可以经常用伟人、名人和班级优秀生的模范行为提醒要求自己，或用"非静无以成学"、"端坐静思、多思善问"等名言格言来提醒自己。

另外，在班级里当自己思想溜号时，就看一看那些优秀生课堂上是怎么表现的，向他们学习，也有助于保持自己的注意力。

（四）指导学生做好复习

打个比方说，如果预习是深翻地，为播种知识的种子做准备的话，那么听课就是播种，并使之发芽、开花、结果的过程，而复习呢？则是把知识的果实收起来，装进仓库，如果没有复习过程，很多知识的果实就可能连续丢失。只管耕耘、不管收获的人不是个大傻瓜吗？另外复习能加深对课本重点、难点的理解，通过自学消化理解，使知识系统化，并为运用新知识、培养新技能做好准备。下面同学谈了复习的策略和方法。

1. 及时复习，趁热打铁

高明：我体会，刚学完的马上复习效果好，如果学过很长时间再复习，效果就不太好了。所以复习应该趁热打铁，一课一巩固，不要等知识忘了再进行巩固。

孟霞：我也认为及时复习很重要，因为在当天老师讲的课模糊的情况下，可以把"模糊"转为"清楚"。另外，因为重视了平时复习，记得快，又轻松，而不是到考试时再去起早贪黑地搞突击，这样学习效果特别好。

孙溧：以前我复习并不是一课一复习，而是几课一复习，有些字、词句的意思淡忘了，就是拿起笔记也想不起来，知识学得非常不扎实。现在，我按一课一复习的方法去复习，知识学得很扎实，不容易忘记。

老师：国外有位心理学家叫艾宾浩斯，他通过实验研究发现，遗忘是有规律的，这个规律就是"先快后慢"。即学习后，先遗忘的多、快，后遗忘的少、慢。同学们也都会有这样的体会：上完一天课以后，老师讲课的声音、体态萦绕在脑海里，知识印象很深，保持着"余热"。这时无论复习看书，还是写作业，效果总是特别好，省时省力，学习负担轻。反之，考前搞突击效果总是不好的，而且费时费力。

所以，同学在学习中要尽可能"今天功课今天毕，不等到明天"。因为与其借助复习去恢复遗忘，不如借助复习去防止遗忘。

有时同学学习忽视平时复习，临时抱佛脚，考前突击，这样既累，效果又不好。所以同学们必须重视课后及时复习。

2. 回忆复习，过电影

安帅：我觉得复习是有窍门的。比如我采用的是回忆法，效果很好。自习课或课后没事时，我就努力回忆今天每堂课老师讲的内容。

先不要看书，而是认真想一想（最好闭上眼睛）在课上老师讲了什么，强调了什么，也就像"过电影"。哪个地方实在想不起来了，我就看看书，直到想起来为止。不懂的一定要弄懂。

回忆法的好处很多。首先是印象比较深刻，比泛泛地看书效果要高得多。经过这一次回忆，课堂上学的知识在我的记忆里就像扎下了根一样。另外，回忆还可以培养和训练自己的记忆力。

王艳青：我复习不是盲目地拿过书来就看，而是先想一想，老师今天讲了哪些内容，重点是什么？理理思路，归归类。比如要理解应用题，就要知道它是属于哪种类型的，用什么方法去解更简便，然后打开书看一看什么地方自己记漏了，或记错了，最后才动笔复习。

王巍娜：我复习时也是先回忆当天的学习内容。复习采取两种方法：对记不下来的，不熟悉的就下工夫弄懂背会；对会了的，再想一想，"过过电影"就行了。

3. 联系旧知识归类，使知识系统化的要领

李筝：我复习是先把当天老师讲的课回顾一下，然后联系旧知识，把当天的

课进行巩固，我觉得，新旧知识本来就是互相联系的，复习时，特别是单元复习和总复习，应该善于归纳、整理、总结，不管哪一科都要理清知识的思路和体系，有些知识要归类，梳成辫子，知其然，又知其所以然，看类型题，举一反三，触类旁通。

理解是使新旧知识联系和系统化的关键。在复习时，我往往是反复阅读课本，反复独立思考，把课堂没听懂的地方，通过阅读思考得到解决，对一些基本概念、基本道理和重要事件或计算公式、定理在理解的基础上系统化，并加以记忆。

4. 忆、看、理、做、背相结合的要领

叶丹：我在复习时，采取忆一忆（回忆老师讲的内容），看一看（重读课本），理一理（整理笔记），做一做（做作业或写练习册或做书后复习题），背一背（对重点章节、定义、概念进行背诵）的办法。

我觉得复习不能只抱着书和本，反复去看，这样既不容易记住，又容易犯困，因为做题可以促进自己思考问题，带着问题去重读教材。另外，这样动脑、动手、动口容易集中注意力。

陈欣：我复习时一般先看一遍后把课后题做完，然后自己提出一些问题来，自己答，最后把生字解词练会，采取先做课后题，再做自己的题，最后练生字、解词的方法，这样复习的效果好。

路璐：我是这样复习的，回到家里先把学过的东西认认真真看一遍，然后能做的就做，"熟能生巧"。通过做题知识就会掌握得更牢固和熟练。所以做法可归纳为"记、看、写"三个字。有时复习时就要死记，所以叫"记"。有时看一遍就会了，所以叫"看"，有时记不住，也看不会，就需要"写"。

5. 抓重点复习的要领

李筝：在复习中特别注意抓重点，我反复阅读教材，抓住新教材的重点。对重点问题进行重点复习。我经常整理预习笔记和听课笔记，把笔记中写得不准确的地方及时改正。

李文君：在复习基础训练中，我先挑重点复习，然后再复习次要的，一般都采取先重点再次要的方法。

复习重点，一般还要看时间，灵活掌握，时间充足就认真全面看，时间紧就快速复习，抓重点。这里说的重点，一是教材本身的重点；二是回忆老师讲过的，但自己尚不熟悉或不懂的内容。

孟印：我认为复习应该抓重点，不是盲目地使劲。要在普遍复习的基础上在重点问题上下工夫。抓重点就应该特别抓住笔记来复习，因为笔记是老师经过提

炼的条理性要点。

6. 复习和背诵相结合的要领

白琳：我在复习过程中，经常一边看一边背诵记忆。对数学的概念、定义、法则，对语文的重点段、句进行背诵。

孙颖：我复习采取多读、多想、多写、重点部分用线画出来的方法。

孟薇薇：我是按照熟读→理解→背诵→强记来复习的。熟读，就是把文章读熟了，才能记住理解，把文章理解透彻对背诵有帮助，然后是强记，最后是复记，也可以分几次复习，一次一次地复习。

（五）指导学生完成好作业

根据一些优秀学生的经验，作业的完成应指导学生注意下面几个问题：

（1）回忆

王艳青：我认为要使作业达到预期目的，写作业之前，先要用几分钟时间认真回忆一下课堂上老师所讲的内容，然后才做作业，这样做起来就容易多了，做题过程中，先弄清题意，在脑子里形成正确的解题思路再动笔记。有的同学完成作业时，忽略复习，做作业前，既不复习课本中的有关内容，也不看自己的课堂笔记，而是拿过题目就做。这样由于没有很好消化课堂上所讲的内容，因而概念不清，做题乱代公式，结果既浪费时间，又容易出错。

（2）审题

安帅：写作业要看懂题目的内容，仔细琢磨题目，抓住关键词语来分析。要考虑好解题思路，设计好解题步骤。对于题目要看准，想明白，题目要求什么，给了什么条件，有什么限制，可以联系哪些知识，都要搞得清清楚楚。不认真审题，就会造成一步错、步步错。

（3）做题

乔媛媛：我写作业是一读、二想、三做、四检。这里我重点谈谈做。

做题应该做到：一遍对，速度快，书写清。"一遍对"就是做作业力争一次成功；"速度快"就是在解答正确的前提下，提高解题速度；"书写清"就是做作业时，一定按照各学科要求的格式去做，做到书写工整，条理清楚。

老师：做题要的是提高应用知识的能力，抓住关键有助于把知识联系起来，做到灵活运用。无论做什么题，只追求结果的正确是不够的，重要的是掌握解题方法，注意开阔思路，力争用多种方法去解。

（4）复查

作业写完后不能草草了事，应该注意复查，以便更正错误和弥补被漏掉的。

复查可以采取下面几种方法：一是逐步检查法，这是按解题步骤，逐步检查。二是重做法，如果时间允许，干脆重做一遍，重做也可用另一种解题方法。看一看前后两次解答结果是否一样。三是代入法，就是将结果代入公式或式子，看是否合理。四是观察法，如数学题中要求"人"的个数时，若求出的结果是个分数，就可判断出解答是错的。当然，具体学科和具体题目不同，检查方法也不同。

还应该注意这样几个问题：

（1）把作业作为有情趣的事，不要当成负担。

李雪莲：写作业就应该觉得有趣，不能心烦。

（2）独立思考，不要抄袭。

（3）完成作业应及时。

在做作业时，对不懂的问题该怎么办呢？遇到困难怎么办呢？

栾明：在做作业的时候遇到不懂不会的问题千万不能放过。我一般是先把老师讲过的课程看一遍，如果还不明白，就去向老师或同学请教。

孟赫：我一般先自己想，重温课堂知识，细细体会，尽量查找出作业中的毛病，如果还不懂就请教工具书，实在搞不懂就去请教老师。

李筝：对不懂的问题我是不放过的。先回忆老师是否讲过此类问题，如数学就根据例题举一反三。如果是需要记背的学科就要查找学习资料，必要时和同学在一起研究、推敲，实在不会就要去问老师。

老师：对作业出现的困难，不管用什么办法一定要搞明白，千万不能退缩放弃。当然能自己解决的（包括用资料）尽量自己解决，自己实在不会再去请教老师或同学，因为自己解决印象深。

怎样处理完成老师布置的作业和自己安排的学习任务之间的关系呢？

栗晓禹：我通常是先完成老师布置的作业，然后再来完成自己规定的学习任务。如果学习任务太重、时间紧就先完成作业，抽空再学自己安排的学习任务。

王琪：老师布置的作业第一，自己安排的学习任务第二，应该以老师布置的学习任务为主。

怎样对待参考书和复习资料问题？

老师：参考书和复习资料是辅助学习之物，有的同学把参考书之类的书籍当做作业的参考答案、课堂发言的"参考方案"，生搬硬套，这种做法我一向不赞成。参考书和复习资料，通常应该在学习任务完成后，或一些问题经自己思考又无处校对答案正确与否时才翻阅一下，它们是学生学习的"第二任老师"。如果不作思考，不经分析就翻、抄参考书、复习资料，那么这些书籍就变益为害，失去意义。可以肯定地说，复习资料和参考书是有益处的，关键是看你怎么用。用好了，可帮助分析课文，进行练习，开阔视野，扩大知识面，提高应变能力，而用不好就起反作用。

另外，参考书和复习资料一类东西也应慎重选择，不能盲目订购，一是应以课本为主，二是不能订购答案不准确、习题出得没价值、不值得阅读和填写的复习资料。

（六）培养良好学习习惯

播下习惯之种，结出成绩之果。魏书生就很重视学生学习习惯的培养，他曾有过116次的提醒的做法。

开学的第一天，教室里刚刚从小学升入初中的孩子们瞧着他们的新班主任魏书生老师，听他讲了许多话，讲了学校的要求、班级的要求，最后魏老师说："还有一项要求，只有三个字，我说出来，请大家记住并且一定要做到。如果我发现了我们班级里有一名同学疏忽了，忘记了，他一时没有做到，那么，我就要把这三个字重复一遍，做一次提醒。"

魏老师说出了这三个字，只有三个字！班级里发生了轻微的响动，很快平静下来了。

魏老师用欣慰的目光把整个教室里的每一个同学扫视一遍，微微地点了点头。突然，魏老师点了一个同学的名字："刘志军！""到！"大家惊讶了！难道魏老师要批评吗？刘志军自己也不明白出了什么事。只听魏老师语调平静地说："刘志军，老师给你个任务，从今天开始，每当我提起那三个字时，你就加上一个数，你来统计一下，看看到毕业前，到底需要老师提醒多少次？行吗？"

"行，老师，我一定做到。"

刘志军坐下了，这三个字在他脑子里首先有了最深的印象。

可是，全班有那么多人，并不是每一个人都能把它记得很牢的呀！这样说不上什么时候，魏老师便要提出那简短的三个字，刘志军就要笔一动，加上一个数。随着老师的提醒，大家又一次加深了印象。有时魏老师问："刘志军，多少次了？""十六次。"隔段时间魏老师又问。"四十五次。""七十次。"……

这样教室里差不多所有的同学，只要眼光碰上刘志军，就想起了老师那一次又一次的提醒。直到毕业前，刘志军向大家宣布："魏老师一共提醒了116次。"这三个字是什么呢？那就是——坐如钟。那么这"坐如钟的116次提醒"为的是什么呢？四个字"培养习惯"。

（选自《魏书生教育方法100例》）

英国教育家洛克说："事实上，一切教育都归结为养成儿童的良好习惯，往往自己的幸福归于自己的习惯。"的确，良好的习惯会给一个人终生带来无穷乐趣，丑恶的习惯会把人引向痛苦，甚至毁灭。可见教师重视学生良好学习习惯的培养，不仅能给他们带来良好的学习成绩，而且会使他们终身受用无穷。

[思考题]

1. 你怎样理解教学的本质是教学生"学"？

2. 学生的学习指导都包括哪些内容？

3. 学生学习动机的形成都受哪些因素影响？你在培养和激发学生学习动机方面有哪些好的做法和经验？

4. 你认为学生低效学习的表现都有哪些？你是怎样帮助他们提高学习效率的？

第六章　为什么真正的教学艺术都是个性化的

——教师备自己的方法与策略

◆问题

老师，你了解你自己吗？也许有的老师会说，开什么国际玩笑，我自己怎能不了解自己？其实不然，人常常并不能真正地认识自己。一个人了解自己很难，发现自己更难。正如一位创造学家说的："世界上有许多种发现，但归纳起来却只有两种：一种是发现外部世界；一种是发现自己。"

越是民族的越是世界的，越是个性的越是大众的。而真正的教学艺术又都是具有个性化的。所以教师在备课中要设法了解自己，开发自己，发挥自身的个性化优势。那么，备课中怎样去了解自己？了解自己什么？又怎样备出具有个性化教学风格的课呢？

"丧失自我"也是当前教师课堂教学很值得注意的一种倾向。正如有的老师调侃说："现在，教育理念听校长的，教学设计抄组长的，上课内容看参考书的，作业及答案全是练习册上的，丧失自我。"没有个性化的教师就不可能有个性化的课堂教学，没有个性化的课堂教学就不可能培养出来有个性化的学生。世界上有许多种发现，但归纳起来却只有两种：一种是外部世界；一种是发现自己。教师备课不仅要备教材、备学生、备教法，而且要了解自己，开发自己，充分调动和发挥自己，从而形成有个性特点的教学风格。

第一节　教师备课要备自己

教师备课为什么还要备自己呢？

一、有助于找到长处

人生之最大遗憾，莫过于始终没能利用自己的潜能和特长去创造本可以出现的奇迹。

教师每天备课，既要研读教材和了解学生，也要对自己的能力素质做一审视，从而找到自己的优势，认清自己的劣势。这样更有助于知己知彼，百战百胜。有位老师在备《春》一课时，原教法设计是问题讨论法，后来考虑自己的声音圆润富于表达这一特点，改为"朗读品味法"进行教学，效果很好。

其实每个人都有自己的优势和劣势，有的教师有表达优势，有的教师有朗读优势，有的教师有表演优势，有的教师有书法优势，有的教师有绘画优势，有的教师有音乐优势，有的教师有年轻优势，有的教师有人缘优势，有的教师有绝活优势，等等。这都是教师从事教学的最好资源，关键是如何去开发和利用它。

学者罗斯金说："自助是成功的最好办法。"学会自我展示的人成功的希望就大。如教学《狐狸和乌鸦》时擅长绘画的就在黑板上画一画；擅长表演的就带学生演一演；擅长朗读的就当堂示范读一读……自己的优势不就凸显了吗？苏格拉底有句名言："最有希望的成功者，并不是才干出众的人，而是那些最善于利用每一时机去开拓的人。"有位教师教学《二泉映月》时，恰好酷爱音乐的他业余时间刚刚练过这首名曲，于是灵机一动，上课时对学生们说：老师想把这首名曲拉给同学们听，你们给老师这个机会吗？于是在学生们的掌声中，这位老师拉出的曲子不仅感染了学生，还让前来听课的同行留下了"音乐才子"的美誉。所以教师在备课中要努力发挥自己的优势。这样才能在课堂上"该出手时就出手"。"扬长者成功"，天才就是选择了最适合自己的路，蠢材就是选择了不合适自己的路。

二、有助于发现短处

著名儿童作家郑渊洁说："每个人都有自己的最佳才能区，除非他是白痴，要拿自己的长处和别人的短处竞争，打得过就打，打不过就跑。"尺有所短，寸有所长。教师在备课中不仅要找到自己的长处，还要分析自己的短处，找差距，查一查自己上这节课自身有什么问题？譬如说：教材理解研读上还有什么问题？教材组织处理上还有什么问题？课的结构设计上还有什么问题？有什么不当之处？再如教学语言、课堂板书、教学激情、应变能力等等都还有什么疏漏？作为教师只有敢于正视自己的短处，反省自己的不足，才会让自己成长进步得更快，而每次备课反省自己的不足，是对上课疏漏的最好补救。

缺点是一种力量。有这样一个老校长，教师对他鲜有微词。究其原因，竟然在于他的"口吃"，不管是大会议还是小会议，也不管是对教师的会议，还是对学生的会议，他都是言简意赅，切中主旨，决不拖泥带水！正是他的这种"缺点"使他形成了干练的作风，赢得了同事们的尊敬。教师从事教学固然希望成功，但是备课中必须正视和研究我们曾经有过的失败。因为失败的意义，不仅在于引领我们走向成功，更重要的是它磨砺、锤炼了我们的灵魂，使我们告别虚浮、骄躁而变得深沉、坚强，从这个意义上说我们要感谢失败。

三、有助于形成风格

教了三十几年的书，上了几千节课，送走了几代人，要问自己的教学模式是什么？教学有什么特点？说不清。这不能不说是即将走下讲台的老教师的一大遗憾。那么教师怎样才能形成自己的教学特点和模式？一个重要方法和措施就是研究发现自己，打造自己的长处，而备课重视备教师自己就是一种好方法。一个真正有发展前途的教师，不在于机械盲目地去照搬某一种权威的教学模式，而在于能博采众家之长，在广泛吸纳先进教学经验的基础上，发挥个人优势，大胆创新，从而形成具有个性特点的教学风格。

邹韬奋曾说："无所不能的人实在是一无所能，无所不专的专家实在是一无所专。"教师在备课中一定要设法打造自己的长处，找到适合的方法。例如在语文教学方法中，李吉林老师认准的是"情境教学法"；孙双金老师擅长的是"课堂辩论法"；于家正老师拿手的是"课堂表演法"；王菘舟老师出彩的是"情感体验法"。

每个老师的教学水平、文化底蕴、教学经验、课堂机智、教学风格不尽相同，那么备课时所呈献的特色也不同。看来"比知识更重要的是方法，比方法更重要的是方向"。教师在备课中应该努力研究"自己认准的方法是什么？奋斗的方向在哪里？"这最有助于加强自己的专业成长和有自己的个性特点的教学风格。

四、有助于发挥教师的主导作用

时下，突出学生主体活动是学校教育的一个热点，从上到下，大家都在强调学生的主观能动作用的发挥。但是，如果一件事强调过了头，可能就容易走向它的反面。有一节课，老师上课了，让学生自己读课文，自己找问题自己解决，自己写板书，一节课把学生弄得晕头转向。而老师在课堂上强调最多的一句话是：这是大家的课堂，老师最大的成功就在于讲课等于不讲课。显然，这是错误的。教师的主导作用任何时候也不能淡化，而教师备课注重备自己则有助于发挥教师的主导作用。

特级教师毛荣富说："一个人是很容易迷失自己的，记得上个世纪80年代初，我要上一堂重要公开课——茅盾的《风景谈》，我查阅了所有资料，把我认为好的东西都用上了，可是试讲以后，一位熟悉我的老教师却认为我这一节课大不如我平时的课。他直言说：'你大概是在资料中迷失了自我。'我一下子明白了，决定推倒重来，把课文里那些自己欣赏的东西作为我设计教学的基础，引导学生用审美的眼光来学习课文，结果获得好评。我从这件事悟出了这样的道理：真正的教学艺术都是个性化的，都只是表达自身潜力开发的深度和广度，表现人在精神漫游中所到达的境界。从此，我上公开课很注重表现独特的'自我'，并把它当做自己的不二法门。"

第二节 教师备课了解自己什么

一、备自己当前知识储备

当一课书摆在面前，你应首先思考，从广度到深度，我能理解到什么一个层面，围绕本课的相关知识我知道多少，还欠缺多少，缺少什么？例如，当你备《荷塘月色》一课，你就应思考，这课书的写作背景是什么？对朱自清了解有多少，对荷花的常识了解有多少，以便根据自己所掌握的知识乃至缺少采取补偿措施。

二、备自己教学能力

上好一节课包括教师的语言表达能力、板书能力、解读教材能力、组织处理教材能力、驾驭课堂情绪能力、组织学生课堂学习能力、课堂应变能力、运用现代化教学手段的操作能力等。那么当教师一课书拿过来，教师应该分析哪些能力对本课是必需又是很重要的。而教师自身要检查哪些能力我已具备了，完全可以驾驭。而哪些能力本课回避不了，而恰是本人弱项或欠缺的，这就需要课前补救。一节阅读要让学生读准确、读通顺、读出感情，教师就应适当加以范读，而恰恰有的教师不会朗读，既读不通顺，也读不出感情，这就要在备课时加强练习。再如有的教师在板书能力上很差，字也写得不好，那么就应在课前加强这方面的练习。总之，备教学能力就是找到自己的软肋，及时弥补。

三、备自己个性的特点

人靠特长吃饭，而不是靠爱好吃饭。教师在备课中要善于挖掘自己的特点和特长。因为一个教师能不能上好课与能不能擅长开发和发挥自己的特长有关。你与姚明比个头，与李连杰比武术，与刘翔比百米跨栏，肯定不行。但你也要努力去发现自己的长处。别人在那方面行，你可以在这方面行。你努力几辈子并不可能成为爱因斯坦，但是你这辈子肯定在某一方面有超过爱因斯坦的可能性。如有的教师逻辑思维能力强，这就可能在教法组织的严谨、知识传授的严密上有特点，而有的教师情感丰富，活泼开朗，充满激情，这就可能在语文教学中以情感人上有特点。另外，有的教师在个人特长上有自己的"绝活"或优势，关键是教师在备课时能解剖自己，找到自己的优势，利用自己的优势扬长避短。

例如下面这些名师在备课中由于找到了自己的优势和切入点，因而更好地发挥了自己的优势。

于永正——注重"备学生"、"备学法"。

张化万——主张"系统备课、换位备课、多次备课、板块备课"。

赵景瑞——通过点面等多角度去钻研教材，用足教材。

盛新凤——以系统论、控制论、信息论为依据进行立体备课。

窦桂梅——关注预计和抓"题眼"。

徐斌——以"十年磨一课"精神备课。

林良富——强调通过与文本和学生对话进行创造性思维备课。

夏青峰——关注"为何而学，学习什么，怎么学，学得怎么样"作为备课支点。

每个名师的备课智慧，都体现了教者反复思考、敢于实践、追求完美的结果，都呈现不同的超乎寻常的功力。那么教师在备课上，也是要花工夫，备出适合自己的课。

四、备自己的情商

什么是情商？就是一个人的情绪智力。它反映一个教师驾驭自己情绪的能力。教师在备课时应认真分析自己的情绪状态。如自己的性格，自己从教的心理动力，自己认知和调控学生情感的能力，遇到困难时能否耐受挫折，能否用自我激励来调节自己的情绪等。通过自备，带着健康的心态走进课堂，有助于营造良好的教学氛围。

第三节 教师备课要博采众家之长

一个教师要备好课不仅要发挥自己的专长，还必须博采众家之长，也只有博采众家之长，才能更好地发挥自己的专长。

下面是安徽省蚌埠市实验学校刘松谈的体会，它对新教师不无启发。

一个人的智慧是有限的，集体的力量是无穷的。多年来，我备课有个习惯，拿到课题后，我总喜欢什么参考书都不看，什么人也不请教，自己先在心里构思，从目标设定到环节安排，从教法选择到活动设计等，予以全盘地考虑，然后再查阅相关资料，请教别人，进行对比分析，哪里我想到了，哪里我忽视了，为什么忽视了？别人的设计好，好在哪？不足和问题出在哪？即使是非常好的设计，是否符合自己的特点？自己能否驾驭得当？长期地这样思考，极大地缩短了我成长的历程，提高了自己专业发展的速度。多年的实践让我感觉到，越想备好一节课，越是要做好博采后的对比和反思工作。在博采了众家之长之后，再对自己的教学重新设计，这时，往往就能备出一节比较理想的课。

2001年3月全省优质课评比，18个地市18位教师全上同一节课——"时分的认识"，我抽签第一个上，3天后成绩统计出来，我荣获第一名。在准备参加同年4月份的全国大赛时，我就从合肥和淮南两位选手的教学设计中改进了两点做法，一是合肥老师的课件创意，认识"分"时，让分针从12起运行，走到几停下来，让学生说出经过了多少分钟，为了让学生看清楚，课件显示出分针针尖在圆周上划过的痕迹（这一点我没想到）。二是淮南老师的一个练习设计：该老师事先发给每位学生一张钟面卡，上面标有不同的时间，老师说出几时几分，让学生举出相应时间的钟面卡，几轮下来，每位学生都得到了一次练习的机会（面向全体得到了充分体现）。18节课听下来，这两个设计让我眼前一亮，给我的感觉非常好。但对好的设计，我一贯的做法是绝不能照搬照抄，博采众家之长的最高境界应该是在别人基础上的再创造。受到这两位教师的启发，我对课件做了修改，在分针转动过的小格上做出一条颜色鲜艳的色带，分针指到哪儿，色带就跟着转到哪儿，不仅增添了课件的美感，而且更加突出地让每个学生都清清楚楚地看到了分针转动的情况；练习部分，我同样发给每位学生一张卡片，但换成小白兔说出时间（配音制作），让学生用"帮小白兔找朋友"的方式进行，不仅达到了全面练习的目的，而且渗透了爱心教育，学生在课堂上兴趣盎然。

有的老师可能会说，我们平时哪有这样的机会，一下子集中听这么多节课，没关系，即使自己在家中备课，只要我们有心，同样可以做到博采众家之长，尤其在网络技术如此发达的今天，没有任何人可以剥夺你学习的机会。仍以"时分的认识"为例，2000年寒假当我接到参赛的任务后，为了把课备好，我煞费了一番苦心。记得曾有人把课堂教学艺术概括为"豹头、猪肚、凤尾"六个字，"豹头"指的是课的开始要吸引人，"猪肚"指的是课的进程要实实在在，"凤尾"指的是课的结尾要令人回味无穷，这六个字概括得非常经典。

为了达到这种经典的境界，我尽了最大的可能翻阅文献资料，上网搜索，共找到相关的教学设计50多篇。对其仔细分析整理后，我发现，这些教学设计的"豹头"部分可归纳为四类：一是开门见山，直接出示时钟，问："同学们，你们认识它吗？它有什么作用？"学生回答后直接切入主题。二是谈话式引入，先与学生们交流，"你们早上几点起床的呀"，"你们是怎样知道时间的呀"，学生回答"看闹钟"后切入主题。三是情景引入，教师放时钟行走时嘀嗒嘀嗒的声音，问"听，这是什么声音"，学生说出是钟的声音后切入主题。用的最多的是第四类，谜语引入，教师先出谜语（诸如"会走没有腿，会说没有嘴，它能告诉我们，什么时候起，什么时候睡"等），学生猜出是"钟"后自然引入主题。这四类引入方式各有千秋，并无优劣之分，哪一种方式在平常的教学中都可以使用。博采众家之长之后，我开始了自己的"创新之旅"。

怎样才能做到既不重复别人的做法，又能达到紧扣教材主题、贴近学生生活实际，同时有效引起学习兴趣的目的呢？为此，我苦思冥想了一个多月，前后推翻了十几种设计方案（包括领导和同事帮我设计的方案），天天想得发呆，妻子（她不是教师）看了都心疼，最后还是妻子的一句无意的话给了我启发，终于想出了让龟兔绕着12棵树围成的圆圈赛跑的引入方式。12棵树围成的圆圈暗示钟面；龟兔赛跑的故事学生耳熟能详，让龟兔绕圆周赛跑的形式使学生感到新鲜，做成动画就更吸引人，比赛同时开始同时停，乌龟只跑到第一棵树的位置，而白兔则跑了一圈，暗示时针和分针的运行规律和时速比例，整个画面表面上看是龟兔在赛跑，实质上是一个钟面运动。在省里赛课时，评委及听课老师们都说这节课这个地方最精彩，而其他选手在这个环节上，大多没跳出传统的框子或改进不大。参加全国比赛时，北京师范大学的周玉仁教授在大会总结时给予了这节课以高度的评价，概括为四个字"新、实、活、美"，我想"新"首先指的就应该是引入部分的设计。4年过去了，这个设计的理念虽然还没有落后，但这个设计已不再新鲜。回想当年的设计历程，我有两点感悟：一是如果没有博采，就不可能有全新的创造；二是只要我们明确了设计的方向，天天想，时时刻刻地琢磨，"灵感"必定会展现。当然，我们平时备课不可能节节都像参赛课一样想得那么细、那么深，但我们可以尽量地想得周全一些，因为想与不想绝对是两个样，想得深刻与否也绝对是两个样。

（选自《名师备课经验》，教育科学出版社）

第四节 让自己的教学形成个性

真正的教学艺术都是个性化的。一个人做事能否成功，学习别人固然是重要的，但是增强自我意识，注意发现和开发自己个性潜能同样也是重要的。正如先哲苏格拉底所说："最有希望的成功者，并不是才干出众的人，而是那些最善利用每一时机去开拓自己的人。"

教师在教学工作中必须重视教学个性的研究。

一、什么是教学个性

所谓教学个性是指在达到相同的教学目的的前提下，教师根据自己的特长，所经常采用的别具一格的教学方式方法。教学个性是教师的知识、经验、能力、思维方式和个性在教学上的反映。

$$教学个性的等级\begin{cases}初级水平——萌芽（学习模仿）\\中级水平——创造（独立教学）\\高级水平——升华（形成风格）\end{cases}$$

教学个性初级水平是指那些萌芽状态下的教学水平。它虽然有一些个性教学特点，但还不是很明晰和典型化。这一部分教师通常是刚参加工作不久的青年教师或教学能力较差的教师。

教学个性的高级水平是指教学特点已形成了艺术风格。它不仅在教学方法当中鲜明地表现出个性特色，更主要是教师艺术的水平能达到炉火纯青的程度。本章所讨论的教学个性是指中级水平和高级水平的教学个性。能称为有教学个性的教学有这样几个特点。

（一）创见性

教学个性决不是教师简单沿袭名家教学模式的某一招一式，也不是因循传统的教学方法的驾轻就熟，而是教师自己在多年的教学实践中，通过认识规律，博采众长，又结合自身实际，发挥个人特长，逐步摸索出来的一种既别具一格、又适合自己经常使用的教学方式方法。这样看来，教学个性的形成必须有自己的创见，没有创见，也就不会形成自己的教学个性。

（二）独特性

教学个性既然是一种个人的创见，是个人特长的有效发挥，它就应该有鲜明的个性特点，是教师真实的教育思想、知识经验、教学基本功、性格特点、思维方式、审美情趣的真实表露。所以它有很强的独特性。

（三）稳定性

教学个性一旦形成就有相对的稳定性。它既不是教师课堂上一时一课的表现，也不是教学方法的偶然性发挥，更不是在别人指导下出现的"表演课"中的方法，它是教师经常采用的别具一格的教学方式方法。

二、教师教学个性的形成

良好的教学个性不是一朝一夕形成的。它是教师经过几年，甚至十几年的学习、实践总结逐步摸索形成的。通常教师教学个性的形成要受以下几种因素的制约。

（一）热爱与追求

通常教师的教学个性形成总要经历以下四个阶段。

1. 模仿萌芽阶段

通常，新上岗的教师由于缺乏实际教学经验和独立教学能力，所以习惯于模仿自己敬佩的老师或周围同事的教学方式。显然这种学习模仿对他们来说是必要的，也是重要的，包括以后不断地吸纳先进的教改经验。当然，此时他们还谈不上有什么教师个性。如果说有，也只是处于萌芽状态。

2. 独立教学阶段

伴随着教学经验的积累，教师的课堂教学逐步由模仿进入独创阶段，开始独立教学。显然这也就是教师教学个性形成阶段。这时教师可能要做两件事：一是把自己的思想、经验、特长、能力、性格等渐渐融进教学方式方法中；二是把他人的教学经验消化吸收，转化为自己的经验，变成自己教学个性中的一部分。

3. 发展升级阶段

教师有了独立教学能力以后，教学个性开始向前发展，而随着教学方式方法的不断创新和积累，以及个人经验和外来经验的兼收并蓄，教学个性逐步趋于成熟和典型化。

而在这个阶段里，教学个性的发展也出现了"高原现象"。由于每个教师的素质不同，尤其是个人努力不同，少数教师个性停留在初级水平，多数教师进入教学个性的中级水平，而那些勤于学习、勇于探索、善于总结的优秀教师则登上了教学艺术殿堂，形成独有特色的教学风格。

从教师教学个性形成的三个阶段看，教师能否形成教学个性，形成的快与慢，水平的高与低，首先取决于教师对教学工作的热爱和对教育事业的追求。没有这一条，教学个性是不可能形成的。有位特级教师说过："作为一名人民教师必须解决好三种力的问题，即动力、能力和精力。缺乏动力不愿干，缺乏能力不会干，缺乏精力不能干。三者之中，首要的是动力问题。"这是很有道理的。做任何工作没有动力，其他无从谈起。动力就是理想、事业心，是对教学艺术的追求。无德不为师，无爱不成师，无术难成师。要成名师，必先做真人；要成名师，必先爱生；要成名师，必先教学有术，教学有方。

（二）学习与积累

教师个性形成的第二个因素，是善于积累。

深厚广博的知识营养是形成教学个性的基础。一个教师教育信息闭塞、知识贫瘠、孤陋寡闻，是不会搞好教学的，更谈不上形成教学风格。苏霍姆林斯基说："教师所知道的东西，就应当比他在课堂上要讲的东西多10倍，多20倍，以便能应付自如地掌握教材，到了课堂上，能从大量的事实中挑选最重要的来讲。"陶行知先生也说过："唯其学而不厌，才能诲人不倦；如果天天卖旧货，索然无味，要想教师生活不感到疲倦是很困难的。"这里都透辟地说明了教师不断学习的重要性。教师只有不断地学习才能更新自己，开阔视野，形成新的知识结构；只有不断地学习，才能不拘一家，博众之长，有所发明和创造。优秀教师之所以能获得教学上的成功，都是与他们对业务努力钻研、精益求精分不开的。

（三）实践与创新

著名作家孙犁说："创造一种风格，是在艺术的园林里栽培一株新树。"创造一种教学风格，也是在教学艺术的园地里栽培一株新树。教师要形成自己的教学个性，就要在教学研究、教学改革中勇于探索、勇于实践。漳州实验小学特级教师曾娟娟说："不管有没有人听课，我总是力求出色地完成教学任务。除了决意要在教学上有所创新、有所成就之外，我从未想得到什么。"优秀教师正是依靠这勇于实践、勇于创新的精神，才踏入教艺殿堂的。

（四）总结与提高

一种教学个性不是短时期就能形成的，要经过不断的学习，反复的实践，这就需要教师对自己的教学工作经常总结、研究，才能不断提高。优秀教师就有这种长处。他们不仅善于学习，勇于实践，还特别注意总结，积累点滴经验，经常对自己的教学工作进行反思，找出弱点和不足，吸取教训，从而使自己不断得到提高。每当青年教师向袁瑢老师询问教学"秘诀"的时候，袁老师总是谦逊地笑笑说："我同你们一样，没有特别的地方。要说有什么'秘诀'，那就是勇于实践，勤于总结……上完一节课或教完一篇课文之后，应该坐下来回想一下，写点'教后感'，写一点一孔之见，记上疏漏之处。有经验的教师之所以有经验，我想就在于他们善于在教学实践中不断总结、不断探索，在总结和探索中积累成功经验，抛弃违反教学规律的东西。"

袁老师讲的道理很深刻。教师无论新老，总有自己工作的甘苦和成败得失，只有经常总结，教学才能提高，适应教学改革的新形势，才能创造既有自身特色、又有时代气息的教学风格。

第五节　让教学个性形成风格

教学个性与教学风格既有联系又有区别。首先，从联系上看，教学个性是教学风格的基础，没有个性的教学也就谈不上教学风格。教学风格总是在个性的教学中体现。马克思、恩格斯曾引用布封的话说："风格就是人。"著名雕塑家刘开渠先生说："愈是有风格的东西，愈是强调某一点……加强某一点就可以见风格。"所以说，风格是教师教学成熟的个性特色的表现。其次，从区别上看，教学风格是教学个性发展到了最高层次的表现。教学是一种艺术，教学风格是一种教学艺术的创造。著名作家孙犁说："风格形成，带有革新的意义。"教学个性一旦进入风格的层次，教师的教学方式方法则会进入艺术的殿堂。从这个意义上说，教学个性不一定都是教学艺术，但教学风格必定是一种教学艺术。

教学风格是在教学理论指导下形成的。在教学风格成熟的背后，必定有成熟的教学思想。教学风格是属于教学艺术的创造范畴，它是教师经过不断的学习和艰苦的、反复的教学实践，并将知识和智慧汇在一起，进行创造性劳动之后最终形成的一种教学特色。

既然教学有风格，也就会有流派。在博大精深的课堂教学舞台上，众多的优秀教师，上演出一场场精彩的风格各异的节目。为了有所借鉴，下面根据教学风格的构成因素，以及在课堂上的不同表现形式，介绍一下教学风格的几种不同类型。

一、启发型

这种风格的教学思路和方法体系都体现出引导、点拨、鼓励和启发的特点。因启发型教学风格创设师生和谐融洽的课堂气氛，学生学习变得轻松愉快，便于积极思维，达到"引而不发跃如也"的教学效果。

当然，启发型教学风格的魅力在于善于启发、巧妙设疑、巧妙点拨、巧妙迂回。能放得出，又能收得拢，诱发学生从多方面、多角度、多途径地思考问题。北京市特级教师宁鸿彬的教学方法就具有启发型的课堂教学特色。他十分注重调动学生的思维，善于诱发学生积极思考，因而课堂上时常高潮迭起，能给人以艺术的享受。

二、善导型

这种教学风格实现了由"讲学"到"导学"的转变，教师由善"教"者转变为善"导"者。叶圣陶说："教师教各种学科其最终目的在于达到不需要教，而学生能自为研究，自求解决。故教师之为教，不在于全盘授予，而在相机诱导。必令学生运其才智，勤其练习，领悟之源开，纯熟之功深，乃为善者也。"

正是这种"相机诱导",使学生"自为研究,自求解决"的教学带来教学风格的灵活性、针对性和艺术性。

上海市特级教师钱梦龙的语文教学就充分表现出善导型教学风格。他把自己长期实验和摸索的经验加以总结,提出了"学生为主体,教师为主导,训练为主线"的教学思考,并逐一拟定体现指导思想的新型教学模式:自读式、教读式、作业式、关系式,简称为"三主"、"四式"语文写读法,形成一套完整的教学构想,而以上这些思想和方法的核心是"善导"。

三、民主型

教学风格类型的又一流派是民主型。这种风格突出教学民主,强调师生关系协调一致。苏霍姆林斯基提出:"要以人对人的方式对待孩子。"含义也在于此。教学民主在当今世界各国教育中,已成为一股奔腾的潮流。

魏书生的教学方法就是民主型教学方法的典型代表。他说:"民主像一座搭在师生心灵之间的桥,民主的程度越高,这座桥就越坚固,越宽阔。"在语文教学中,他明确提出从三个方面去做:(1)用民主的方法同学生一起研讨教学目的;(2)用民主的方法和学生一起研究教学内容;(3)用民主的方法和学生一起选择教学方法。总而言之,魏书生将教学民主的思想渗透到他的教学全过程。他总结出的定向、自学、讨论、答题、自测、自洁的"六步教学法"深受学生欢迎。

四、表演型

艺术只有以形动人、以情感人才具有魅力。同理,只有寓理于情、寓文于形、情感奔放、妙趣横生的课堂教学,才能最吸引和保持学生的注意力。有的教师具有高超的表演才能,他们那生动的语言、真挚的教态、传神的手势,宛如一场精彩的演出而引人入胜。这种艺术表演特色的教学就是表演型教学风格。

上海市陈钟染老师是具有表演型教学风格的代表。他的教学颇有戏剧色彩,概括起来是:课堂教学充满戏剧冲突、戏剧技巧和戏剧气氛,使学生和听课者受到戏剧艺术美的感悟和启迪。

五、情感型

情感型也叫做感染型。它的特点是教师善于用丰富激越的感情、绘声绘色的语言来感染学生,促使学生入境、动情、明理、知味,从而达到移情启智的目的。苏霍姆林斯基说:"在每个孩子心中最隐秘的一角,都有一根独特琴弦,拨动它就会发出特有的音响。要使孩子的心同我们讲的话发生共鸣,我们自身就需要同孩子的心弦对准音调。"情感型的教学风格就是善于对准学生的"音调"拨动学生的心弦,使师生产生心理交流和感情共振的效果。

　　上海市于漪老师就是情感型教学风格的典型代表。她不仅把教学看作是"爱的事业"，而且在几十年的教学中都注重"声情并茂，熏陶感染"。她在"润"字上下工夫，对学生进行不间断的、有层次的感情渗透，取得了良好的教学效果。

六、训练型

　　这种类型的风格是教师善于运用"练"。课堂上练习当头，精心设计练习，巧妙地以练带讲，以讲促读。训练型的风格，不是搞无效的重复性训练，也不是信手拈来盲目训练，而是有目的、有计划、有顺序、有层次、有坡度的训练。这种风格总是实实在在、稳扎稳打地进行。因此，其教学总是有实效的。

　　上海市陆继椿老师则是训练型教学风格的典型代表，他的课堂体现在"一课有一得，课课相联系"的教学思想和训练体系上。

　　教学风格的流派不限以上几种，以上的归纳也是粗糙的。而在实际教学工作中，并不存在截然不同的教学风格，一位教师也可能同时具备多种教学风格的特点，这并不妨碍他主导风格的存在和发展。

案例：音乐让我们语文教学更加绚丽多彩

　　很小的时候，我尤其喜欢唱歌、跳舞，以至于后来上普师时，选修课我也毫不犹豫地选择了"音乐"，工作中，才发现音乐不仅能带给自己快乐，也为我的教学空间增添了无限魅力。

　　可能是对音乐的喜爱，在我从事教学的过程中，尤其是语文课堂上，常常把音乐带入课堂，以独特的魅力使我的语文课成为孩子们喜闻乐见的课堂。记得刚学习那年，我上了一节二年级的识字课，那节课是以认识乐器为主要内容：如"弹钢琴、拉二胡"等。如果只是单一地认识这些生字，那课堂就显得枯燥乏味，为此，我设计了"把音乐艺术融入课堂"的教学方式：先让学生"跟我学"——"请你跟我这样做"，然后我做了"弹钢琴、拉二胡"等乐器的动作，学生模仿后，再猜出老师这是在做什么，在这样简单而生动形象的表演中，不仅让学生了解了乐器的演奏方法，同时也掌握了"吹、拉、敲"等动词的区别与含义，从而加深了对生字的理解和认识，达到了寓教于乐的教学效果。在教学识字后的一小段短文时，我也没有采用单一的读定方式，而是指导朗读后，把它编成一首童谣，边弹琴边教会大家演唱。孩子们边唱边做动作，那一节课孩子们的情绪高涨极了。就连现在有的孩子见到我时还笑着唱起我那时教给他们的童谣。事隔多年，仍能记起，可见那节课对他们的影响有多大。

　　作为一名语文老师，不仅要善于分析教材、挖掘教材的美育因素，而且要努力钻研教学艺术，使学生在语文课堂中获得教学美的愉快感受，从而激发学生的学习兴趣。在教学一年级下册的一节识字课中，我把刘三姐家乡的"对歌"应用在了教学中，课文学完后，我采用对歌一问一答式，当我唱到"什么半空展翅飞咧？——哎啰哎！什么花间捉迷藏咧？——哎啰哎！什么土里造宫殿咧？什么地上运食粮咧？"学生唱答："蜻蜓半空展翅飞咧，哎啰哎！蝴蝶花间捉迷藏咧，哎啰哎！蚯蚓土里造宫殿咧，蚂蚁地上运食粮咧！"这样的对唱形式，不仅让学生学到了我国的古代民族音乐的演唱形式，而且进一步地理解了课文内容。学习课文内容后，我便鼓励学生用这种对歌形式自编自创，真正是达到了"这边唱来那边和"的效果，使学生们的文学及艺术创造性得到了尽情的发挥。

除了以上这样的枯燥的识字课融入音乐艺术外，我也把音乐带入很多的阅读课课堂，如我执教的《月光曲》一课，课文中，作者把乐曲由舒缓到高昂的变化与大海由平静到浪涌的变化结合起来描写，创造出一种优美的艺术境界，表现了《月光曲》的节奏美、音韵美、和谐美。教学这样的文章有一定的难度，因为学生并不一定熟悉这个曲子，而且他们的想象力也有限，这时，我便利用电教媒体播放《月光曲》。随着乐曲的节奏播放与之同步的录像画面，这样，既帮助学生理解了文章内容，感受到了《月光曲》这一世界名曲，又拓展了学生的视野，丰富了学生多方面的艺术修养。

其实，语文教学中，很多时候我利用了自己音乐的方方面面：课文导入时，利用歌曲把学生带入情境。比如《赤壁之战》一课，我播放《三国演义》主题歌；《草原》一文，播放 VCD 光碟《美丽草原我的家》等等；在学生朗读时，选择适当的音乐促进学生的感悟：如朗诵《燕子》一文，我选择班德瑞的轻音乐，朗读《秋天的怀念》时，我选择《风的呢喃》，朗诵《海上日出》时选择乐曲《英雄的黎明》……"文学就是语言化的音乐，音乐就是音符化的文字。"所以在语文教学中，文学中的妙处就这样借音乐的手段得到了渲染，文学中的意境就这样在音乐中得到升华。

十几年的教学生涯，每一天都让我和我的孩子们充实并快乐着：因为对音乐的偏爱，我的语文课堂变得更加绚丽多彩！

（辽宁省本溪满族自治县小市镇中心学校　刘秀红）

[思考题]

1. 备课，教师为什么还要重视了解自己？

2. 教师了解自己什么？

3. 什么是教学个性？教师怎样形成自己的教学个性？

第七章　怎样高效研读教材

——研读教材的方法与策略

◆问题

千重要，万重要，研读教材最重要；这个法，那个法，不理解教材就没法。看来研读教材太重要了。但是过去有些老师却轻视对教材的研读，甚至把读教材和选教材倒置过来，即教材还没弄明白，就去思考教法。这往往造成教学效果不佳。其实教什么比怎么教更重要。因为有时教材钻研清楚了，方法也就差不多有了。

那么，过去教师在研读教材中有哪些"高投入"、"低产出"的做法？新课程实施以后编写的新教材有什么特点？教师高效研读教材又有哪些好的方法和策略呢？

教师备课很辛苦。一个方面是编写教案用的时间和精力比较多，另一个方面就是在研读教材上占用的时间精力比较多。那么教师怎样才能用较少的劳动而取得较大的研读教材的效益呢？

第一节　"教什么"比"怎么教"更重要

我们知道，课本（教材）是教学的载体，是前人文化智慧积淀下来的精华，而且是依据教育学、心理学和学生身心发展的特点加以精选和编制，是知识、文化、教育、教学发展到某一时期的精华结晶，它有知识完全性、示范典型性、育人功能性，所以教师要搞好教学首先要注重吃透文本教材。

她是中国的小学语文界冉冉升起的一颗新星。她在人民大会堂所做的"三个超越"的报告，得到了专家的充分肯定。她提出的小学语文阅读教学的"主题教学"与《课程标准》一脉相承，并得到了同行们的赞许、关注。尤其是她那富有激情和独特风格、十分有震撼力的课堂教学，让同行们十分折服和青睐。这颗新星就是窦桂梅老师。

那么窦桂梅老师的精品课魅力来自哪里？她的成功秘诀又是什么呢？这与她高度重视对教材的潜心研读和驾驭有密切的关系。从"三个超越"到"主题教材"，她提出了研读和驾驭教材的三个维度。

1. 温度——基本性

窦桂梅说："文章没有人读，感情就会在文字里无声地'休眠'。"其实，文字中的情感思想就像人的气息一样，生来就需要宣泄，需要生长，开花，结果。课文中"好"的地方，老师不能或者不会帮助学生开发出来，一切生机便遭窒息、堵塞、残损。教学呢，也好比一株发育不全的完全病态的花草；而学生，也就是入空山而空来回了一趟。

如何唤醒学生，感染学生？教者的作用显得很重要。

因此，教师要根据教材内容的不同，进行不同的情感储备和调动——悲言愁乐，酸甜苦辣；教师必须让自己、让学生通过文字"怡情养性"，让性情在怡养的状态中健旺起来。

2. 广度——开放性

窦桂梅说：长期以来，我们有一个根深蒂固的观念——就是穷尽力量教好课文。一学期的几个月里，老师拿着教材一课时一课时和一篇一篇地教下去，最终也没有走出课文的"井"。

教师必须把语文当作"课程"来开发，博览群书，扩展视野，深入思考，方可纵横驰骋于课堂间。因此，相比有些教师对文本的理解和把握深度让人敬佩，但我还着重教材建构。这样的实践和探学给我很多启示。比如，一本教材，里面的课文哪些应该精读，哪里可以从略讲；哪些文章只需快速阅读，哪些文章值得细嚼慢咽——这都需要我们斟酌。因此，教师要从一节课、一篇课文的精雕细刻中走出来，把教学的触角伸向更深广的生活海洋。

3. 深度——发展性

窦桂梅老师说："只有建立在'深度'之上的课堂才可能持久，才可能给生命以底气。"

这里的"深度"对教师来说，是要拿真诚的阅读体验和学生交流，同时，还要在课堂上把这种深度适当地藏匿起来，把阅读体验感受的权利和时间交还给孩子，只有这样，才能让文章进入学生的内心深处——这种课堂的"深度"，往往有教师的"拨弹"。

总之，教师须用勤勉作桨，用书籍作舟，用燃烧的智慧把握方向，在温度和广度中向语文课堂的深度漫游——最终让课堂、让师生共同拥有的，一定是高度。

窦桂梅的体会告诉我们，正是对教材从温度、广度、深度炉火纯青的理解和驾驭，使她才上出一节又一节美味的课。

所以，研读好教材不仅是教师的天职，也是上好课的根本，也是教师专业化快速成长的必由之路。令人遗憾是，目前在学校中还存在着"高投入，低产出"、"低投入，低产出"研读教材的许多误区。主要表现如下：

1. 重教参，轻文章

不少青年教师在备课时有一个通病，即未认真读懂、读通文本，就急忙翻"教参"查阅现成的教案或教学实录，把别人的设计依葫芦画瓢搬上课堂，结果常常事与愿违。其实，"教参"也好，现在的教案、实录也好，应该是名副其实的仅供参考，阅读教参不应取代教师自己对文本深层的解读。

还没有读文本教材就去看教学教考书。这是舍本求末，十分有害。一是容易受先入为主的影响。因为每一个教师有每个教师对教材的独特理解，如教师先看了教参就很容易走进别人的思路里，而没有了自身的个性化理解。二是每个教师每个地区的学生和地域不同，因此研读教材、理解教材都有所不同，如果套用一种模式显然是不合适的。

2. 重形式，轻目标

我们知道，形式是为内容服务的。教师备课研读教材、理解教材是第一位的，这是基础。而有的教师在备课中尚未弄清楚教材内容，尤其教学目标尚不明确，就忙着教法，过分追求教学的形式和花样，而忽略对教学目标的把握。方法是为目标服务的，有了明确的目标，方法常常会"应运而生"。不同的目标，方法也是不同的，就好比不同的目的地，路径也不同。方法没有好坏，只有合适与否。最高效地达到目的的方法就是好的方法。

明确的目标哪里来？首要的还是认真钻研教材。于永正老师的"课文钻研好了，教法往往也随之有了"说的就是这个理。

3. 重视面，轻视点

"少则得，多则惑"，一个好的教材研读应抓住重点、研究难点。但有的教师不敢对教材进行大胆地取舍。在他们眼里，这也重要那也重要，很怕课堂上漏掉这个，丢掉那个。因而课堂上四面出击，追求面面俱到。结果是重点不突出，难点突不破。事实证明，那种"事无巨细，浅尝辄止"、"水过地皮湿"式的教学，必然让学生丢掉"西瓜"而去拣"芝麻"。

据有的专家调查研究表明，当前教师在对标准、教材及学生三者的把握上存在以下问题：

——对学科本质的理解和把握不到位。如，对知道背后所蕴涵的学科教育价值不太理解。

——学养不存导致对教学内容的理解较肤浅，不能融会贯通。对基础知识与基本技能教学缺乏正确的认识和理解，往往不易把握合理的"度"。

——对教学内容要求缺乏整体把握的意识和能力，只见树木不见森林。对学科内学段（年段）纵向衔接、学科间的横向衔接学习和研究不够。

——教师对新课程的理念还没有真正内化，在教学过程中还缺乏有效的教学策略和相应的教学机智。

缺乏对学生学习实际的了解。对学生已学知识、生活经验、实践体验缺乏了解；对学生学习困难点，只有感性认识，缺乏系统的研究。

——对教材在教学中的作用认识尚存含糊。部分重点中学教师对教材的价值过分轻视（不屑一顾），而一般教师过分重视"教教材"。

——青年教师独立钻研教材的能力比较薄弱。有些青年教师学科专业基础差，对教材的体系、准确度、深度的把握，尚有一定问题，甚至出现科学性错误，缺乏辩证的思考。教师成为"教参"传话筒。

——由于部分教师缺乏对教材的整体性认识和把握，不能根据学校实际、学生实际利用教材，往往就会比较机械地、简单地和表面化地处理问题。

第二节　抓住新教材特点

一、《课程标准》是一个里程碑

因为文本教材是依据课程标准编写出来的，所以教师要吃透教材，首先要深刻领会《课程标准》。

在中国，《课程标准》的诞生是一个伟大的创举，具有划时代的意义（尽管它还有这样那样的不足，有待修改完善），如携春风而来，取代沿用多年的教学大纲，这是一个伟大的进步，也是我国几代教育有识之士多年教育追求的现代化。认真审视《课程标准》就会发现，它无论从教学理念，还是从操作层面上都有很大的突破，它规划了我国基础教育的发展蓝图。

教师学习课标时为了提高其效率，可采取以下多种方法和策略。

（一）精读

精读就是反复仔细地阅读原文，从课标的结构上对每一章进行认真仔细的阅读，并做必要圈点。重点地方应加强背诵，以强化理解和记忆。

（二）结合

这种方法是把钻研教材和学习课标结合起来。一方面先去通晓课标，然后按照课标的要求再去细致阅读分析教材，理解教材，挖掘教材。也就是说，以课标为出发点，到教材中去找落脚点，这是顺向思维。另一方面教师可看教材、想课标，以推理的方式进行逆向思考。这样上上下下，使课标和教材融为一体，不使教学迷失方向。

（三）提醒

提醒有两种：第一种做法是在自己的案头常放一本《课程标准》，看到课标，自然有意无意地翻一翻、看一看，需用哪一部分就看哪一部分。第二种做法是，在课标的扉页上都写着所教学科的主要内容，用以提醒自己按课标要求进行教学。

（四）对比

对比就是教师在学习课标时同旧大纲进行对照学习，看新课标与旧大纲有什么区别，课标哪些地方有新的更改和变化，去掉什么，增加什么，为什么要这样变化，这样有助于尽快地掌握课程标准。

（五）取经

取经就是向别人请教。如向有经验的教师请教，向教研员请教。另外，还可以从报刊杂志上学习有关文章，体会课标，还可以通过听专题讲座、看观摩课等来学习课标。

例如有的小学语文教师在研读课程标准和教材以后对其任务总结为"七字歌"。"七字歌"按"课标"的具体要求为：

识——认识 3 000 个左右的常用汉字；

写——书写一手正确规范的汉字；

读——具有独立的阅读能力，课外阅读量达 145 万字；

背——背诵积累优秀诗文 160 篇；

说——具备日常口语交际的基本能力；

作——能写文通句顺、具体明白的文章；

习——养成良好的语文学习习惯。

总之，把以上各种方法结合起来，就能大大提高学习课标的效率。

二、新教材新在何处

与旧教材相比，新教材有什么新特点呢？也就是说，"新"在何处呢？研究表明，新教材无论是北师大版、人教版，还是苏教版等版木，它们都有以下几个显著特点。

（一）理论与实践结合——注重与现实生活的紧密联系

旧教材的通病是书本知识与生活实际相脱节，理论学习与实践应用相脱离，而新教材无论哪一学科，都在这方面有了根本的改变。新教材的这种巨大变革为学生提供了一个大的现实生活世界，引导学生从生活经验和客观事实出发，在研究现实问题的过程中理解知识，增强动手能力和创新能力。如与传统小学和初中数学教材比，新教材从"我们一起走进数学，让数学走进生活"的新视角来领略数学的风采和魅力。翻开新版数学课本，扑面而来的是大量反映生活和生产实际的实物、照片、素描、图形、字母结合起来的数学知识，其中图片与启发性问题相结合、图形与必要的文字相结合、计算与推理相结合、数与形相结合，使新教材图文并茂，富有启发性。

（二）学与导结合——注重学生自主合作探索式学习

打破旧教材由教师"讲"的模式，新教材倡导了学生自主、合作、探究的教学方式。各种新教材中，最一致、最突出的一个共同特点是突出学生"自主、合作、探究"的学习方式，这也是新教材和本次课改的最大亮点之一。如理科新教材打破了传统的"引言——例题——练习"的传统编写模式，采用灵活多样的编写方式，教材给学生提供了大量观察、操作、实验及独立思考的机会，提供了大量的可供学生学习的具有一定挑战性的活动与问题。如数学教材中经常有"在小组内说一说，你是怎样想的？与同伴进行交流"等语句，经常可以见到"试一试"、"做一做"等自主性活动，引导学生在自主、合作、探究的活动中，观察、操作、实验、主动学习，主动发展。

（三）继承与创新结合——注重反映社会发展和最新科技成果

新教材吸收了新的科技成果和反映了最新的社会发展情况，强调 STS（科学·技术·社会）课程设计思想，加强课程与社会发展的联系和新科技成果的联系，在内容上做了较大改变，推陈出新，富有时代感。如人教社编写的物理、化学、生物三科的新教材，都专门设有"科学·技术·社会"栏目，密切联系材料、能源、环境和生命科学等社会实际，体现科学、技术与社会发展的关系，展示科学发展的新成果。现代社会中的科技新成就与新问题如基因、克隆、人类基因组计划、疯牛病等，教材中都有提及。

（四）文本教材与开发课程资源结合——注重给教师留有创造空间

新教材为教师留有一片广阔的创造空间，不再强调教材精确性、权威性和学术性,而强调它是一种材料和资源,也是帮助学生学习的工具,不要把它看成是神圣的、不可质疑的,而要创造性地运用(先研究后指导),这就为教师主动地、创造性地充分挖掘和运用教材、创造情境、体验课程开辟了广阔的空间。

(五) 科学内容与活泼形式结合——注重教材生动通俗情趣化

新版教科书打破旧教材板起面孔说理的模式,注重内容的新颖独特、引人入胜;它压缩教材容量,减少知识点,降低难度,取消不必要的记忆内容;其编排形式生动活泼,图文并茂,文字优美,通俗易懂。

小学语文、数学教材页页彩图相伴,十分吸引孩子的注意力。初中化学教材各单元的首图,几乎幅幅都是艺术世界的珍品。初中其他各册教材穿插的许多图片,也是极为珍贵的科学、艺术或历史资料,这不仅充分发挥了图片在信息提供和激发兴趣方面的独特功能,而且对培养学生的读图能力十分有益,使教材真正成为学生学习的重要资源。

(六) 学科独立与学科渗透结合——注重学科之间整合

新教材加强了学科之间的联系,加强了科学精神与人文精神的渗透与融合,进一步促进了课程综合化的发展。新教材在加强学科联系方面的努力是明显的,如人教版的初中语文新教材中第四单元是"寄予植物的情怀";历史新教材提示语中许多是从经典诗歌或歌谣、神话传说、文学名著中引出某课的历史学习,教材内容更有许多有文学、科技等文化发展史方面的内容,阅读卡中不少也是跨学科的资料,如"册"、"编"、"卷"的来历等。

当然,课标和新教材并不是十全十美的,还存在许多不尽人意的地方,有待于不断修改和完善。

第三节 研读教材有技巧

教师研读教材最忌讳的是"死抠"、呆读和硬背。可采取以下办法加以克服。

一、想、画、问、写结合

教师研读教材不可简单地泛泛而读,应边读、边想、边画记,把读、想、画、问、写结合起来。

钱梦龙老师研读教材的做法就是一个典范,很值得我们学习借鉴。在谈到如何研读教材时他说:"课文多读几遍:初读,了解文章梗概;再读,扫清文字障碍,生字新词要查字典,联系上下文理解词义,分析字的音、形、义;三读,弄清句段含义,根据学生实际设想可能质疑的问题及解答要点;四读,概括中心思想，钻研写作特点；五读，准备好课后练习的答案。"这"五读"并不仅指读五遍，有时为了弄懂一句话、一段话，不知要读多少遍呢！读时要边读边思考，要站在学生的角度多问几个"为什么"，务求甚解。如果自己不懂，就向书本请教，向同事询问，向行家学习，直到得到正确答案为止。还有就是笔头要勤，看书要动笔圈圈画画批批，偶有所得，要及时记下来，对那些疑惑不解的地方也要记下来，以便查找资料或请教别人。

有的老师在认真读教材之前，先去看参考书，这样不好。参考书写得再具体、再详细，也不能代替自己钻研教材，过早翻阅参考资料会妨碍自己深入地领会教材。所以正确的做法应是先独自认真研读教材，然后再去翻有关参考资料。

二、深究课题，抓住关键字、词、句

在研究教材中，为了较快地把握教材的中心和实质，以及分析教材的重点、难点和疑点，可以采取深究课题或抓教材中的关键字、词、句的方法。

（一）深究课题

俗话说，看书先看皮，看文先看题。文章题目犹如人之眉眼，是最精彩、最醒目之处，它那精练的文字，有着无比深刻的蕴涵。文章的中心和实质往往就包括在题目之中。所以，有时深究题目往往就能抓住文章的中心。如《再见了，亲人》、《珍贵的教科书》、《小站》等，这些题目或明确范围，或交待思路，或预示中心，为文章的学习提供了目标和依据。

（二）抓关键字词

在研读教材中，不可避免地会遇到一些费解的字词，特别是有些字词又是关键处，倘若不求甚解，囫囵吞枣地读过去，带来的后果自然是食而不化。因此教师在钻研教材时应注意抓住教材中的那些关键字词，深究其中底蕴，务必求真破疑。例如有位老师在备《火烧云》一课时说："我对'烧'字的认识有一个逐步提高的过程。初读课文，我只感到'烧'用得好，既写出火烧云的色彩，又巧妙地点出了名字的由来。待我再读课文，想象画面，我又悟到作者借火焰红、亮以及燃烧时的动感，把它写活了。作者描写了红艳艳、亮闪闪、色彩奇丽的火烧云美景。反复读课文，进行琢磨，又体会到，一个'烧'字，把火烧云漫布天际的磅礴气势写了出来，而且表达了作者对火烧云的喜爱之情。通过字词的反复琢磨，使我对课文逐渐加深了理解，教授学生时，效果也不错。"

（三）抓重点句

抓重点句，指的是那些能直接反映文章中心、揭示问题矛盾、揭示学习思路的句子，具有牵一发而动全身的作用，而且容量比关键词语更大。文章中的重点句的分布大体有三种情况：一是位于文章的开始处，人们称它为起始句；二是位于文章的结束处；三是位于文章中间的某一地方，具体位置不固定。

（四）钻研揭示语和旁注

教材中常有指导思路、方法的揭示语和指明关键的旁注。它既是帮助教师正确使用教材、突出重点、发散难点的教法指导，又是启发学生分析思考、掌握知识要领的学法指导。教师在钻研教材时不可忽视。如小学六年级数学第十册《列方程解应用题》例6，在例题后编者安排了"想一想，还可以怎样列方程"的揭示语，来启发学生从不同的角度找等量关系，培养学生思维的灵活性和运用所学知识解决实际问题的能力。

（五）领会揣摩插图

各个学科教材都有多种插图，教材为什么要设置插图呢？它的作用是什么？教师备课中应用心领会、揣摩插图用意，发挥插图作用。教材中的图一般有主题图、产物图、示意图、表格图、线段图、几何图形等。这些图不仅便于配合各学科的特点进行思路教育，而且能便于抽象的基础知识、基本原理的"外化"、"物化"，从而帮助学生高效感知，建立表象，培养形象记忆，促使形象思维与抽象思维互助互补、和谐发展。

怎样揣摩和运用插图的作用呢？可以从张家福老师的做法中得到启示。

《我的战友邱少云》一文，为了表现邱少云"严守纪律，不惜献身"的精神，课文编者特设计了一幅图。我认为，既然有图，就应有它存在的必要性。我就分析课文，仔细观察图，寻找这幅图使用的时机、方法。最终我决定从文中"没挪动一寸地方"这句着手提问："这句话的意思是说在烈火烧身的时候，邱少云一动没动。我却认为他有动的地方，请同学们仔细看图、深思，看谁能替我解释一下，最先寻找到'动'之所在？"

这意外的问题，吸引学生寻根究底。经过思考，同学们发现邱少云在这些方面在动：

手：左手使劲地抓住地，紧紧握住一把土；右手攥紧拳头死死地托住下巴。

嘴：牙咬得紧紧的，嘴角在不停地出现痉挛性抽动，下巴用力地往下压。

眼：长时间地聚在一起。

……

紧接着我问：他为什么会这样动？（答：烈火烧身，疼痛难忍。）从这些细小的"动"体现了什么？（答：严守纪律，不惜献身。）

这样一来,就把同学们带到了邱少云的身边,使他们如身临其境,加深了对课文的理解。

(六)钻研习题

有些习题属于基本训练方面,比如数学习题在教材中的地位仅次于例题,它能配合例题将知识转化为能力。我们钻研教材时,对习题的作用及难易要做到心中有数,特别是要弄清它与例题相匹配的基本题、变化题、发展提高题三个层次的分布情况。

教师钻研教材案例:

董大方是大连市的一位初中数学特级教师,她不仅教学成绩突出,而且有独特的风格。她在谈到自己研究教材时,介绍了这样的经验:

备课除按常规要求以外,在备知识时,我抓住四点,即新知识点、新旧知识联结点、兴奋点、创新点。新知识点就是本课要学习和研究的,新知识点是什么?有哪些?要求教师心中要有数。新旧知识联结点,就是学习研究新知识点时与那些已有的旧知识,包括学生的生活经验有哪些密切联系,要求教师清楚。兴奋点是学生在学习哪个知识点时感到兴奋和产生兴趣,要求教师要掌握。创新点是通过本课学习后提出什么疑问,尤其是提出与书本和其他同学不同的见解和想法,并能将新知识点应用到实际中去,要求教师应创设情境。新知识点的学习是固定不变的,是必须学会的。新旧知识联结点是必然存在的,要通过预习、练习、复习等手段来过渡。兴奋点是学生在学习研究新知识点时,有的是自然产生的,有的是需要教师及时总结引导而产生的。创新点开始时大都是由教师对学生的启发、鼓励,创设一定的情境和教师经常有目的训练形成的。这四"点"教师在备课时要有预见、有对策,在课堂教学中不断地去验证、修改、总结和积累。常此以往,备课就会越来越细、越来越精,教师心中越有数,上课时就能做到轻车熟路。

董大方举了这样一个课例:

课题:6.1 正弦和余弦。

新知识点:正弦、余弦两个概念。

新旧知识联结点:直角三角形的边、角,边与角的关系及平行线段比例。

兴奋点:学生在学习过程中总结出角不变则比值不变的规律。

创新点:学习了正弦和余弦后遇到的一个难题是角不变则比值不变,有没有范围限制?在哪个范围内成立?这个难题作为课外探究题。(这是她对这节课的四"点"的分析与确定)课堂教学实践证明,这四"点"的分析与确定是准确的。当天晚上就有20余名学生打电话给她，汇报自己对课外探究题（创新点）的答案与想法。有的学生说："前提是在直角三角形中的两个锐角范围内确定的。"有的学生说："这个角（A）必须在$0° < A < 90°$范围内才能成立。"有的学生说："我发现了这么一条规律，就是角越大，正弦值越大而余弦值就越小。"还有的学生建议老师后面的正切和余切不用再学了，因为它们和正弦与余弦的道理和规律是一样的。

（选自《董大方教育教学实践》）

研读教材还有一个问题——估计教材的疑点。

这里我们先讲一个案例：老王今天要为新教师上一节示范课，内容是乙醇的性质和用途。虽说他对这部分内容已经是滚瓜烂熟，但还是卜工夫去精心准备。他很有把握能给新教师上一节很精彩、教师学生都很投入、课堂气氛热烈的课。当讲到乙醇的用途时，他刚介绍利用乙醇可以与被硫酸酸化处理过的三氧化铬发生反应而变色，根据颜色的变化可以用来判定驾车人是否饮酒时，有学生便举手提问："如果用这种方法，那么在晚上光线很暗的地方能看清颜色的变化吗？怎么才能判断出驾驶员喝了多少酒？我在电视上看到交警常用一个小盒子测驾驶员呼出的气体，仪器马上可以显示酒精含量，这是利用了什么原理？"老王愣住了，乙醇的这种检测方法各种教科书上早就有了，他也照书讲了多年，还从来没有学生提出过疑问，他也从没验证过交警到底是不是用书上介绍的方法检查酒后驾车的。好在他临场经验丰富，马上说："这个问题提得好，课后我们去调查一下交警到底用什么仪器检查酒后驾车。"一节原以为会是很精彩的示范课，就因为这么一个问题而逊色不少。课后和其他教师交流时，老王坦诚地说：今天被学生问住了，的确是自己课前准备不足。教了这么多年的书，对书上所举的案例都是照本宣科，缺少对相关的新科技、新知识的了解。最后他语重心长地对新教师说："'人不学习要落后'是真理，不管谁都不能就事论事，要学习，要及时了解最新的科技动态才能不落后。"

关于如何研读教材，全国名师闫学在《"老生常谈"话备课》一文中有一段很好的见解，这里转载下来，以供老师参考。

新课程提倡在教学中引导学生对文本进行多元解读，这首先要求教师在备课时必须重视对文本的解读。

1. 提倡立体式的解读

对一篇教材，我们提倡从文本内容、表达方法、人物形象、蕴涵道理等诸多方面进行研读，为教学目标、重点、难点的确定提供必要的信息基础。

朱自清先生的《匆匆》是现代散文的经典，每一处都有深究细挖的价值，我在备课时从各个角度对此文进行了探究，掌握了大量有价值的信息：如《匆匆》一文的鉴赏评论、《匆匆》一文的写作背景、《匆匆》一文中体现的朱自清散文的写作特色，等等。这些信息的全面获取，为实施教学下足了工夫，打下了坚实的基础。

2. 提倡纵深式的解读

虽然文本解读已经成为目前普遍关注的重要话题，但在当今小学语文界，文本解读一直存在着较大的欠缺。主要表现在对文本的把握大多数依赖教参，没有自己独立的思考，从而影响了教学的深度、厚度和广度。

对《匆匆》一文，大多数教师把理解落脚在珍惜时光上——珍惜时光没错，但如果仅仅是珍惜时光就流于肤浅了。实际上，这篇文章不仅仅是讲一个珍惜时光的问题—— 这一点可以从第四自然段的一连串的追问中看得出来——珍惜时光就是珍惜生命，时光匆匆就意味着人生易逝，那么怎样把学生从"珍惜时间"这个比较浅的层面提升上来，使他们进入珍惜生命这个比较高的层面？为此，备课时我决定引导学生结合自己的生活体验来感受时光匆匆、生命易逝；今年的你和去年的你一样吗？估算自己的寿命，看看你的人生已经过去了多少？同时引入林清玄的《和时间赛跑》，辅助学生深入感悟——什么是"永远不会回来"？等等，意在把学生的思维一步步引向深入。

3. 提倡有创见的解法

教师应在透彻、全面、深入地解读文本的前提下，在参照人对文本解读的基础上，不断过滤，提炼自己的观点，形成独特的见解，以便在教学中既能做到游刃有余，又能在讨论中适时地亮出自己的观点供学生参考，提升师生对话的质量，真正使自己担当平等对话中的首席。

《匆匆》一文开头有这样一段话："燕子去了，还有再来的时候；杨柳枯了，还有再青的时候；桃花谢了，还有再开的时候。"一般说来，读者对这段文字的认识是：世间万物皆有轮回，唯有时间一去不复返。但在备课时我对这段文字进行了深入思考，形成了这样的认识：燕子已经不再是去年的燕子，杨柳也不再是去年的杨柳，对世间万物来说，时光都是一样的公平，一样的一去不复返。于是在备课时我决定，在教学的最后，把这样一个问题抛出来："燕子还是去年的燕子，杨柳还是去年的杨柳吗？"曾有学生通过阅读自己提出了这个问题。当这个问题被教师或学生提出时，孩子们先是发愣，又似有所悟，纷纷发表见解："一切都是新的，过去的就已经过去了！""世界上的一切都在变化之中！"面对学生这样的认识，我感到感动，也非常惊讶——学生原来可以达到这样创见的深层感悟！

（选自《小学语文教师》）

第四节　关注初读教材的第一印象

提到喜新厌旧，人们自然联想到陈世美遗弃秦香莲，于是对喜新厌旧报以批判的态度。其实，喜新厌旧是人的一种常态心理，不该简单否定，它恰是一种极其重要并值得关注的心理状态。譬如，当你读一部新书，看一部新的好电视剧；第一次与恋人约会、接吻；第一次领工资、受奖；第一次外出旅游观赏从未见过的良辰美景……那种鲜活，那种兴奋，那种震撼，那种期待，那种感悟，足以使你终身难忘。而后来的第二次、第三次很难找到第一次的那种感觉，所以也才有"一见钟情"、"初恋"、"第一印象"之说。

当你备课时，第一次读课文时那种新鲜感和好奇，也能让你有兴趣盎然和震撼。而读次数多了，就很难找到第一次那种感觉。

有人曾说过这样的事：记得儿时，一次，有人拿出一把花生，提出这样一个问题："说说哪颗最好吃？"我们揣摩半天没答上来，后来提问题的人说，应该是第一颗最好吃。实践证明，事实真是这样。当你把一颗花生放到嘴里咀嚼时，那香甜的滋味真不啻于人参果，但是继续吃下去，就不过尔尔了。这些告诉我们，初感，即第一次感知所获得的第一印象，在人的认识活动中是重要的，给人的印象也是鲜明、深刻的。所以教师备课应充分利用初感第一印象、特殊心理现象，这样才能提升研读教材的水平。

特级教师支玉恒就谈过自己这方面的经验。他说，备课肯定要先读教材，但我实际接触课文时，并不多读，而是只读一遍。读多了，对课文所有内容结构的"枝枝叶叶"都了然于胸，反而不知道该讲什么，怎样讲了。我读了一遍，是非常认真、非常仔细的。读完了就合上书回忆，在回忆中抓取这篇教材给我留下的最深的印象和最突出的特点。因为只读一遍就能在脑子里留下深刻印象的东西，应该就是作者浓墨重彩进行铺叙的，是文章的根本所在。抓住这些，就抓住了主干。

如《曼谷的小象》，读完后合上书一想，脑子里逐步出现了这些形象：曼谷郊外绿油油的禾苗，点缀着野花的草地，天空中不断变换着色彩的晨雾，一个漂亮的泰国妇女，一头乖巧听话的小象，一阵悦耳的铃声，一件友善助人的事情……所有这些，在我脑海中形成一幅和谐唯美的图景。真美啊！我不由得赞叹。于是，我意识到：作者把这么多美好的东西都集中到一个并不复杂的故事中，他就要表达一种自然的美、生活的美、人性的美。一个"美"字是我教材最重要的认识。有了这个"美"字，引导学生在充分读的过程中，寻找美、发现美、表现美、欣赏美、体味美、享受美，从而在学习语言文字的同时，培养学生的审美情趣和审美能力。

有了这样对教材的基本认识和教学的基本策略之后，打开书来再读，一是对已有认识进一步印证，二是从教材的章节语句中了解作者对这些"美"是怎样具体表达的，体会蕴涵在字里行间的情感，使语文工具与人文因素在教师认知和教学操作中达到统一。

[思考题]

1. 教师备课为什么要特别重视对教材的研读？
2. 新教材都有哪些特点？
3. 谈谈你对提高研读教材效率的体会。

第八章 备课怎样开发利用课程资源

——开发利用课程资源的方法与策略

◆ 问题

照本宣科能把活课上死，开发课程资源能把死课激活。教师怎样把课上得精彩？请开发课程资源。教师怎样激活教材？请开发课程资源。课堂怎样才能吸引学生的注意力？请开发课程资源。教材离学生越近，发挥作用越好；教材离生活越近，学生越容易理解。

生活中不是缺少课程，而是缺少发现的眼睛。什么是课程资源？课程资源为什么会有神奇的力量？教师怎样去开发课程资源？教师怎样去利用课程资源？教师开发利用课程资源又该注意什么呢？

尊重教材，超越教材，充分开发和利用课程资源，创造性使用新教材是实施新课程对每个教师的要求。那么，教师在备课中怎样具体落实这一目标呢？本章来讨论这一问题。

第一节 课程资源的神奇力量

特级教师张思明在进行数学教学改革时，曾对学生进行一次调查，题目是让学生写一写他们心中的数学和数学教学问题是什么。孩子们回答："数学是一些居心叵测的成年人为青年学生挖的陷阱！""数学问题是一些仅仅出现在课本和试卷上的，让某些老师看学生崴脚而感到窃喜的东西。"这样黑色的幽默带给张老师深深的震撼，他一遍遍问自己，为什么用尽心血努力教学的老师在学生心目中无非就是一些埋雷布阵的高手？为什么学生越来越不爱学数学？答案之一是：我们的数学教学是一种没有"源"和"流"的教学，这种教学难以唤醒学生自主学习的内动力。

"让数学回归生活"，既为数学教学找到了"根"，也使他所传授的知识，真正成为一种"有力"的知识。于是张思明进行了数学教学的一系列的改革。而其核心是：让学生感到数学有用，数学可用，数学能用。而他的一个重要措施是广泛开发利用课程资源——让数学教学与生活联系起来。

于是他在备课中曾为学生设计过这样一些问题。

△一笔钱 10 年以后用，怎样存可以获得较多的利息？

△买西瓜时，买大的好还是买小的好？

△黄庄十字路口的红绿灯怎样安排，才能减少汽车平均等待的时间？

△到海淀影剧院看电影，坐在哪个位置音响效果最好？

△脑白金风暴与广告投资效益是什么关系？

△适合汉语拼音输入的键盘该如何设计？

△如何从常用的 A4 复印纸的大小推算出 A0、B0 复印纸的大小？

……

正是这些问题让学生感到好玩，激活了教材，激活了课堂，也激活了学生学习数学的情趣。可见教材离学生越近，发挥其作用越好。开发和利用课程资源确实有着一种神奇的作用。

什么是课程资源？凡是有助于学生的成长与发展的，能开发与利用的物质的、精神的材料与素材，都是课程资源。如图书资料、音像资料、风俗习惯、文史典故、名胜古迹、自然风光、与众不同的人和事等。

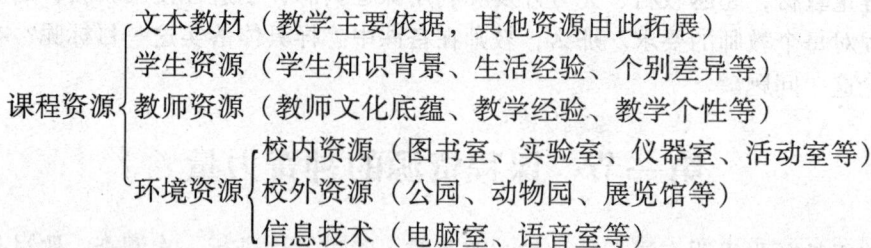

课程资源
- 文本教材（教学主要依据，其他资源由此拓展）
- 学生资源（学生知识背景、生活经验、个别差异等）
- 教师资源（教师文化底蕴、教学经验、教学个性等）
- 环境资源
  - 校内资源（图书室、实验室、仪器室、活动室等）
  - 校外资源（公园、动物园、展览馆等）
  - 信息技术（电脑室、语音室等）

教师备课之所以要重视开发和利用课程资源，是因为它有以下重要作用。

一、丰富学习内容和生活

我们知道，课本是重要的课程资源，但不是唯一的课程资源，现实生活远比课本更为精彩和丰富。

但以往的课堂教学中，师生获得课程资源的渠道基本上只有一种，那就是书本。这种单一化的课程资源束缚了学生思维的发展。因而，老师应该走出"死胡同"，走出书本，走进一个"多元化城市"，走进资源丰富的现代课程，将自己的角色由书本传授者转变为课程资源的综合开发者、利用者，更加丰富学生的学习内容和生活。

二、提高课堂教学效果

我们知道，课堂应是教学的依据，但由于受课本、时空、地域、编者种种原因及主客观上原因的制约，课本也会有许多局限性，这就需要教师创造性使用教材，以课本为依据，注意开发和利用文本以外的课程资源。知识往往来源于实践，反过来服务实践，有时教师恰当地进行课程资源的开发和利用，常常会使课本上的教学内容，抽象的变具体了，远的变近了，难的变易了，突出了重点，突破了难点，更加生动有趣了。这就会大大提高课堂教学的效果。

名师为我们做出了很好的示范。

于永正老师说："在备《圆明园的毁灭》时，我专门翻看了《中国通史》中有关鸦片战争的章节；教《海洋——21世纪的希望》，我在网上搜集到了不少有关海洋方面的资料。"

孙双金老师告诉我们："为了上好这篇课文，我重新走进了《二泉映月》，重新用心灵感悟这首不朽的名曲。我从网上下载了各种不同版本的《二泉映月》，查寻到阿炳当年亲自演奏的《二泉映月》录音，我一遍一遍地倾听，一遍一遍地比较……我的卧室一遍遍地响起《二泉映月》那如泣如诉的曲子，我的整个身心沉浸在《二泉映月》那优美、凄婉的旋律中。"

王崧舟老师说："当我将36字的《长相思》读成了显性的1493字的自我感悟、自我表现、自我鉴赏的时候，当我1493字的文本细读的背后融入了我本人对纳兰的精神世界、诗词境界以及对自我的生命感觉、价值偏好的种种追寻、反思和拷问的时候，我忽然有了一种底气十足、神采飞扬的感觉。这种感觉，不正是清人唐彪谓之的'其言皆若出于吾之口，其意皆若出于吾之心'的精神状态吗？"

相比之下，我们一些青年教师研读教材往往浅尝辄止，缺少对教材深层次的理解和感悟，这样备课的深度、广度就很有限了！

三、能适应中考、高考改革发展趋势的需要

从中考、高考的改革趋势看，为了考查学生的分析和解决实际问题的能力，探究新知识的能力，考试命题的开放性比例越来越大，如教育部"初中毕业和高中招生考试制度改革"项目组在"解析初中毕业生学生考试"材料中对考试命题要求中写道：试题素材不应拘限于教材中的内容，应加强试题素材与学生生活实际的联系，与当地生产实际的联系，与当前社会现实的联系，与学科发展的联系。例如拓海峰老师谈了如下体会：

短　信

拓海峰

我是一个很怀旧的人，在这个网络信息时代，我还宁愿一次次跑书店买回心爱的书静静地品读，把这个当作人生一大快事。至于现在的网络读书，我从来不愿涉及。我甚至对流行的短信一概排斥，认为都是浮躁社会的浮躁产物。同学朋友的短信我仅仅是看看而已，从来没想着学发短信。所以我收到的短信也越来越少，我也认为它跟我的语文教学毫无关系。一次偶然的考试，让我改变了这一看法。

高一下学期月考一道语言表述题：无论是母亲节还是父亲节，养育我们的父母都值得我们为他们献上我们最真诚的感谢和祝福，请你给父亲或母亲拟一条短信，至少用一种修辞手法，不少于30字。

这个考题不仅考题形式给了我一个震动，也让我为讲评试卷犯了愁，这明摆着哪壶不开提哪壶吗？

这可是我在教学上还从来没有碰到过的尴尬，只有硬着头皮上了。在总结试卷的时候，除了欣喜地发现学生此题答得不像我想象得那么糟，另外在原来的短信储存里还找到了一位同学早先发给我的关于母亲节的短信："最美的康乃馨，献给你的母亲，祝她幸福平安！更感谢她养育你才使我有了你这个生命中不可缺少的朋友。"当时我简直如获至宝。

恰巧试卷讲评之时又临近端午节，我又连续收到几条经典短信。"送你一个香甜的粽子。以芬芳的祝福为叶，以宽厚的包容为米，以温柔的叮咛做馅，再用友情的丝线缠绕，祝端午节快乐！"我仔细品评，这一短信不仅用了排比、比喻、拟人等修辞手法，而且想象丰富，语言形象又温馨亲切。

而另一条短信则让我们师生玩味许久："知道我想啥？想你！知道为啥想你？因为喜欢你！知道为啥喜欢你？因为你有味道！知道为啥你有味道？因为你是粽子！"这条短信的悬念应用让人惊叹，四次引人遐想，谜底揭开，让人忍俊不禁，形式幽默活泼之极。而且通过分析连用设问、排比、顶真、拟人、比喻五种修辞手法。

我竟然小看了这种流行趋势，短信语言的文采不可否认，而且是一种鲜活的语言形式，我竟然喜欢上了它。

后来，我不知不觉地开始在笔记本上摘录好的短信，并且学会了发短信。假期的一天，我还和一个跟我一样喜欢宋词的朋友互相应和了几首词牌，以后时不时继续这种交流。

时至今日，我已经摘抄了几百条短信。我突然发现，生活变得多彩起来，我的语文教学思路也开阔多了。

（选自《教师报》）

那么从上面中考、高考的改革发展趋势看，中小学教师也必须重视课程资源的开发和利用。

第二节 课程资源的开发方法

开发和利用课程资源的方法和策略有很多，这里介绍几种供老师参考。

所谓开发，即把潜在的一些课程资源利用一定方式方法和情境把它挖掘出来，展现给学生，从而发挥它的教学功能。也就是说，把那些学生忽略、遗忘的处于"沉睡"状态的课程资源唤醒，让它为教学所用。如下面这个案例就充分说明了这一问题。

一堂作文指导课小记

昆山国际学校 刘恩樵

作文指导课开始了，我带着两个文具盒走进教室。这是我精选的两个文具盒，很特别，外形只是一个普通的长方体，可它"肚子"里有文章。一个是翻开盖子，里面就能拉出梯状的三层文具盒来；一个是只要摁动文具盒上的6个按钮，它就会弹出6个小工具来，什么削笔刀、日历、温度计等。我故作神秘地像玩魔术似地在学生们面前展示这两个文具盒，同学们的情绪一度高涨。我知道，他们"上当了"，胃口被我吊起来了。

随即，我让学生把自己的文具盒或笔袋送到讲台上来。这下可热闹了，同学们一窝蜂似地拥了上来，平时不起眼的小东西一下子汇聚讲台，整齐地摆列着，众目睽睽之下，这些文具盒、笔袋是形形色色，格外可爱。我在黑板上工整地写下"班级文具盒博览会"几个大字。这时，我看到学生们都是笑脸。

之后，我说：同学们，平时文具盒、笔袋默默无闻地跟着你转战南北，"浴血"考场，共度春秋，今天，你要向大家从形、色、质、构、饰等方面介绍你的"战友"，这个要求不过分吧？学生们明白了，马上动笔，5分钟工夫，就有人写好了。我让几位同学走到讲台前，拿着自己的文具盒向大家介绍。介绍完了，学生们没有忘记给他们掌声。

接下来，我让一个学生把讲台上的几十个文具盒分成两大类，下面学生纷纷给他出主意：分为文具盒和笔袋。我问：分这两类的标准是什么？有的说，质地不同；有的说，产生的时代不同；有的说，形状明显不同。我肯定了他们的说法，并明确指出，文具盒和笔袋确实在生产的时代上是不同的。于是我给同学们讲了我小时候读书时用的文具盒，那是用从乡村小医院弄来的放药水的盒子改制的。然后，我问学生：你们能想象一下50年后的文具盒的样子吗？教室里又热闹起来了，有的说，那时文具盒是由电脑控制的；有的说，那时的文具盒连同文具都是袖珍的；有的说，到那时根本就没有文具盒了，已经进入无纸化学习时代了。

最后，我让学生根据刚才说的关于文具盒的一些内容，说一句关于文具盒的话，教室里安静了片刻后又开始骚动了："文具盒反映了社会的进步"；"文具盒能说明一个人的性格"；"文具盒是我们的忠实朋友"；"笔袋，爱你没商量"；"文具盒，友谊的象征"；"是是非非文具盒"；"文具盒与作弊"……

火候到了，该出题了："请以'文具盒'为话题，写一篇文章，体裁不限。"我还在"话题"和"不限"下加了重重的点。我观察了一下，学生的表情并没有昔日的愁眉苦脸。

构思成熟了，学生开始动笔。我巡视了一下，作文题有《文具盒的变迁》、《文具盒的自述》、《从"药盒"到"文具盒"》、《我家的三个文具盒》、《文具盒和笔袋的对话》、《文具盒超市》、《文具盒幻想曲》、《文具盒与橡皮（现代寓言)》、《文具盒对我的诉说》、《听爸爸讲文具盒的故事》、《文具盒大排档》、《笔袋，都是你惹的祸》……教室里静悄悄的，同学们或凝神静思，或奋笔疾书，我心想：学生们心智的闸门是打开了。

（选自《江苏教育》2002.3B)

点评：作文难，作文难，难如上青天。这是目前中小学生普遍存在的问题。而上面这位老师独具匠心的作文指导课，巧妙地以文具盒为主题开发了课程资源：展览文具盒——介绍文具盒——分类文具盒——联想文具盒——写作文具盒。教师通过让学生看、说、议、写，一下子打开了学生的心智闸门，使同学们文思泉涌。所以，这是一个开发课程资源的成功范例。

课程资源的开发做法还有很多，如历史课《收复台湾》中，教师和学生一起调查、收集了郑成功在厦门留下的大量遗址和史料，充分运用多媒体和网上资源，生动地再现了当年郑成功收复台湾的历史画卷；在美术课《门》课堂教学中，学生纷纷展示自己与最喜爱的门的合影，有位学生亮出了在法国旅游时在凯旋门前的留影，让同学赞叹不已；在生物课《膳食指南》中，学生深入超市调查食品袋上的营养成分，汇报自己一日三餐的食谱；在地理课《地震》中，教师不仅让学生了解地震预兆的资料，而且利用教室让学生进行自救演练等等。

第三节　课程资源的利用方法

所谓课程资源的利用，即把那些已经客观存在的资源，经选择加工"拿来"被我所用，从而使那些可利用的资源在教学中发挥重要作用。

一、教师自身资源的利用

我们知道，新教材给教师个人留有很大的创造空间，教学不是简单地教学，而是将教师自己的智慧、人格与教材融为一体去感染、影响学生的过程，通过师生互动来完成教学任务的过程，所以教师自身对课程资源的利用就显得十分重要。

另外，经历是一笔财富，教师的成长经历、生活阅历、经验、人生教训都是可利用的教学资源。这是一本活教材，关键是看教师怎样去开发利用。有这样一个案例。

在一次语文阅读课上，一位同学提出："老师，我觉得朱自清的《背影》不好，可它一直在初中的课本上存在着。写人有好多角度，为什么朱自清偏偏要从背影入笔？"对此，执教的高老师讲了一个自己关于背的故事："每当想到朱自清的《背影》，我也就很自然想起我父亲的'背'。1996年的农历正月初四，我刚进家门，父亲告诉我奶奶于正月初二去世了，我当时放声大哭，父亲也老泪纵横。下午我们要返回家时，父亲执意非要送我们不可。那天雪下得非常大。在车站告别的时候，狂风卷起父亲的衣角，雪花打在他的脸上。父亲推着自行车蹒跚地走在回家的路上，他几步一回头，雪地里留下了一串艰难的足迹……我默默地流下眼泪。那时，我想起的就是这篇《背影》。因为，自古世人伤离别，在我看来，欲舍不忍、欲聚不能的亲人的背影给人的感受是最复杂的，有些东西当你面对面时体会不出，而你面对着就要失去的时候，却感觉到一些最珍贵的东西正在离你远去。同学们，你们心中也一定有这样的'背'吧。大家愿意交流吗？"这时全班同学都在注视着高老师的眼睛，整个教室里静极了，大家感情的潮水在奔腾着……

由于上面这位教师注意开发了自身的课程资源，因而取得了理想的教学效果。

一节名为《做什么事最快乐》的课，在集体备课时，同一教研组的老师就教学目标的确定，教学重难点的突破，教学环节的设置进行集体讨论，达成共识，形成了教学通用教案。但在上课时，六位老师展示出六种风格，给人的感受各不相同：有的老师和学生打成一片，头戴小动物的头饰，把小青蛙与蜜蜂、啄木鸟、老牛栩栩如生地再现在学生面前；有的老师用声情并茂的朗读，让学生展开想象的翅膀，进入到课文的情境之中……教学成为老师个性化的再创造过程，成为师生共同成长的乐园。

特级教师钱梦龙说："一个教师如果能从自己的发展过程中悟出某些带有规律性的认识，用以指导自己的教学实践，他就很可能成为一个教学艺术家。"这颇有道理。用自己的学习经验来启发学生的学习活动，有说服力、有示范性。唐江澎高中毕业时没考上大学（成绩优异，因身体原因），当年被召为民办教师时，校长对他说："只要把你怎么学的告诉学生，让他们达到你的水平，你就成功了。"后来他成功了。不仅取得了优秀的教学成绩，而且成了著名的特级教师。唐老师说过："教师的学习是对学生学习过程的一种模拟，因为人类认识总有其相同之处。"这种"模拟"也可以称之为"角色转换"。因此他提倡，教师的作用是要引导学生依据自己的生活经历、情感体验、审美情趣、直觉能力与积极性参与作者的再创造。这种认识是很有见地的，这也是呼唤教师开发和利用自身的教学资源。

二、学生课程资源的利用

学生也是重要的课程资源。学生来自不同的家庭，受到不同的教育，每个人有着不同的生活经验和背景，又形成了不同的兴趣爱好，这些资源的开发和利用，能够大大提高教学效果，又可以极大地调动学生的兴趣。有位老师讲了这样一件事：

"记得刚开学不久，一次下课，我班的两名学生来到我的面前，问：'老师我俩谁高？'这时有几个学生围在他的周围。当时，我并没有直接告诉他们谁高谁矮，而是对站在他们身旁的其他学生说：'小朋友，你们说他俩谁高？为什么？我看谁说得最有道理。'这时又有一大群学生围了上来，他们开始七嘴八舌地说开了。正当学生说得兴趣正浓时，上课铃声响了，我立刻取消了准备上的'文具'一课，改上了'高矮'一课。这样，让学生体会到，生活中处处有数学，处处有问题，有了问题我们想办法解决。而且通过学生自己提出问题，自己尝试解决，使他们体会到成功的喜悦。"

上面这位老师就有开发课程资源意识。她根据学生的课间即景，随时调整教学顺序、内容，因时制宜而不拘泥，取得了更好的效果。

三、生活课程资源的利用

生活空间是一个巨大的课程资源宝库，关键是老师有无一双发现的眼睛去开发利用。如人文资源的民风民俗、神话传说、名言警句、谜语儿歌、绕口令等。至于自然资源的花草树木、鸟兽虫鱼、五谷杂粮、人文地理，更是不胜枚举。如教学《图形》一课时，段老师发现班上学生穿的毛衣图案各异，就及时抓住这个生活中的课程因素，鼓励学生自豪地走上讲台，让大家欣赏自己的妈妈所织的毛衣的图形花样。教师引导："请你找一找，说一说毛衣上有哪些图形啊?""三角形、四边形（菱形）、圆形……""你妈妈的手真巧!"通过这样的教学，学生真切地感到"生活中处处有数学"，不再产生数学是远离生活、束之高阁的错觉，不再产生学习数学就是为考试答卷的误解，使数学问题生活化，生活问题数学化。

四、不利因素资源的利用

课程资源无处不在，无时不有，课堂上的偶发事件，临时生成，都可以成为课程资源，而这些稍纵即逝的教育资源尤为宝贵。

一个事物都有正反两个方面。有利因素固然可作为课程资源来利用，不利的因素也可以作为课程资源来利用。学《乌鸦喝水》时，学生盛水的瓶子不小心打破了，教师的一句"你帮乌鸦找到一种新的方法"，消除了学生的恐慌，丰富了课堂内容;学习《小雨沙沙》时，突然下起了小雨，教师打破了原来的教学程序，让学生听雨、赏雨、沐雨、读雨、品雨，突如其来的"干扰"就这样自然而然地变成了难得的教育资源。由此看出，生活中不是缺乏教育资源，而是缺乏善于发现和有效利用教育资源的有心人。对于那些在设计好的教案外和常规课堂内外突然出现的有效教育资源，尤其需要我们积极对待，及时抓取。

五、"错误"资源因素的利用

"错误"也是一种课程资源。有位特级教师说:"教'3＋2＝5'的教师是合格教师，教'3＋2＝?'的教师是好教师，教'3＋2＝6'的教师才是优秀教师!"这位教师的话表达了一种教学思想:错误可以激化学生的心理矛盾和问题意识，更好地促进学生的认知和发展。特级教师于永正有一句话:"我喜欢发言错的学生。"他认为:"这些学生至少动脑了，至少敢说了，况且失败是成功之母，一个人说错了，其他同学就更积极思考，正确答案往往很快就出来了，从远一点看，说错的同学还有大功呢。"但目前的教师对错误避之唯恐不及，课堂教学的效果追求"滴水不漏"、"天衣无缝"，稍有闪失便自责不已，这恰恰错失了对课程资源的利用。

六、"差异"资源的利用

由于每个学生的学习基础、智力差异等可能会形成不同的思维方式或学习方式，而这种差异的巧妙利用就很可能成为一种宝贵的课程资源。如倪高扬老师就列举了这样一件事。

某初级中学的一位青年教师在教学"列二元一次方程组解应用题"一课时，出示了这样一道应用题：一种蜂王精有大盒和小盒两种包装，3 大盒 4 小盒共 108 瓶，2 大盒 3 小盒共 76 瓶，大盒与小盒各装多少瓶？（只要求学生设出未知数、列出方程组）课堂上绝大多数学生设大盒能装（x 瓶，小盒能装 y 瓶，列出方程组为：

$$\begin{cases} 3x + 4y = 108 & ① \\ 2x + 3y = 76 & ② \end{cases}$$

可 H 同学演示的解法却与众不同：设 3 大盒能装（x 瓶，4 小盒能装 y）瓶，所列方程组为：

$$\begin{cases} x + y = 108 & ① \\ 2x + 3y = 76 & ② \end{cases}$$

面对 H 同学的解法，这位老师没批评半句，在让 H 同学回座位后，即提请全班同学一起分析其设法以及所对应的列法如何。在大家讨论的过程中，老师婉转地否定了同学们对 H 同学的否定后，似乎自言自语："H 同学这样设有什么不好？照这样设，方程① $x + y = 108$ 有什么不对？那方程②该怎么列才是呢？"问题的提出使得教室里一片寂静，同学们都皱起了眉头深入思考。片刻后，同学们一个个若有所悟，抢着回答。最终列出方程② $1/3x \cdot 2 + 1/4y \cdot 3 = 76$。方程组列出后，老师并非就此罢休，接着又让学生当场进行比较评点，从而使学生认识到，这种解法虽然合理，但比较烦琐，解起来也不那么方便。

这位青年教师的这种教学观念和方法实在高明，首先高在真诚地尊重学生的差异。学生之间的差异是不可避免、客观存在的，老师面对学生的差异没有讥讽或视而不见，而是备加呵护、关注和理解，看作是多元思维的硕果。其次是把学生的差异当作一种资源来开发。这位老师把 H 同学如此烦琐的思路当作一种难得的宝贵资料，引导学生一起探讨、研究，进行"发散"训练，打破习以为常的思维方法，从不同角度发现不同的解题思路，使大家既知道这道题其实还有另一种解法，同时又明白这种解法不是值得提倡的方法。

第四节　课程资源的创生方法

有的课程资源在于如何开发和利用，而有些课程资源在于师生的教与学的互动中去创生。这种资源更有价值。

下面是一位国家级骨干教师在开发教学资源方面的一种做法，它对教师不无启发。

老师离我们有多远

记得当我得知将去长春参加培训时，曾表现出隐隐的担忧：学生们能否适应代课老师？家长会怎么看待这件事？教学会受影响吗？但最终我把"长春之行"当成了一次难得的机缘和珍贵的课程资源。

临走前一天，我向学生们通报了将去长春学习的消息。他们一下子愣住了，一个个脸上写满了难舍的表情。当他们的泪水即将盈满眼眶的时候，我话锋一转："同学们，王老师可是第一次出远门，不知道长春有多远，也不知该做哪些准备，你们能帮帮老师吗？""能！"学生们一下子变得兴奋起来，一种帮助教师的责任感和自豪感已经冲淡了他们的别愁。我随即拿出事先准备好的资料：《中国地图册》、《中国旅游大全》、《全国城市交通时刻表》，同时打开了教室里的电脑，让学生们分组查找并讲长春离我们有多远？教师该怎么去长春？老师应该准备些什么用品？长春是怎样的城市……20分钟后，学生们迫不及待地争相汇报。

生：长春在我国的东北，离我们这里有几千千米。

生：老师，我们组为您去长春设计了最佳路线：从通州乘飞机到上海，再从上海乘飞机直达长春，不到一天就到了。

师：哇，那么奢侈，学校经费比较紧张，你们能不能想想别的路线？

生：您还可以先坐汽车去上海，再从上海乘火车去长春。

生：不，应该从南京上车，节省了上海到南京的距离和时间，票价也会低一些。

生：老师，您直接在通州订票就可以了。

生：老师，您别忘了多带些钱，您要带卡，那样才安全。

生：不，教师我知道长春是吉林省省会，城市很大。

生：老师，长春有著名的电影制片厂，还有汽车制造厂。

生：在吉林省还有美丽的长白山和神秘的天池……

在他们争先恐后的发言中，我发现，长春——这个学生心中遥远而陌生的城市，由于这次老师的出行而变得亲切而清晰起来。

上面这个教例是很有启发性的。教师以一个教育者特有的敏锐，捕捉了教育的有利时机，把3个月的别离创生成可利用的课程资源，创造了一个开放的空间，营造了一个隐性课堂，形成了一种无形的教育。让学生从知识到能力，从情感到态度、价值观……都有很大的收获。

第五节 利用课程资源应注意的问题

开发课程资源，创造性地使用教材的目的是为了更富有实效性地开展教学。为此，教师开发课程资源，创造性地使用新教材应注意这样几个问题。

一、开发课程资源不能冷落课本

在课改实验区，有《简单统计》这么一节新授课，整节课教师和学生都没用过课本。当有人问学生为什么不带课本呢？有的学生说："忘带了。"有的学生说："老师说了，这节课不用书。"显然这位上课教师的做法就值得商榷了。课本是经过精心编写出来的，是认识世界的窗口，是获取知识的工具，如果剥夺学生阅读教材的权利和时间，淡化教材的作用，有时反而会增加学习的难度和降低学习效率。

沈坤华、孙树清两位老师谈到这样一件事："一位教师在执教三年级'两步计算的问题'授课时，课才上到 10 分钟，一名优秀学生提出一个三步计算的问题，该教师大加赞赏并做出分析解答。其他学生出于从众心理，也千方百计提出三步计算的问题，教师逐一组织讨论解答。由于拔高了教学要求，后 30 分钟只讨论了 3 个三步计算的问题，大部分学生越搞越糊涂。课后我们用两步计算应用题对该班做出测试，合格率只有 27%。这真是舍本逐末。"

再如语文阅读教学，我们也应该看到，不少课堂教学忽视了对文本的阅读理解，过早、过多地补充内容，海阔天空，说长道短，甚至离开文本去大谈从网上查阅到的资料。有的课，学生活动的样式很多，蹦蹦跳跳、热热闹闹，一节课既有自主学习，又有合作讨论，更有课堂辩论和课本剧表演，课堂教学像跑龙套，摆满汉全席似的"一盆盆一碟碟"往上端，可是读书的时间不多了，思考感受的时间不多了，对语言文字的理解、品味、运用的时间被挤掉了。

以上事例提醒我们，开发课程资源并不意味着淡化教材。教材是主要的课程资源，是教学的主要依据，只有领悟新课标，领会编者意图，深入钻研教材，尊重和用好教材，才能根据需要有目的地开发课程资源，补充活化教材，实现课程资源的整体效益。

二、资源引入要适时、适量、适当

一位教师在教学一年级下册《元宵节》一课前，请学生回家搜集元宵节的相关资料。上课时，她请学生展示交流搜集到的信息，发现学生手捧着一张张从网上下载的资料却说不出几句话来，课堂上顿时沉默了，教师只好信手拿来几张资料开始讲解，其效果可想而知了。

从上面这种做法可以看出，开发利用教学资源，贵在适当、适时、适量。过早、过多、过滥、过高地给文本教材补充内容，效果并不好。为此教师应把握以下几点：

1. 以学生为本，符合学生的年龄特征

生活中可利用的课程资源确实不少，但我们并不一定全部拿来，需要做筛选，要考虑学生的兴趣爱好、生活经验和知识背景，特别是要注意学生的年龄特点。切忌以成人的标准来要求孩子。

2. 从实际出发，因地制宜

从学校所处的地域环境出发，采集具有地方特色的、个性化的教育资源，不仅使师生萌发一种亲切感，愿意接受，而且与教科书上的带有共性的内容形成互补。辽宁本溪县乡村女教师孟宪玲结合农村实际，因地制宜开发课程资源取得了很好效果。她说："我校电化教学差，使用生动鲜活的电脑课件，更是不敢想象的事。于是在教学中，我因地制宜，小石子、木棍、沙粒、玉米、豆子、土豆、地瓜……学生家中的玩具、教室的设施等，都可作为教学资源带进课堂。例如，教学'有趣的图形'，开课用积木、橡皮泥做学具，引起学生的兴趣。在学生认识了几种平面图形的特征之后，又引导他们将信封内的图宝宝分类，并选一个自己喜欢的图形朋友贴在身上，又一次激发他们的兴趣。新课结束时，我在黑板上画出四种图形的家，让学生送自己的图形朋友回家，再一次强化图形的归类，使学生自始至终兴趣盎然地投入学习。再如：教学'估算'一课，让学生从家带来豆子、花生米、溜溜球。先比较个体的大小，估计自己一把能抓多少个豆子，实际抓一把让学生数一数，自己评价估计的是否接近。再估计抓一把花生米、溜溜球的数量，实际抓一把数一数。原本枯燥的学习内容，由于学具与学生的生活贴近，学生学习的兴趣就变得浓厚了。"

3. 低耗高效，注重实效

开发课程资源需要投入一定的人力、物力、财力，但应注意成本，少投入，多产出。开发课程资源应注意就近、简单、省时、低耗，要避免劳民伤财的做法。

三、对资源要筛选、加工、艺术处理

开发和利用课程资源并不是采用拿来主义就可以的。要真正发挥它的作用还在于对引入的资源做一系列的筛选、加工和艺术处理。教学资源是以什么方式呈现的，是原版翻拍，还是经过一番艺术加工处理，其课堂教学效果是不同的。为了说明这一问题，我们不妨引入 个案例。

一堂别开生面的语文课
奚梅萍

我兴致勃勃地走进教室。同学们惊喜万分，有的大声叫起来："奚老师回来了！我们今天可以上语文课啦！"有的则在一旁细细打量，观察着我的变化。还有的在座位上静静地做着课前准备，期待着上课铃声的响起……同学们溢于言表的那份欣喜和欢迎真让我心头暖洋洋的。

师：同学们，老师出差一星期你们想念我吗？

生（齐声）：想！

师：今天见到老师，你们可有问题要问？

生：有！我们有很多问题想问您。

师：那好，老师今天就召开一个"记者招待会"，接受各位小记者的提问。大家可要畅所欲言！

生：老师，这么长时间你去哪儿了？

生：你去那儿干什么？

生：那儿的学生是否跟我们一样聪明？

（对以上三个问题老师逐个回答，但较简单。）

生（显然还不满足）：老师，您能为我们具体介绍一下绍兴这个地方吗？因为我从来没去过那儿。

师：好，绍兴是个历史文化名城，那儿人才辈出、名流荟萃……（简要介绍）我国著名的文学家、思想家鲁迅就是绍兴人。对于鲁迅，我想你们是有所了解的。

生：对，我们学过的一篇课文《三味书屋》，写的就是鲁迅的故事。

生：鲁迅小时候曾在三味书屋读书。

生：鲁迅小时候读书很认真，曾在书桌上刻了个"早"字，鞭策自己时时早，事事早。

师：作为大文学家、思想家的鲁迅，一生创作了许多文学作品，其中他最喜欢的一篇小说就是《孔乙己》。小说中的孔乙己是一个读书人，但在参加科举考试……（具体讲述孔乙己的故事，学生听得津津有味。）

师：现在，鲁迅先生虽然离开了我们，但《孔乙己》这篇小说却流传至今，成为经典著作，供我们后人学习。其中写到的"孔乙己茴香豆"已成为绍兴的一大特产，备受前去观光的中外游客的青睐。这回，奚老师特意买了一袋，作为我送给大家的一份礼物。

（老师拿出茴香豆，分发给学生品尝。学生有的很小心地捡起一颗，端详一番，慢慢放进嘴里，轻轻地嚼着；有的则显得有些激动，抓起一把就塞进嘴里，撑得鼓鼓的嘴巴只能使劲地嚼动……过一会儿，"真香！" "真好吃！" 的赞叹之声便不绝于耳。）

师：谁来说一说你品尝到的茴香豆？

生：……（分别从茴香豆的形状、颜色、味道等方面介绍，形象生动。）

师：今天的语文课就上到这儿，作业是完成一则日记，题目可以是《孔乙己茴香豆》，也可以是《奚老师回来了》，还可以是《一堂别开生面的语文课》。行吗？

生（大声回答）：行！

师：下课！同学们，再见！

生：老师，再见！

过后，他们在习作中写道："以前从没上过这样的语文课，今天真高兴啊！" "今天，出差的奚老师终于回来了，她给我们上课的时候，我有一种全新的感觉。" "这节语文课真令人难忘啊！" "对于孔乙己，我不太喜欢。但是'孔乙己茴香豆'我却吃了还想吃。下次有机会，我一定要去绍兴玩玩，去鲁迅的故居看看。"

……

本节课之所以能获得成功，一个重要原因就是教师对教育资源的开发和利用。而这种开发和利用不能简单地引入，这里包括一系列的筛选、加工和艺术处理。对此殷亚清有这样的评析。

1. 教师对课程资源有筛选能力

外出学习，教师的感受是极丰富的。面对大量的课外课程资源，教师根据教学目标进行合理的取舍，选取"绍兴历史文化名人——鲁迅、鲁迅的代表作《孔乙己》、孔乙己这个人物、'孔乙己茴香豆'"这些学生既感兴趣、易懂，又富有教育意义的绍兴历史文化的经典内容娓娓道来，而对绍兴的历史文化总体情况只作简单的介绍。对于学生提出的"教师，这么长时间你去哪儿了？" "你去那儿干什么？" "那儿的学生是否跟我们一样聪明？"则是一带而过。这样详略有致的内容安排是教师精心筛选的结果。学习这些内容，学生增进了对祖国优秀文化遗产的了解和热爱，师生情感十分融洽，教学的效果是显著的。

2. 教师对课程资源加工、整合富有艺术情趣

说鲁迅→听孔乙己→尝"茴香豆"，从"说"到"听"，由已知到未知，一线串珠，连接自然。通过"尝"，教师将物质文化与精神文化巧妙加工后自然地交融在一起。"茴香豆"成了文化载体，使学生对文化的感受显得那么真切，对祖国文化的爱也显得那么实在。之后，教师又让学生以"写"来转化所输入的信息以达成内化，并产生创造。教师给学生的命题是可选择的，又是富有情趣的，知识、技能、情感、态度、价值观在此融为一体了。学生对祖国文化名人、名作、乡土风情的了解过程，显得那么自然、生动、有趣，其记忆也必将深刻。

所以，教师开发利用好教学资源，不仅要学会引入，更重要的是学会对资源的筛选、加工和艺术处理，使它真正能成为课堂教师的有机组成部分，而不是生硬的外加。

综上所述，教师要学会开发课程资源，增强课程建设能力，使新课程不断增值，不断丰富，不断完善，也使自己的专业水平不断提升。

[思考题]

1. 什么是课程资源？它包括哪些内容？
2. 怎样开发和利用课程资源？
3. 开发和利用课程资源应注意什么？

第九章 怎样组织设计一节课

——课堂教学设计方法与策略

◆问题

一张白纸，在画家的笔下能画出令人赏心悦目的美丽图景；一块布，在裁缝大师的剪刀下能剪出千姿百态的靓丽的服装来；一张图纸，在建筑师手里能设计出既美观实用、又风格各异的楼房。这都源于设计者巧妙的构思、精心的设计。可见，设计是一种智慧，设计是一种创新，设计是一种艺术。同理，教师设计一节课也极为重要，设计得巧妙与否，直接关系到课堂教学的简与繁、易与难、顺畅与阻塞、生动与枯燥。简言之，就是关系到教学的成功与失败。

那么，教师应该怎样设计一节课呢？目标怎样确定？教材如何组织处理？怎样正确选择教学方法？

教师通过钻研教材，翻查各种教学资料和对学生有了初步了解以后就进入备课的第二步，即对收集和吸纳的备课信息进行思维加工，设计教学方案。这是教师综合运用知识和进行教学设计构想的过程。

第一节 设计质量决定课堂质量

一、高度重视教学设计

教师为什么要特别重视教学设计呢？这里我们不妨先举一个案例。

特级教师窦桂梅说："我写的教案曾被老师们戏称为手抄小说。我认为只有写好每一篇教案，在每一堂课上下工夫，课才能上好。每一次寒暑假，读完函授，我就把剩下的时间集中起来研究教学设计。每一篇课文我都设计好几种教案，密密麻麻地写了一篇又一篇。待开学，和老师们一起备课时，就把几种方案拿出，和同行们探讨，最终形成大家比较满意的设计。

就这样，几年以来，我成了设计教案的高手。每到备课的时候，年级组的老师们就等着我摆上'丰盛的大餐'。无形当中，我找到了'优秀'的感觉，也对教案越来越感兴趣。后来，在为我召开的现场会上，有 块空地专门展览我的教案学习笔记等。没想到，我的 12 本语文教案全让老师们'偷走'了。尽管主持人在大会上一再强调给我送回来，可传来的竟是台下的笑声——毕竟"窃书不算偷"嘛！书虽然没有了，可我心里感觉很得意。

我还专门给自己的教案起了一个名字叫'夹页教案'——和语文书一般大小的教案，夹在书缝里，上课万一漏掉某些环节就可以瞄上几眼。这样，我设计的教案不仅与其他教师不同，而且针对不同班级的具体实施过程有时也不尽相同。由于自己经常写教后记，今年与往年的教案也是不同的。

在一次给年轻人介绍经验的培训会上，我告诉他们提高自己业务水平的关键是要事先写好课前设计，写教案是一项创造性的劳动。当这种劳动成为教学工作的重要组成部分，成为教师实现自己的教学理想，成为教师努力奋斗的明确目标的时候，教师就会觉得它不再是苦差事，而是一件开心事。那种'抄了一辈子教案'的老师，那种'岁岁年年人不同，年年岁岁课相似'的教师，他们写的教案肯定也永远是不变的'老照片'。"

窦桂梅老师之所以能从一个普通的小学教师成长为著名的特级教师，在小学语文教学中有所建树，与她特别重视教学设计有关系。过去我们有些教师的课堂教学质量差，与他们不重视或不会设计课堂教学有关。

有人错误地认为新课程重视课堂生成，就可以不用重视课前预设了，其实备课的课前预设什么时候也不能忽视，而且是越要生成越要预设。

二、什么是教学设计

所谓教学设计是指课堂教学的设想和计划。它是为了实现一定的教学目标，依据课程内容主题、学生特征和环境条件，为促进学生学习和发展而设计的解决教与学问题的一套系统化程序的过程。

教学设计有这样几个特点：

（一）规划性

课堂教学设计实际上是对整个教学过程的各项工作做一个规划。教师的教学设计基本构思，包括对下面一些问题的筹划。

（1）教学目标设计（方向）。解决为什么教的问题，明确课堂上的具体教学任务，教学重点、难点。

（2）教学内容设计（教材处理组织）。解决"教什么"、"选什么"、"教什么最好"、"教到什么程度"、"采取什么呈现方式"等。

（3）教学过程设计（教学方法与策略）。解决"怎么教"、"怎么学"，教学方式、学习方式的设想安排。

（4）教学评价设计（强化）。解决激励和鉴别问题。

（5）其他（板书、作业、教具、学具等）。

（二）前瞻性

在做教学总体设计时，教师通过思考、预测教材内容、学习环境、教师的行为可能引发的效果、学生可能做出的反应，借助于想象拟出操作蓝图。如，如何组织处理教材？如何组织学生思考？教学时会碰到什么问题？等等。

（三）创造性

教学是一种创造性劳动。一份优秀教案是设计者教育思想、智慧、动机、经验、个性和教学艺术性的综合体现。只有设计者巧妙构思、大胆创新教学设计，课堂教学才能常教常新，所以教学设计是一个创造的过程。

第二节 教学目标设计

什么是教学目标？所谓教学目标是指教学中师生预期达到的学习结果和标准，教学目标既是教学的出发点，又是归属。

一、当前教学目标设计中的问题

方法上的困惑往往源于目标上的迷失。教育的核心问题是培养目标问题，它是出发点也是归宿，一切教学都是围绕它展开的。而"学有所得"是一堂课的基本要求，也是一节课成功与否的底线。如果教学设计目标出了问题，教学也就出了大问题。有一项调查表明，在备课过程中，受多种因素影响，导致一些教师备课时对教学目标认识不够。在备课时，最关注教学目标的教师仅占16%，虽然还有38%的教师关注教学目标达成率，但在备课过程中，有76%的教师教学设计来自于教参。教学目标存在的问题主要表现在以下几个方面：

1. 目标空泛

以教学目的、课程目标来代替教学目标设计。这样的目标空泛，无法操作。

2. 目标模糊

上课，连教师自己对一节课的任务是什么，教学重点、难点在哪里都不清晰。

3. 目标单一

以知识传授为中心，忽略过程与方法、情感、态度、价值观。

4. 目标分离

三维目标彼此孤立、油水分离。特别是情感、态度与价值观，教学目标常常贴标签式的外在知识与技能目标上。

5. 目标泛化

目标设计多而泛化。注重让学生多学实际操作，"多而惑"反而使学生学得少。

6. 轻目标生成

教师预设目标过细，统得太死，教师围着教案转，学生围着教师转。

二、教学目标的设计

教师在进行一课教学目标设计时可以考虑这样几个角度。

（一）从三维目标的角度考虑

新课程标准提出了知识与技能、过程与方法、情感态度与价值观的三维目标，这就是对新课程下以学生发展为中心作为培养目标的具体实施。但是我们要求目标设计要有三个层面，但也不能机械地套用，即让三维目标齐头并进并不科学。

第一，三维目标从编制上可分开列举，但在实际教学中很难分开，你中有我，我中有你，合则一石三鸟，分则一损俱损，所以编制中注意渗透和整合。须知："课标"里面提出的是"目标的三个维度"，而不是"三个目标"！从语文学习的角度说，三个维度是一个整体。情感态度价值观，寓于知识能力的学习之中，而不是游离于知识能力的学习之外，而知识、能力、情感态度、价值观的内化，又要经历一个主体自我体验、自我建构的过程。例如教学生写字，好像是纯知识技能问题。其实不然，在写字的时候，要让他们感受到汉字的结构美，从内心里喜欢汉字。这不是情感、态度、价值观。还要教给孩子怎么把一个字写好，比如左右结构的字，写的时候相接的部位要收敛，要避让，学生由不会写到会写，由写得不好到写得好，自己动脑筋，自己体会怎么才能把字写好写得漂亮。这就是方法与过程。

第二，三维目标的比重根据不同的教学内容是有差异的。

众所周知，课有不同的课型，有的是知识性的课，以新知识的传授和掌握为主；有的是方法性的课，以方法的应用训练为主；有的是实践性的课，以学生经验的反思和态度的养成为主。在一节课中，不同阶段的任务也不一样。

因此，那种在每节课上都喜欢均匀地实现三种基础性的发展目标的意图是不现实的，也是违背基础教育教学常识的。这就要求教师要从实际出发根据不同的课型、不同的教学内容，来确定不同的教学目标。

（二）从教材特点上考虑设计

教材是教师从事教学的主要课程资源，也是教学的主要依据。因此教学目标的设计必须从教材实际出发。

什么是教材的实际？教材实际就是教材的特点，教师设计教学目标，必须从教材特点上来考虑。例如特级教师窦桂梅在备课挖掘教材时十分重视抓"题眼"。而"抓题眼"恰恰是根据教材特点来确定教学目标的。

她说：台上一分钟，台下十年功。师生行走在课堂40分钟，如何走出精彩，我个人认为，关键要抓住课眼。抓住它，你的教学就会产生四两拨千斤的功效。比如教学《圆明园的毁灭》我紧紧抓住"毁灭"这个中心词进行如下建构——"圆明园"究竟是什么？不应该毁灭的是什么？永远也毁灭不了的是什么？再比如讲《长征》，我围绕"红军不怕远生难，万水千山只等闲"这句话设计——先带领学生走进文本体会红军长征怎么个"远征难"，然后再柳暗花明——红军怎么个"只等闲"，这样红军的大无畏的英雄气概就凸显出来了。

（三）从学生实际考虑设计

在教师确定教学目标和教学重点时，理所当然地应从学生实际出发，即在设计教学中要考虑不同的年龄、兴趣、基础经验。也就是说——备课的价值，在于建立起文本、学生之间的联系，也就是说，教师备课的目的，只能是服务于学生的学习。因此，备课中所用的一切手段，都必须以学生能够接受为根本。学生的接受，包括学生的智力水平、理解力、情感价值取向等诸多方面。

如有位老师谈了下面的体会。

有一次，我在给学生上刘大杰的《巴东三峡》时，由于是下午的课，加上学生不熟悉长江流域的地理知识、风土人情、历史传说等，我在那儿滔滔不绝地讲着，学生却有的昏昏欲睡。见此情景，我话锋一转，问学生，你们想知道"悬棺"这一千古之谜吗？学生听后顿时精神倍增，纷纷响应，于是，我绘声绘色地讲了起来，当了一回"悬棺之谜"的解说员，调动了学生的求知欲望。接着我因势利导，紧紧抓住有关"人悬棺"这三个自然段，运用朗读的效果，并赢得了学生情不自禁的掌声。

由此可见，教师的教学，不是教师牵着学生走，而是学生思维推着教师走，学生的个性得到充分、自由的发展。教师既不扼制学生的看法，又不搁置学生的问题，而是顺着学生的思维探究下去，时时刻刻都体现"以人为本"的教学理念。这种教学中的师生互动、生生互动、师本互动，往往会激发我们的教学灵感，发现在教学前备课所忽略的东西。所以，根据学生的实际情况确定教学目标、调整教学思路、教学策略，会收到更好的教学效果。

另外，教学目标的设计还要考虑其操作性。即确定的目标一定要明确具体，不能空泛，也不能模糊、含糊不清，或贪多而完不成。另外，目标还要考虑差异，不同的学生应有不同的要求，体现教学目标的弹性。

第三节　怎样组织处理教材

有人问特级教师毛荣富："你凭什么上课呢？"他说："比参考资料更重要的是独立研究和处理教材的能力。"好教师能使任何教科书都能创造奇迹，克服差课程的缺陷，而差教师却会把好课程和好学生教坏，可见教师处理教材的能力是十分重要的。

在备课和教学设计中，独立地处理教材，创造性使用教材，这是教师上好课的必要保证，也是对教师专业化能力的一项重要要求。那么，什么是教材处理，新教材有什么特点，教师又该怎样处理教材呢？

什么是教材处理？简言之，就是教师在教学过程中，根据教学目标和学生实际对课程资源进行某种开发，对教材进行增删、取舍、重组、加工、包装的艺术处理的过程，以增强教材的情趣性、生活性，降低教材难度，使教学处理内容更趋于合理，让教材的教育教学功能得以充分实现。实际上，教师组织处理教材也就是对教材进行二次开发的过程。

通常教师处理教材有这样几种主要方法和策略。

一、浓缩简化——让学生易学

当代工程学提出的"时动"原理给我们提供了有益的启示。这项研究的目标是使工程能省时高效，研究的问题是动作和时间的关系，这与教学要解决的问题很接近。"时动"设计五个要点是：①这一动作是否必要，能不能取消？②这一动作能否与另一动作合并？③这一动作进行次序是否恰当，是否可以改变？④这一动作能否改进？⑤进行这一动作的人是否恰当？课堂教学从某种意义上讲，也是一种工程，如能取消可有可无的、不能产生作用的动作，改造孤立零碎的、费时费力的动作，合并经济的、高效的动作并使之一体化，课堂教学面貌就会焕然一新。

所谓浓缩简化就是教师要对教材进行挖掘、梳理、浓缩，从而使课堂教学内容化难为易，以简驭繁，让学生在学习过程中，以较少的时间和精力获得较大的学习效益。如小学语文《二泉映月》一课教学是相当有难度的。第一，学生对阿炳缺少了解，情感上比较遥远。第二，学生对《二泉映月》缺少鉴赏能力，难以走进人物心灵。对这样具有挑战性的文章，特级教师孙双金在设计中紧紧抓住"听"字，层层深入，游刃有余，取得良好教学效果。他的设计是：

第一次是听曲，整体感知；

第二次是和少年阿炳听泉，没有听到任何声音；

第三次是和盲人阿炳听泉，却听到了"双息"、"哭泣"、"呐喊"，启发学生发现问题，探究原因；

第四次是抓住小泽征尔"跪下"听《二泉映月》，引导学生探究名曲的真正内在精神和感人魅力，用耳朵去倾听既是我们欣赏《二泉映月》的唯一途径，也是阿炳感知世界、和世界沟通的唯一途径。

因为孙老师在设计中抓住了"听"字就抓住了本文的"牛鼻子"，以"听"为主线划分为四个层面，使教学内容化难为易，真可谓"提领而顿，百毛皆顺，纲举而目张"。

二、调整重组——贴近学生的生活

通常，教学内容离学生生活越近，其作用发挥越好；反之，教学内容距学生生活越远，越不能引起学生的兴趣，甚至不易被学生感悟和理解。而作为文本教材，特别是统编教材，无论是哪种版本的教材，由于受地域和学生实际的限制，以及文本教材本身的局限（教材无非就是个例子），教师使用时不可能完全通用，这就是根据需要做必要的调整。调整包括以下几个层面：

1. 减少、取消或更换

减少、取消或更换是将那些脱离学生生活背景、学生搞不懂、或者脱离时代特点、陈旧的东西更换为与学生知识基础、生活经验较近，与时代相适应的教学内容。如小学语文教师赵研谈了下面的体会：

《语文》一年级上册第四单元（北师大版）共写 10 个字，这些字多数学生已认识并会写，但在笔画、笔顺及写字姿势方面急需指导，因此我把重点放在指导笔画、笔顺、握笔写字姿势上。由于学生基础存在差异较大，对于这些基础知识的教学就显得很重要。另外，教材没有将"田、木、王、刀、力、火"列入写字范畴。这些基础字对学生今后的识字写字都很重要。因此我就选择适当时机，进行字体教学辅导，为学生写字打下良好的基础。对于教材中写字出现先后顺序所存在的问题，如先学"评"后学"平"，先学"送"后学"关"等，也都进行了随机调整。

2. 扩充、增加

扩充就是根据教学的实际需要，对原教材内容进行必要的补充和增加。如

《鲁迅自传》（人教版初中语文第四册）一课，总共才1 000字左右。但这里浓缩了鲁迅先生近50年的人生经历。这样的课该怎样上呢？显然仅仅依靠《鲁迅自传》这篇文章的本身资料是难以达到预想的教学效果的。江苏省张家港市凤凰中学邓立新老师在上这一课时，以诗入文解《鲁迅自传》取得了良好的教学效果。作为一篇课文，如何让学生在阅读这样一篇极为简练、跳跃性极强的自传时，既能明白自传或传说这一文体的特点，又能从中更好地了解鲁迅先生其人其事，邓老师在备课时把鲁迅的诗扩充在教学内容中来。

该篇课文内容可按从出生到写自传分三大阶段，由此邓老师引入了三首诗。

第一阶段，记述先生从出生到外出求学，引入诗《别诸北三首——庚子二月》。

第二阶段为求学阶段，引入诗《自题小像》。

第三阶段为求学阶段，引入诗《自嘲》。

我们知道，鲁迅的诗歌创作最能反映鲁迅的文学创作历程。而诗歌深广的忧愤与深邃的思想也集中了鲁迅先生为上下求索艰难奋进的人生经历。把诗补充到《鲁迅自传》一课教学中来是邓老师一大高明之处，从而使他较好地完成教学任务。

运用扩充来处理教材，提高教学效果，是比较多见的。根据所学内容，可以扩充背景教材，还可以补充社会、自然、科学、生活等多方面的内容。

3. 渗透与整合

传统课程中存在过于强调学科独立、学科本位、科目过多和缺乏整合等弊端，要克服这些，教师处理教材时应以本学科的知识为主，尽可能吸收各学科的知识素材和背景，体现教材的整合性。

"白日依山尽，黄河入海流。欲穷千里目，更上一层楼。"这不是在上语文课，这而是初中物理中的"运动和静止"一课。在这里，"白日、黄河、楼"的运动，用"尽、流、上"寥寥几字就描述得淋漓尽致，把"机械运动"、"运动和静止"、"参照物"等物理知识都点明了。这是教授物理知识的好教材，同时又有文字的魅力，学生都很喜欢。原来抽象、枯燥的物理知识，变得生动、有趣，而且学生乐于接受。

当然，谈到"整合"，并不是简单地把不同学科知识之间的综合作为唯一追求的目标，更不是简单相加，而是通过对内容的整合让学生从整体上去掌握某一学科的知识，去丰富、激活某一学科知识。

三、设疑激趣——让学生探究体验

我们知道，并不是所有教材的呈现都会使学生产生学习的兴趣、探索的愿望和深刻感悟的。只有那些能够激发学生强烈的学习需要与兴趣的教学内容，只有那些能够带给学生以挑战、获得积极的深层次体验，那些能给学生足够自主空间、足够活动机会的教学活动，才能使课堂充满激情与活力。那么这就需要教师在处理教材时，"变无疑处须教有疑"，课堂以问题为中心。

如同样是"圆周率"的教学，下面两位老师的做法反映了处理教材的不同方法。

其一：什么叫做"圆周率"呢？请大家注意：圆的周长与它的直径的比是圆周率。随后，老师一声"预备起"，全班学生一字不差地背诵，这种方法绝对是不可取的。

其二：我在上课前一天，布置每个学生用纸板做一个圆，半径自定，第二天带一把尺子。如果所做的直径是公制的，就带米尺，是市制的就带市尺。上课时，我让每个学生在课堂练习本上写出三项内容：①写出自己做的圆的直径；②滚动自己的圆（老师先示范说明），量出圆周长度，写在练习本上；③计算出圆的周长是直径的几倍，全班做完后，我要求几个学生汇报自己的计算结果，把结果一个一个地写出，然后引导学生分析：

甲圆：直径1寸，周长3.1寸，周长是直径的3.1倍。

乙圆：直径1寸，周长3.2寸，周长是直径的3.2倍。

丙圆：直径2厘米，周长6.3寸，周长是直径的3.15倍。

圆的周长与它的直径是什么关系呢？学生通过观察、思考、分析，很快就发现，不管圆的大小如何，每个圆的周长都是直径的3倍多一点。接着我指出："这个倍数是个固定的数，数学上叫做圆周率。"

可见，前一位教师的教材处理完全是直白的，是教师讲授式的，而后一种的教材处理显然是学生探究式的。从后一个成功的教例可以看到，学生对"圆周率"概念的形成，不是老师"给予"的，不是学生被动接受的，而是在老师创造性地让学生主动参与引导学生自己发现、悟出来的，是主动获得的，这是一个探究的过程。

四、化静为动——让学生乐学

处理教材的另一种有效方法就是活化教材，设法让静止的、抽象的、死板的教学内容活起来、动起来，从而增强教学的感染力和吸引力。为什么内容相同的小说、电影、电视剧，现代人更喜欢看电影电视而不愿意看小说，就是这个道理。因为电影电视创造出来的形象是动态的，可以直观感受的。

那么怎样去活化教材呢？

1. 改变教材的呈现方式

我们知道，新课程标准要求教材的呈现形式是多种多样的，不能只局限于由老师来讲授。如可以将实物照片、素材、文字、表格、图形、字母等各种形式结合起来，从而让学生加强对内容的理解。

2. 改变学习方式

让学生学会自主学习、合作探究。有一位语文教师谈道：如何让学生既学到知识、锻炼能力，又感到快乐、尽展魅力？我在语文教学实践中大胆活用了许多电视节目的模式，进行创新，效果不错。中央电视台有"开心辞典"，我在教授古文有"课前开心小辞典"；西部频道有"魅力12"，我总结各个单元时有"魅力33"（因为我教的班为初三·三班）。近年来，我还尝试对话课、讨论课、名著鉴赏课、课本剧表演课、音乐语文结合课等多种课型。教师的探究、创意会让语文的世界更加多彩。

五、拓展延伸——让学生实践创新

成功的教学不仅要满足学生学习掌握课内知识的需要，更主要的是通过课内的学习引发学生更多的课外思考，延伸到社会，延伸到现实生活，让学生去实践和创造。既立足于课堂，又不局限于课堂，努力做到课堂向课前延伸和向课后拓展，向社会和家庭开放，向大自然开放，努力促进多种教学资源的利用。如有位教师教了《我的战友邱少云》一课以后，提出这样的问题：战斗结束以后，邱少云的战友会怎样做？当同学们回答：战友们会找到邱少云的尸体进行掩埋并立碑时，老师审时度势又提出如果给邱少云写碑文，大家动动脑筋想一想应该怎么写。这样就把学生的思路从课内延伸拓展到课外去了，使学生的思维空间更广阔了。

第四节　教学重点难点的处理

一、教学重点的处理

所谓教学重点是指教材中最主要的内容，在知识结构中起纽带作用的知识，它包括基本概念、基本理论、基本技能等。

俗话说，少则得，多则惑。教师如果对教学内容不敢做出取舍，这也要，那也要，结果课堂上什么也没抓住。反之，教师对纷繁的教学内容敢于取舍，"忍痛割爱"，表面上学生失去了一些东西，但能集中更多的时间和精力来抓教材的重点。这实际上是"以少胜多"、"以舍保得"，让学生学到了更多重要的东西。

特级教师吴群说："教学中，如果平均使用力量，就会导致用力不够，而使各种教学目标不能达成，教学要求不能落实到位。因此，在教学中，必须有详有略。在教学《一粒种子》时，我是这样做的。课文中种子的四次"挺一挺"，暗示着种子的成长过程，可以将课文分为四层：第一次强调了暖和；第二次强调了喝水；第三次强调了松土；第四次强调了种子本身的生命力。这四点正是种子能发芽成长的四个条件。"

在教学中，我就是利用文本的这一特点，抓住"挺一挺"组织教学，从"挺"字入手，分析其音、形、义，继而找出文中四处"挺一挺"，指导学生标出四个层次，按照这四个层次学习课文。

四个部分的学习，重点放在第四部分，前面三个部分，只要求学生了解一下种子分别是在什么情况下"把身子挺一挺的"。在指导朗读"春风在唱歌，泉水在唱歌，小鸟在唱歌，小朋友也在唱歌"这一句后，让学生想象春风、泉水、小鸟和小朋友分别会唱什么，可以模拟声音，可以加上歌词。一个学生说："小鸟在唱歌，叽叽叽，叽叽叽，种子种子快出来，我想和你交朋友！"我结合"啊，好一个光明的世界"，让学生想象种子看到了一个怎样的光明世界。为了给学生一些启发，我建议学生阅读本单元"语文乐园"中的阅读欣赏《春天在哪里》，阅读它可以帮助学生加强对春天的印象，也可以为学生提供相应语汇。

为什么把重点放在第四部分？这一段文字很美，给学生留下了很大的想象空间。相比前三次的"挺一挺"，第四次的"挺一挺"，是种子即将成功发芽，是种子自己的努力。集中学好这一部分，无论是对文本主题的领会，还是对学生的朗读及想象能力的培养，都有好处。

二、难点的处理

所谓教学难点是指那些教学内容比较抽象、深奥复杂或坡度太陡，学生学习较困难的知识。另外，距离学生生活比较远的内容，无论从生活经验、旧知识基础，学生都难以独立思考或想象、揣摩的内容也应确定为难点。

怎样看待教学难点呢？从消极方面看，它会增加教学工作的难度，并给学生学习带来障碍。但我们也不要过分夸大它的消极方面。从现代教学论观点看，它也有积极的一面。

我们知道，学生学习过程也是思维训练过程。太易的虽然学起来容易，但不利于发展智能。没有问题就无所谓思维，没有困难也不会有积极探索。而难点恰是教学魅力之所在，思维之源泉，探索之动力，创造之契机。在难点上处理得好，不仅学生能领悟知识，发展思维，而且可以磨练意志，培养学习兴趣。所以从这个意义上说，教学难点不仅不是坏事，反而是个好事，关键看老师如何对待和处理它。

难点处理和突破的方法有很多，这里介绍几种。

（一）分散法

"分散难点各个击破"一直是突破教学难点的传统而有效的策略和方法。对于一些复杂、深奥的难点，应该按照这个难点知识的层次，逐层分解，把原来的知识梯级依据学生情况细分成若干小梯级。像上海闸北八中那样"低起点、小步子、多活动、快反馈"，放缓坡度，使学生容易接受和理解。

如教学难点"已知圆锥体底面的周长及高，求圆锥体的体积"可分成下列几个层次去理解：①圆锥体体积最直接的计算公式是什么（底面积×高÷3）？②圆锥体的底面积是什么形状？③底面周长是什么意思？④底面周长与面积是否相同？⑤圆锥体的高是什么意思？⑥圆锥体底面积是否已知？为什么？⑦知道底面周长求底面面积必须求出哪个关键条件？⑧知道底面半径，怎样求底面面积？

（二）直观法

对于一些抽象的知识，学生学起来比较困难，主要是由于学生缺乏具体的感性知识过渡。教师在处理教材中要给学生提供必要的感知经验，让他们观察一定的实物、模型、图形等，化抽象为具体，这有助于难点的突破。

例如小学六年有一道求作物株数的算术题，学生难以理解。为什么一株占地面积等于行距乘以株距？为了突破这个难点，课前教师可先准备一幅这样的示意图。再把一个"株占地"的教具放到图形上去，让学生看清行距就是"一株占地"的小长方形的长，株距就是"一株占地"的小长方形的宽，行距乘以株距得到的这个长方形的面积，正好是"一株占地"的小长方形的面积。所以求一株占地面积只要用行距乘以株距就行了。

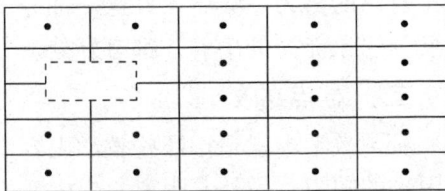

（三）举例法

教学中常常有这样的情况，对于一个概念的理解，有时老师说明式地反复讲几遍，学生还不理解，而教师恰当地举一事例，学生马上豁然开朗。由此看来，举例法是突破教学难点的又一种重要方法。例如，学生在自然课上对地球的自转不甚理解，教师用了一个恰当比喻："人之所以感觉不到地球的运动，是因为人随地球一起运动，如同人坐在行驶的汽车内，只觉得车外的物体运动，却看不到汽车运动一样。"学生很快就理解了。

（四）逆向法

逆向法就是利用逆向思维。逆向思维是从对立的、颠倒的和相反的角度去思考问题的办法。

一般说来，课本上只从正面阐述概念，这无疑是重要和必要的。为了更好地帮助学生理解和掌握概念的本质，教学中要在正面认识的基础上，再引导学生从反面或侧面去剖析、去理解。去要点——把概念的"要点"去掉一个会发生怎样的情形？如分数的意义中去掉"平均"两字，就有多种情况。逆表述——把概念反过来念一念看对不对？如"钝角大于90度"反过来讲"大于90度的是钝角"就错了。

（五）比较法

有比较才能有鉴别。心理学研究表明，对比抗干扰。加强易混知识的比较找准分化点，有利于排除干扰，促使易混知识在学生头脑中彻底分化。所以在突破难点设计中对那些易混淆的知识，教师可多采用比较法。

（六）计算法

这种方法是通过让学生计算的方法来突破难点的。如下面这个案例：

借算理　破难点

三毛小学　陆雅莲

《挑山工》一文是紧紧围绕"为什么挑山工走的路程大约比游人多一倍，但速度并不比游人慢"这个问题来写的；这是全文的重点，也是全文的难点。怎样突破这个重点和难点呢？在教学中我做了以下的探索。先让学生读懂挑山工和游人分别是怎样登山的；接着让学生画画挑山工上山的线路图；然后投影出一道结合课文设计的简单应用题让学生演算：挑山工从山下登上极顶行程18千米，每小时行2.4千米；游人从山下登上极顶行程9千米，每小时行3千米，挑山工和游人登上极顶分别需用多少小时？学生经简单运算后，很快得出以下结果：挑山工：$18 \div 2.4 = 7.5$（小时）；游人：$9 \div 3 = 3$（小时）。根据解题结果我向学生提出了问题：挑山工登上极顶需7.5小时，游人只需3小时，可游人与挑山工同时出发，又差不多时间到达，游人这多用的4.5小时花在什么上面了呢？通过再读课文，学生很快知道了这些时间游人是花在"流连山色"、"东看西看"与"玩玩闹闹"上了。以此为基础，学生轻松得出"挑山工目标单一，一心只想尽快地把货物挑上山顶；而游人登山的目标不止一个，既要沿途游览，又要登上极顶"的结论。这样巧妙地借助算理，突出了重点，突破了难点，取得了很好的效果。

（选自浙江海盐三毛小学网页）

突破教学难点的方法还有很多，这里就不一一赘述了。

第五节 怎样设计教学方法

一、正确对待传统教学方法

在课程改革的大潮中，我国的传统教育思想与教学方法受到了挑战。这自然是顺理成章的，因为我国传统教育思想和方法确有许多弊病和消极因素必须改革，但我们又要注意另一种倾向，即对传统的一些教学方法一概加以否定的做法是不正确的。因为改革和发展也包括优良传统的发掘和弘扬，所以不能一搞改革就对传统一概加以否定。

好的经验：

（1）注意以旧引新，寻找新旧知识的关联和生长点；

（2）教师系统传授知识，精心处理重难点；

（3）边讲边问，启发思想，集中注意，师生共同参与；

（4）精心组织练习，小步快进，当堂反馈校正，力求把问题解决在课内。

存在问题：

（1）习惯上是从概念出发，而不是从问题出发，只注意结论和记忆，而忽视对知识发生过程和思维方法的探究；

（2）过分强调教师的主宰作用，基本上仍是教师牵着学生鼻子走，缺乏对学生自主精神、创新意识的尊重与关怀；

（3）未注意将书本知识与实际生活、动手实验与学生已有的认识经验紧密联系，未充分重视学生小组学习、生生合作互动作用。

因此，我们对传统教学方法的态度就是要扬其长、避其短，即继承弘扬好的经验，克服不好的习惯，这是教师选择教学方法首先要遵循的原则。

二、面向三个实际，灵活运用

每个教师都渴望有一种既省力又高效、适于任何情况的教学方法，这实际上是不可能的。因为教学是一种复杂多变的系统工程，不可能有一种固定不变的万能方法。教师选择方法要面向实际。

（一）面向材料实际

方法是形式，形式是为内容服务的。教学方法不能脱离教材另搞一套，教学方法只有抓住了教学内容特点，才能更好地发挥其作用。

因"课"选择就是研究教材的内容和特点，从而去选择合适的教学方法。例如小学数学教学中，"毫米的认识"宜用观察法；"千米的认识"宜用联想法；

"除法的初步认识"适用操作法；教学某些几何形体的求积问题适用发现法。

怎样来确定一篇课文的教学呢？这就要具体问题具体分析，根据课文的教学任务、教学内容和教学对象等确定教学方法。如采用讲读法教了《药》之后，再教《夜》就可采用比较法教学；让学生自己读课文，去比较两篇文章的线索、情节、主题以及刻画人物、表现主题的手法等。这样处理较一般的讲读更有助于学生能力的培养。如教《警察与赞美诗》，可以采用译文对照法，将英文版的《警察和赞美诗》印发给学生，让其翻译，然后对照课文，深刻领悟"欧·亨利式"的语言风格，同时能进一步理解译文的原则——信、达、雅，一举两得，何乐而不为？不仅不同课文可采用不同教法，同一课文的内容分析也应考虑不同方法，如分析了《林黛玉进贾府》中王熙凤这一人物形象后，再来分析贾宝玉，就可采用迁移法，依出场前、出场时、出场后三个片段放手让学生自读、自析、自交流，教师只做最后的总结工作。

（二）面向学生实际

学生是千差万别的，这就需要教师针对不同的教学对象，而采取不同的教学方法。例如陈立全老师在教学《鹿柴》这首诗时是这样做的。在本校上示范课，讲一句分析一句，指导学生学习。而在城关指导一个老师上课时，他和那位老师定出了"自学、汇报、评议"的教学方法，着重引导学生自学。这样根据不同学校、不同程度的学生制定教学方法使学生们都有所收获。

（三）面向教师实际

每个教师都存在不同的教学经历、知识结构、教学能力和性格特点。如有的擅讲擅朗颂，有的擅写擅画，有的擅唱擅舞，有的则擅表演，运用到教学中来就会形成自己的教学个性。因此在选择教学方法时，教师应该选择那些能够或容易发挥自己特长，施展自己才华的教学方法来进行教学。例如教学《狼和羊》一课，有的教师边分析边画图，让学生从图中看出狼的凶恶、小羊的善良。有的教师采用分角色朗读的方法，让学生从读中体味出狼的狡猾、小羊的善良。还有的教师引导学生表演，让学生从表演中看出狼的凶恶，使学生萌发出对小羊的同情。所有的方法，都不同程度地帮助学生理解课文内容，达到预期的教学目的。

三、坚持"一法为主，多法配合，优化组合"

教学实际决定着教学方法，但不是每一种实际只能千篇一律地运用一种方法。"条条大路通罗马"，这就要注意它的灵活性和多样性。教学方法最忌单调死板，再好的方法天天照搬，也会令人生厌。

教学活动的复杂性决定了教学方法的多样性。教师在复杂的教学活动中应讲究一点教学艺术。教师设计教学方法，正如厨师做菜一样，同样的鸡、肉、鱼、菜，在各厨师的手下，可以用烧、煮、焖、炒、炸、蒸等法，烹调出花色繁多、美味可口的佳肴。同时，教师要想提高教学效果，就应在多元化的教法上下工夫，增加教学的艺术魅力。比如阅读教学，可以从详细分析讲解式教学中解脱出来，以学习语言文字为主要目的，以读写训练为主要手段，"运用读为主线，螺旋深入"的阅读教学方法，初读课文，学习字词，了解大意；细读课文，弄懂句段，理清思路；精读课文，品味词句；深入理解，熟读课文，落实训练，重点反馈。

　　总之，教学有法，但无定法，贵在得法，并集中体现在一个"活"字上。

四、软硬并举，运用现代化教学手段

　　历史在发展，社会在进步。课堂 教学手段也应更新。"一支粉笔一本书，一块黑板一张嘴"的单一教学手段有些陈旧，教学手段要走向现代化。优化教学方法和手段就是要软件硬件一起上，适时运用投影仪、电影、电视、微机等现代教学手段。

　　当然，现代化教学手段的运用不在于多。过多过滥的声、电反而会污染课堂，造成学生注意力分散。所以现代教育信息手段关键是用得适当。即用在新旧知识连接处，用在教材的重点难点处，用在学生思维困惑与转折处等。

　　教师无论采用什么方法都应考虑教学成本。有一位教研员讲了这样的事：一次，听一位老师上作文课，课题是"称金鱼"，每一个学生面前都有一只金鱼缸，里边有数条色泽不同的金鱼在游动，同时还有一台小磅秤。我一见就心生疑虑，这么多器物短时间如何准备？该花多少时间和精力？忙坏了多少学生和家长？为了这一节课准备了这么多道具，岂不是有点儿"劳民伤财"？培养学生的观察能力，又何必用许多同一物体、作千篇一律的表述？提高了教学成绩，教学效果却未能提高。但此类现象在教学中却屡见不鲜。还有一位教师在公开课上执教《乌鸦喝水》时，让学生都自备玻璃瓶和石子到课堂上做实验。又如，适合随机板书、逐字逐词呈现的内容，非要点击鼠标用大荧幕投影。凡此种种，皆陷入形式主义的泥潭，徒有新奇之表，而无经济高效之实。

　　教育规律和经济规律是一致的，应尽量降低成本，争取最大的效益。有这样一种提法：简约课堂，生活课堂，快乐课堂。这实在是一个理想化的目标。其中的"简约"是首要的，自然包含节约成本的因素，那么，"生活课堂"就不等于把真实的生活搬进课堂，"快乐课堂"也不等于把娱乐节目在课堂上演，因为那既不"简约"，也无课的效益。

[思考题]

1. 你认为现在课堂教学设计上还存在哪些问题？
2. 教师设计教学目标应该注意从哪些角度去考虑问题？
3. 谈谈你在处理教材方面的一些做法和体会。
4. 你怎样理解教学重点和难点？通常情况下你是怎样处理的？

第十章 怎样优化课堂结构设计

——课堂结构设计方法与策略

◆问题

化学知识告诉我们，同是碳元素，其分子采取平面结构方式排列，即形成石墨；而采取立体网状结构方式排列，则形成坚硬无比的金刚石。元素虽然一样，但结构方式不同，就形成了截然不同的两种物质。看来结构组织是一门大有潜力可挖的科学和艺术。

那么什么是课堂结构？怎样组织设计课堂结构？组织设计好的课堂结构又有什么样神奇的作用呢？

组织得好的石头能成为建筑，组织得好的社会规则能成为宪法，组织得好的事实能成为科学。组织得好的课堂教学结构就是艺术。一个颇有教学素养的教师备课时都会在设计课堂结构上下一番工夫。

第一节 解读课堂结构

楼房有楼房的结构，文章有文章的结构，课堂有课堂的结构。所谓课堂结构就是指一节课的组成部分及各个部分之间的联系、顺序和时间分配。课堂结构设计也就是把教学的有关因素组织在一起，按最优化的原则排列组合，从整体上设计一节课。

课堂结构与教学方法既有联系，又有区别。教学方法是根据所授知识的不同和学生实际的不同，灵活多变；课堂结构不同于教学方法，它是一种相对稳定的课堂形式。二者相辅相成，互相促进，又互相依存。

一、课堂结构模式发展的回顾

什么是教学结构模式？它是指在一定教学理论指导下，以简化形式表示的相关教学中活动的基本程序或框架，或者说相对稳定的教学程序在课堂教学中重复出现就构建了教学模式。

回顾教育发展史，各历史时期在一定的教学思想指导下，都有相应的教学结构模式。

中国最早的传统教学结构模式是"讲——听——讲——记——练"。近代捷克教育家夸美纽斯以认识论原理为指导提出了"观察——记忆——理解——练习"结构模式。18世纪末，德国教育家赫尔巴特运用心理学原理提出了"明了——联合——概括——应用"四段式结构模式。进入20世纪，美国教育家提出了五步教学法模式："发生困难——确定问题——提出假设——推理——验证"。十月革命后，苏联教育家凯洛夫提出了"感知——理解——巩固——运用"的教学模式。20世纪50年代后期，美国教育心理学家布鲁纳提出"发现学习"的教学模式："明确结构、掌握课题、提供材料——建立假说、推测答案——验证——做出结论"。20世纪60年代，美国著名教育家布卢姆根据目标分类理论提出了"掌握学习"的教学模式："确定教学目标——根据目标进行集体、单元教学——根据目标进行形成性评价——根据目标进行矫正学习——根据目标进行总结性评价"。20世纪80年代，我国湖北大学副教授黎世法根据现代教育理论提出了"六因素单元教学"模式："自学——启发——复习——作业——改错——小结"等等。从历史发展上看，教学结构模式总是在不断创新之中，也体现了人们对教学境界的不懈努力和追求。

教学实践证明，教学不存在一种万能的教学结构模式。教学改革的真谛就在于对旧教学结构模式的改造和对新教学结构模式的探索。

二、课堂结构的设计

1. 传统课堂结构

目前在中小学已形成一个较为稳定并被大多数教师经常采用的新授课的课堂结构，模式如下：

（1）五环节结构模式

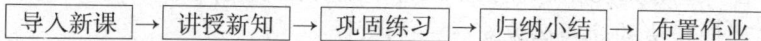

导入新课 → 讲授新知 → 巩固练习 → 归纳小结 → 布置作业

（2）六环节结构模式

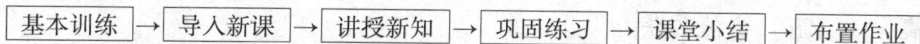

基本训练 → 导入新课 → 讲授新知 → 巩固练习 → 课堂小结 → 布置作业

2. 传统课堂结构的变式与创新

通过上面分析可以看出，传统课堂教学结构虽然有相对稳定性，成为大家比较熟悉的结构模式，但按现代教育思想要求和新的形势发展的需要，对传统的课堂结构模式的改革中，一些优秀教师和教学研究人员研究总结出许多新的课堂教学模式，这里做一介绍。

北京崇文区景泰小学从 1992 年开始，在扬弃传统的课堂教学结构模式的基础上开展了构建参与探究型课堂教学结构体系的改革实验，取得了良好的效果。其内容如下：

△语文讲读课

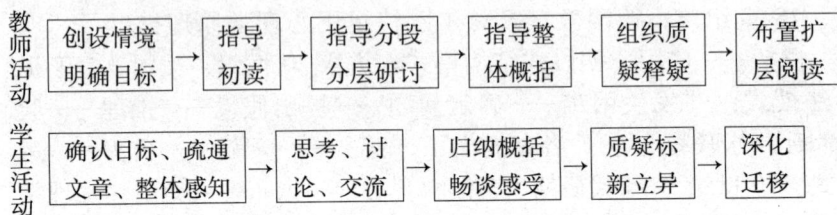

△数学课

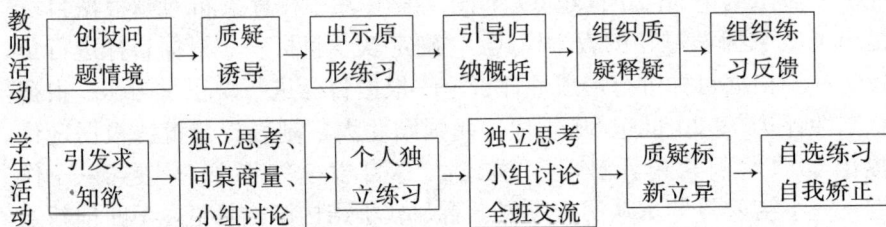

△自然实验课

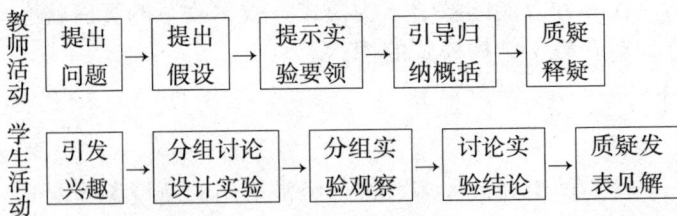

（选自《中小学管理》1999 年第 10 期）

下面我们看看一些教师在新课程教学设计中的课堂结构安排。

△小学数学《加减法的简便运算》——刘可钦

（一）问题情境——（二）建立模型——（三）解释应用——（四）拓展提高——（五）交流收获。

△初中语文《白兔和月亮》——蒋海红

（一）创境，导入新课——（二）初读，整体感知和讨论、探究亮点——（三）总结，拓展课外。

△初中政治《你会调节情绪吗》——陆春水

（一）激情，导入课题——（二）画漫画，编故事——（三）小组交流讨论——（四）班内交流评比——（五）引导学生总结。

有位特级教师说，课堂教学应开头引人入胜，中间高潮迭起，结尾余音未绝。这很有道理，教师在教学过程结构设计时，应追求这种艺术教学效果。

第二节　怎样进行课堂导入设计

一台好戏演好序幕，一篇新闻写好导语，一部乐章奏好序曲，先声夺人，能激发人的兴趣和注意力。同理，新奇多趣、引人入胜的课堂导入，能把学生带进一个跃跃欲试、美不胜收的学习天地里。

什么是导入？所谓导入是指教师在一个新的教学内容或教学活动开始时，引导学生进入学习境界的语言艺术与行为方式。课堂导入有很多功能：一是能诱发学生学习兴趣；二是能集中学生的学习注意；三是能引入教学的主题；四是能开启学生的思维等。

教学没有固定的模式，教学的对象、内容不同，导入设计也会有所不同。即使是同一内容，不同教师也有不同的处理方法。下面介绍一些课堂导入设计的类型和方法，供新教师参考。

一、开门见山，揭示新课

这是针对教材特点，直接揭示学习目标。这种导入式的特点是"短、平、快"。即省时，接触新课主题迅速，能及时起到组织学生进入学习角色的作用。

魏书生老师在语文教学时时常运用这种方法。他说："导语设计得好，也能激发学生的爱好，使一堂课有个良好的开端。如《论语六则》这课书的导语我这样说：火之光，电之光，能照亮世间的道路，思想之光，能照亮人的精神世界。谁是世界上最伟大的思想家呢？联合国教科文组织确定了全世界最伟大的十位思想家，例如牛顿、哥白尼……谁知道这十位思想家谁排在第一位？他就是我们中国的孔夫子。这么一说，学生们学《论语六则》的兴趣便浓了一些。"

二、联系旧知，提示新课

教学过程中，一般来说，新知识是在旧知识基础上的发展与延伸，学生是从旧知识中起步迈向新知识的掌握。教师要从已有的知识出发，抓住新旧知识的联系，精心设计，导入新课。这样，可以使学生感到旧知识不旧，新知识不难，建立起新旧知识的联系，明确学习的思路，增强学习的信心。例如有位老师在讲解 $32 \times x = 800$ 这道题时，先把旧知识 $x \times 75 = 1800$ 这道题同时写在黑板上，然后提示学生："这两道题相同点是什么？不同点是什么？根据异同点分析，你能大胆

解答 $32 \times x = 800$ 这道题吗?"这里,老师的导入,通过学生对新旧知识的联系对照,起到了承上启下、引导过渡的作用。

三、巧设悬念,引人入胜

教师要善于创设问题,以奇特的形式设置悬念,使学生的大脑产生兴奋,迫切想知道其中的奥秘。教师及时抓住这一契机,揭示新课。例如下面地理课讲授"比例尺"的导入设计就是这样。

一上课老师就问:"哪个同学的爸爸妈妈或叔叔姨娘要出差?"七八个同学举手,老师指定一名调皮的同学小王回答:"我们隔壁的陈叔叔明天出差到成都。"老师说:"你学过地理,你给我查一查地图,重庆到成都有多少千米?其他同学也帮助查。"地图上根本没有标出重庆和成都的距离,大家查一阵,都查不出。全班陷入沉默。从那一对对微微皱起的双眉,看得出孩子们为难了。他趁机将孩子们心头的乌云一拨:"没关系,只要你们听了我下面讲的,保证你查出来,因为地图上有'比例尺'……"教师板书课题"比例尺"。

这个导入设计的巧妙就在于使学生产生了一种"打破砂锅纹(问)到底"的想法,急于求得答案,这就激发了学生的求知欲和学习兴趣。

四、动手操作,亲身体验

别人说十遍不如自己做一遍。学生自己亲手操作演示的东西,因为有切身实践往往体会深刻,有助于激发悟性,增强思维度。如讲授摩擦力时,教师先拿出盛米的玻璃瓶放在讲台上,并拿出两根筷子,看谁能巧妙地用筷子把米瓶挪到桌子另一端。有的学生用筷子来夹,也有聪明的学生试着用一根筷子插入米瓶当中,最后竟用一根筷子把米瓶提起来。这时教师问:"为什么一只筷子能把米瓶提起来?原来是摩擦力帮了大忙。什么是摩擦力呢?它有哪些作用和特点?现在我们来学习这个问题。"这样导入,学生有亲身感觉,学习起来注意力集中,记忆准确。

五、利用游戏,创设情境

教师可以巧妙地利用猜谜、游戏、表演、朗诵等多种形式来创设情境,以此来进行课堂导入。这样让学生由游戏开始参与教学活动之中,有助于激发学生的学习愿望和兴趣。如下面这个"商品标价"的新课导入就是沈雨萍老师运用游戏创设情境的方法设计出来的。

(音乐)师:小朋友,今天,小灵通带我们去参观"红领巾小商店"。

(投影)小商店到了,你们看小商店有些什么东西呢?

指名回答。

师：这么多的东西，你想买吗？

出示：1.50 元。

问：你知道这支铅笔多少钱吗？（好多同学回答）

出示：各种东西的标价。

师：这些商品标价怎么读，怎么写，就是我们今天要学的本领。

这个设计符合低年级学生的特点，通过创设情境，让学生去购买商品。当他们不会买、不会读商品的标价时，他们的求知欲就被激发起来了。

六、故事引入，启迪思考

小学生天性喜新好奇，喜欢故事。如果教师抓住学生这一心理特点来进行导入设计，也会取得理想的效果。例如，在数学讲授"加减法的一些速算法"时，为了让学生更好地学习，让他们认识到，同一道题用不同的方法进行计算，花费的时间大不一样，应用简便方法进行运算可以提高计算速度。有位老师上课伊始，给同学们讲述这样一个故事：高斯是德国数学家，他小时候喜欢数学，10 岁的时候，老师出了一道题，$1+2+3+4+\cdots+99+100=$？当别的孩子动笔算的时候，小高斯却算出得数 5050。同学和老师感到很惊讶。你们知道高斯为什么算得又快又对吗？原来他采用了简便方法进行计算。后来高斯成了一个大数学家。今天我们就来学习"加减法的一些速算法"。这样的导入就激发了学生学习的积极性。

七、审题入手，提纲挈领

我们知道，有些课文的标题就是这节课的"窗口"，也是教材内容高度的概括，从课题的标题就可窥知全文的"奥秘"。所以从审题入手就能揭示一课的中心主题或重点难点。

例如有位老师在教《狐假虎威》一课时，是这样设计导入的。

1. 板书课题，在"假"字下加着重点。问学生："狐"指什么？"虎"指什么？

2. 学生查字典，思考：

（1）"假"字有几个读音，有几个含义（jià　假期，请假；jiǎ　①跟"真"相反；假话；②借用，利用；假借。）

（2）"狐假虎威"中的"假"怎么读音？怎么解释？这个题目是什么意思（狐狸借老虎的威风）？

上面这个导入设计从审题入手，很容易引导学生抓住课文的重点和难点，也容易揭示这一课的中心思想，为上好这一课奠定了基础。

八、直观演示，提供形象

实物、标本、教具（挂图、模型、投影片、幻灯片、电影、电视等）比形象语言更有说服力和真切感。展示挂图、实物、标本、模型等，可以化抽象为具体，不但为学生提供了生动形象的感性材料，而且也为他们积累了丰富的感性经验。直观可以鲜明地揭示客观事物之间的关系。直观演示对于引起学生学习动机、增强感知，更有直接作用。

因此教师可对一些抽象的概念在导入时多提供具体事例，创设演示直观教具机会，这有助于学生对概念的理解。例如有位教师在讲生理卫生课中"骨的构造"时，她先发给学生已经锯开的长骨（棒骨）让学生观察。在观察时，教师说"大家在观察时，注意思考下列问题：①骨端和骨中部的结构是否一样？②长骨骨质的外面有什么样的结构？这种结构存在的部位如何？③骨腔中有什么物质……"这种导入，教师是利用了直观演示、联系、对比等多种方法。

九、补充知识，唤起联想

这种方法是通过讲一个故事，打个比方，解释一个典故，引用一句格言，介绍作者的一段生平轶事等进行导入。如有位老师在讲《骨气》一课时，先引用了文天祥的这句诗："人生自古谁无死，留取丹心照汗青。"这引起了学生的极大兴趣。

十、群策群力，学生登台

为了把课堂导入设计得更好，老师也可以发动同学开动脑筋，提出建议，乃至可以让学生上台当老师做课堂导入示范。

导入设计无论是哪种类型都应注意以下几个问题。

1. 求精，有概括性

因为导入只是引路，开启思维，突出教学重点，诱发学习兴趣，而不是正式讲授新课，因此要切中要害，言简意赅，而不能庞杂烦琐和冗长。有的教师在让学生复习前次概念时拖占时间较长，也有的教师在介绍课文的时代背景和作者时，随意发挥，没完没了，这样喧宾夺主，会降低课堂教学效果。

2. 求思，有针对性

不管哪一类型的导入设计都要有针对性、启发性、可接受性。针对性是指导入设计要根据教学目的而确定，围绕教学重点难点来设疑，而不能跑题。启发性是设计有思考余地，能引起学生的积极思考。可接受性就是问题设计要适合学生年龄特点、深浅适中，既不使学生感到高不可攀，也不使学生感到索然无味。

3. 求巧，有趣味性

导入设计要简练而概括，但形式应多种多样，巧妙自然，新颖独特，切忌老生常谈。即使几句话的导语，也应尽可能设计得含蓄有趣、生动活泼。但也不能故弄玄虚、哗众取宠。

4. 求准，有科学性

导入设计不能模棱两可。导入的用语和形式都应恰当准确，无论是设疑、引证、说明、比喻等都要明确、精当、不产生歧义，使学生思维准确地进入轨道。

第三节　怎样进行新授与练习设计

通常在一节课中新课和练习是两个不同的教学环节。但是由于在课堂教学实施中二者有时又很难分得太清，所以这里把两个环节放在一起谈。

进行新课教学和课堂练习设计是一节课的主体部分，也是最精彩的部分，这一部分设计的好坏决定一节课的成与败。

教师为什么要重视新授课的设计呢？

首先从学生的注意力来看。课堂 40 分钟对学生来说都是宝贵的。但是就学习效率来说又不是均衡的。这里有最佳学习时间。现代教学心理学研究表明，学生在课堂中思维活动的水平是随着时间而变化的。学生在课堂教学活动中，思维集中程度 s 与 t 的变化关系，可用下图示意。

按下图示意，再根据儿童心理特点分析，一般来说，上课后的第 6 分钟到 20 分钟的，这 15 分钟左右的时间是一堂课的最佳时间。因为开始几分钟，学生情绪还没安定下来，几分钟以后，情绪稳定下来，又经过课间休息，这时精力充沛，注意力集中。而 20 分钟以后学生又开始疲劳，注意力也容易分散。

其次从学生思维上看。通常学生课堂上的思维总要经历一个由发散到收敛的思维过程（见图示）。

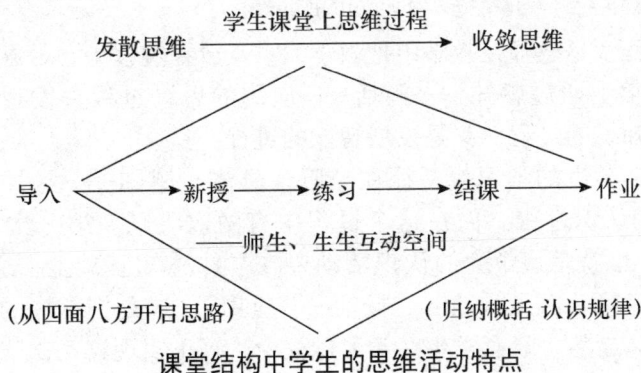

课堂结构中学生的思维活动特点

课堂必须做好两件事。第一件事，课堂初期的思维发散，即在课堂导入和新课教学时千方百计能让学生从四面八方开启思路，大胆想象，不要怕学生出现错误。第二件事，在课堂后期的思维收敛，即在练习和小结中要千方百计实现由感性到理性的飞跃。也就是说，教师对知识、原理、规律的认识是正确的、准确的，不能似是而非。

从上面的分析可以看出，教师必须高度重视新课教学和练习的设计。怎样设计新课教学和练习设计呢？教师备课时可以重点考虑这样几个问题。

一、抓住主题，理清思路

设计任何一节课，教师必须在充分理解教材的基础上做到中心突出，主题鲜明，抓住重点。而且要理清思路，设计好层次。例如窦桂梅设计的《秋天的怀念》这节课的基本框架——

教学预设：

1. 在"秋天"的回忆中，理解"母爱"的内涵。

2. 在"怀念"的情意中，感受"爱母"的思绪。

3. 在"秋天的怀念"中，获得"自己"的思考。

教学层次：

感受"娘俩"的好好儿活；

探究"我俩"的好好儿活；

思考"我们"的好好儿活。

教学步骤：（略）

这个教学设计紧紧抓住了"好好儿活"这个主题，思路清晰，重点突出。课能上好，自然在情理之中了。

二、注重过程，引导参与，加强训练

所谓重过程就是教师在教学中把教学的重点放在过程上，放在揭示知识形成的规律上，让学生通过感知——概括——应用的思维过程去发现真理，掌握规律。这是学习知识的过程，又是发展智能的过程。

我们知道，学生的学习生活往往经历（具体）感知——（抽象）概括——（实际）应用的认识过程。而在这个过程中有两次飞跃。第一次飞跃是由"感知——概括"，也就是说学生的认识活动要在具体感知基础上，通过抽象概括，从而得出结论。第二次飞跃是由"概括——应用"，这是把掌握的知识结论应用于实际的过程。显然，只有学生在学习过程中，真正实现这两次飞跃，教学目标才能实现。

由此看来，过程远比结果更重要。学生学习知识的过程是不可省略和压缩的，压缩和省略学生思维过程，而直接得出结论、背答案的做法是舍本逐末。假如学生对知识的概念、原理、定理、规律的掌握不是通过自己思维过程获得的，那只能是死记硬背和生搬硬套的机械学习。

进行新课和练习设计是教师在充分理解教材的基础上，依据主题来预设一节课的教学思路和环节。那么在这两个环节中怎样体现注重过程、引导参与和强化训练呢？这里我们列举小学数学特级教师吴正宪老师设计的"平均数"一课。希望对老师有所借鉴。

数学在熟悉的生活中
——统计初步知识——平均数

一、创设情境，提出问题

△以拍球游戏活动导入——切题、激趣。

二、解决问题，探求新知

1. 感受平均数产生的需要。

2. 探索求平均数的方法。

3. 理解平均数的意义。

4. 沟通平均数与生活的联系。

三、联系实际，拓展应用

高超有智慧的练习设计（切中要害、巧妙有趣、有挑战性）。

▲出示第一题：北京"五一"期间自然博物馆售出门票统计图。

问题1：请你估计一下，这5天中平均每天售出门票大约多少张？

问题2：你们估计得准不准呢？请你用自己喜欢的方法验证一下。

问题3：如果你是自然博物馆的馆长，看了这个信息，你会有什么想法？

▲出示第二题：少儿歌手比赛1号选手最后得分是多少？

▲出示第三题：2002年小刚家各季度用水量统计图。

▲出示第四题：小明有可能遇到危险吗？

四、总结评价，布置作业

通过这节课的学习，你有什么收获？还有什么遗憾？你认为应该给自己布置什么样的作业？

本课特点：

（1）紧紧抓住了教材重点、难点，目标明确。

（2）暴露思维过程，学生是在活动、体验中深刻理解平均数的知识形成过程的。

（3）以问题为主线，以活动为载体，以体验为收获，以情趣为动力。

（4）润物无声的人文感染。

（5）层次分明，丝丝入扣。

第四节　怎样进行结课设计

一节好课不仅要巧设导入，还应该处理好结尾。明代文学家谢榛说得好："起句当如爆竹，骤响易彻；结句当如撞钟，清音如余。"的确，一堂课如一乐曲，结尾好犹如曲终时留下袅袅不尽的余音。

什么是结课设计？结课就是一节课的课尾处理。结课的作用：（1）归纳概括——让学生知识系统化；（2）画龙点睛——让学生掌握重点；（3）复习巩固——让学生强化记忆；（4）拓展延伸——课已尽而意味无穷。

结课设计的方法有很多，这里介绍几种常见的方法。

一、总结概括式

苏联教学论专家达尼洛夫曾说："通过总结学生在课上所学的主要事实和基本思想来结束一堂课，是很有好处的。"总结概括式是结课方法中最常用的一种方法。

总结概括的方法可以采取两种形式：

第一种是教师对一堂课的内容，按教材的顺序或板书的布局，用精练的语言提纲挈领地做一次梳理，使知识条理概括化、系统化，以达到当场记忆、巩固的目的。第二种形式，是教师设计总结、概括性的提问，让学生进行小结，也是梳理知识，便于学生的记忆。如提出下面几个问题来让学生小结：

（1）我们在这节课里学习的是什么内容？懂得了什么？摸到了什么规律？

（2）你认为上面的知识中哪些是最重要、最关键的？

（3）你觉得这堂课上掌握得最好的是哪些知识？

（4）你还有哪些疑难问题要提出来讨论？

二、画龙点睛式

这是一种卓有成效的方法。画龙点睛，使学生顿开茅塞。例如：在"求平均数问题"第一节课将结束时，老师出了这样一道选择答案的练习题：哥哥买来一本科技书。第一天看 8 页，第二天看 6 页，第三天看 10 页，第四天上午看 5 页，下午看 7 页。平均每天看几页？同时出示两个算式：（8＋6＋10＋5＋7）÷5；（8＋6＋10＋5＋7）÷4。有不少学生对题中告诉我们五个数，但只除以 4，还有疑问。为了帮助学生掌握这类问题的方法，老师就抓住这个火候向学生提问：求平均数应用题要找准总数与份数，但关键是找哪个量？为什么？这样指点一下，从平均分的份数出发，由份数去找对应的总数量。一语道破，使有疑虑的学生豁然开朗。

三、图形呈现式

这是在新授某一单元或某一方面的知识后，将知识归纳小结形成知识系统，以知识图形的形式呈现给学生，让学生认识知识之间的联系。例如，教学"米、千克的认识"后，归纳小结知识时可用下图表示：

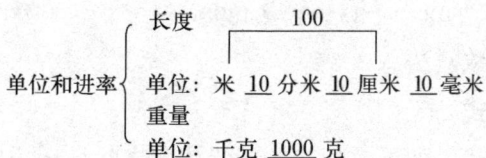

$$
单位和进率\begin{cases} 长度 \quad\overbrace{\qquad 100 \qquad} \\ 单位：米\ \underline{10}\ 分米\ \underline{10}\ 厘米\ \underline{10}\ 毫米 \\ 重量 \\ 单位：千克\ \underline{1000}\ 克 \end{cases}
$$

四、表格填写式

为了帮助学生对学过的知识进行归纳概括、理清思路、把握要点，教师在备课时设计出表格，在课即将结束时让学生去填写。如著名的特级教师魏书生在设计《普通劳动者》一课时就列出下列表格，让学生在做结课练习时填写。

	言	行	性格
去工地			
劳动			
休息			
冒雨装料			

表格填写式对于学生容易混淆的知识作用更大。当学生对某些知识产生混淆时，采用列表来归纳小结知识，让学生综合对比，认识区别比较好。比如，学生学习混合运算知识时往往学到后面的容易跟前面的产生混淆，因此，在混合运算的知识归纳小结中就可以采用表格填写的方法。

	含　义	运算顺序	举　例
加减混合运算			
乘除混合运算			
四则混合运算			

五、作业练习式

这是教师抓住本课重点难点和关键性的知识技能设计有读、讲、画、演、学具操作或辨析性的多样性练习作业，让学生动口、动手、动脑，在练习作业时也开展竞赛，也让学生板演，然后集体评比，从而提高学生作业技能技巧，并达到理性的升华。

例如：归纳小结"多位数的加法和减法"知识时，就可按如下步骤进行：

练习①：$34367 + 29853$ $480570 + 27490$

      小结：多位数加法。

练习②：$64508 - 7648$ $85400 - 64890$

      小结：多位数减法。

六、游戏表演式

少年儿童喜欢游戏。如果教师能在新课结束之际，运用电教手段，创造一个充满情趣的游戏环境，让学生在游戏中学知识，长智慧，那么一定会收到良好的效果。如"小数的性质"一课临近结束时，设计找朋友游戏：教师发给每个学生一张数字卡片，正反两面都写有数字，教师拿出写有1.6的卡片问："谁是我的好朋友？"拿有1.6、1.600等卡片的学生高举起手中的卡片说："我是你的好朋友！"全班学生在笑声中领悟了小数的基本性质。

七、揭示规律式

小学生的思维处于无序思维向有序思维过渡阶段，所以，往往缺乏有序地迫近目标的思维能力。为此教师在结课时应指明规律，总结出思维顺序，促进学生有序思维的完善与发展。

例如：教学"组合图形面积计算"和"组合体积计算"，结束语就可归纳其解答步骤：（1）分解图形；（2）分别求出；（3）求和或差；（4）验算写答句。"求两个数的最大公约数"的结束语就是突出按三种情况进行有序思维。即：先看它们是不是倍数关系；若是，小数即是它们的最大公约数；若不是，再看它们是不是互质关系；若是，它们的最大公约数即为1；若不是，即用短除法求出它们的最大公约数。这样，解题时方法步骤明确，思维操作有序，效果就会更好。

八、延伸发展式

这是老师根据教材内容和特点，在结课时，有意把课内知识引到课外，或引到课外的阅读上，或引到动植物的研究上，或引到自然、地理的研究上。通过这一延伸，架起知识和兴趣的桥梁，引导学生课外发展兴趣，为他们日后成才或择业打下基础。如孙建锋执教《做一片美的叶子》一课的结尾处理。

师：联系现实生活，说一说你对"大树把无数的叶子结为一个整体，无数的叶子在树上找到了自己的位置"这句话的理解。

生A：班级把同学们结为一个整体，每一个学生在班级里都能找到自己的位置。

生B：工厂把工人结为一个整体，如果工厂倒闭了，工人就下岗了，没有自己的位置了。

师：有现实意义！

生C：中国把56个民族结为一个整体，56个民族在中国都有自己的位置！

生D：地球把所有的国家结为一个整体，但美国为什么不让伊拉克有自己的位置？

师：问得好！"先天下之忧而忧"，弄明白这个问题还需要时间！

生E：家把爸爸、妈妈、孩子结为一个整体，每个人在家里都要有自己的位置。可是我的爸爸、妈妈离婚了，他们都不愿意要我，我没有自己的位置了，我……我很难过。

师：（走近学生E，把她抱起来）孩子，老师非常喜欢一种小动物，叫珍珠贝。这种贝类，如果有沙或坏的东西跑进里面时，它会把它们包起来——用温柔的态度去包容所遭遇的一切波折与困难，这样，我们的内心就会生长出一颗颗璀璨的珍珠！（热烈鼓掌）

教师的课堂结课艺术方法不局限于以上几种。如果教师能开动自己的学识、智慧、口才、课堂机智，会创造出更多更好的结课艺术来。

结课设计应遵循以下几条原则。

1. 紧扣目标

因为结课是一种收敛思维，目的是归纳总结全课知识，抓住重点，这样无论是采取什么形式的结课，都必须紧扣教学目标，突出教学重点。脱离教学目标的结课设计，形式再好也没有意义。

2. 选好角度

结课从哪个角度切入，这里有一个如何选角度问题，因为每一课的教学内容不同，结课的侧重点就不同。为此教师在备课时，先要从整体到局部，努力通过广泛的内容和灵活多变的手法，理清教学思路，以便抓住知识要素作为结课突破点，从而达到"抓一点带全身"的目的。

3. 简明扼要

结课是归纳概括，是画龙点睛，是揭示规律，必须简明扼要。结课不能繁琐不能面面俱到，更不能再去把全课内容重讲一遍。

4. 形式新颖

千篇一律的公式化结课方法，会使学生感烦生厌。科学艺术的结课方法应从教学效果出发，视教材特点、教学实际、学生状况、教师的特长，灵活机动地巧妙设计，让学生总有新鲜感。

5. 板书配合

为了搞好结课设计，要重视板书计划，否则课堂讲解缺少配合，课后总结也无文字依据。教师在设计板书时，就应该充分考虑在结课时如何利用板书。因为板书总要反映教师教学思路和提示重点，有了板书的配合就会大大提高结课的功能。

6. 把握时间

结课应是课堂教学的一个环节，应水到渠成，有机自然，而不是机械外加，更不是"画蛇添足"。目前在课堂上还存在两种情况，一是课堂节奏过快，结课留的时间过多，学生无事可做，教师只好胡乱布置一些杂事，搪塞过去完事；二是课堂讲授内容过多，这边打了下课铃，那边还在讲着课，最后只好三两句话仓促结束，学生既无法回顾当堂所学的知识，更无法消化。所以，要发挥结课的作用，一是要在整体设计中科学分配时间，以保证结课有既不多又不少的恰到好处的时间；二是在实际教学中要把握课堂教学的节奏，以便适时进行结课处理。

一般说来，结课所需要的时间 2 ~ 3 分钟为宜，同时还要根据教学内容和当堂的教学情况灵活安排。

第五节　先进教学模式案例举隅

近几年来，在教学改革中许多学校和教师创造出很多先进的教学模式。为了方便广大教师的学习和借鉴，这里介绍几个案例。

案例1

洋思中学课堂教学模式（一般操作流程）

一、揭示教学目标（辅助环节1）

【操作】通过课前制作好的投影或黑板让学生看。

【时间】1 分钟左右。

【目的】让学生从总体上知道本节课学习任务和要求。

【注意点】

1. 要认真钻研教材和标准，准确地制订学习目标，既不降低也不拔高要求，该"会运用"的，就要能当堂运用，不能人为地降低到"知道"的要求上。

2. 要层次清楚，简明扼要，不要太长。

3. 要引导学生认真默看，不要急于切换投影。

二、指导学生自学（辅助环节2）

【操作】课前制作好投影，课上通过投影让学生看。

【时间】2分钟左右。

【目的】让学生知道自学什么，怎么自学，用多长时间，应达到什么要求，届时如何检测等。

【注意点】

自学指导要层次分明，让学生看了之后，做到三明确：

1. 明确自学内容。即让学生知道学什么，有的教材内容单一，一般一次性自学；有的教材内容多，可视情况分几次自学，但每次自学前都必须写清楚自学的内容（或范围）。

2. 明确自学的方法。例如，看书，是边看边操作，还是边看书边与同桌讨论，解决疑难？怎样干好，就怎样干。自学时，往往引导学生抓住新旧知识相衔接的地方重点看。

3. 明确自学后的要求。即用多长时间，应达到什么要求，届时如何检测等。

三、学生自学，教师巡视

【操作】学生自学、操作，教师巡视。

【时间】5~8分钟。

【目的】使每个学生都积极动脑，认真自学，挖掘每个学生的潜能。

【注意点】

1. 学生自学时教师要加强督查，及时表扬自学速度快、效果好的学生，激励他们更加认真地自学。

2. 重点巡视中差学生，可以给后进生说几句悄悄话，帮助其端正自学态度使他们变得认真起来。

3. 要面向全体学生，不能只关心一个学生或少数几个学生，而放弃了督促大多数学生。

四、检查学生自学的效果

【操作】让中差生（尤其后进生）用板演或口答的形式对所学知识进行操作。

【时间】5~8分钟。

【目的】最大限度地暴露学生自学后存在的疑难问题。

【注意点】

1. 要解放思想，真正让后进生做演示操作，不搞形式主义而叫优秀生演练，因为这样表面上正确率高，实质上掩盖矛盾，不能最大限度地暴露自学中存在的疑难问题。

2. 要面向全体学生。后进生回答问题或板演时，要照顾全体同学，让他们聆听别人回答问题，随时准备纠正错误，或布置他们做哪些练习等。

3. 教师要巡视，搜集座位上的同学有哪些错误，并及时分类：哪些属于新知方面的，这是要解决的主要矛盾；哪些属于旧知遗忘或粗心大意的，这是解决次要矛盾。把倾向性的错误用投影打出或板书，供讲评时用。

五、学生讨论、更正，教师点拨

【操作】

1. 学生观察演示操作，找错误，或比较自己的方法、结果是否与演示操作的相同。

2. 学生自由更正，让他们各抒己见。

3. 引导学生讨论，说出错因和更正的道理。

4. 引导学生归纳，上升为理论，指导以后的运用。

【时间】8～10分钟。

【目的】

1. 凡是学生能够解决的，就让他们自己解决，真正指出哪些是需要教师引导、点拨的问题。

2. 通过学生讨论，教师点拨，使学生进一步加深对所学知识的理解，最终形成运用所学知识去分析问题、解决问题的能力。

【注意点】

学生更正后，教师要做到三个明确：

1. 明确教的内容。教的内容应该是学生自学后还不能掌握的地方，即自学中暴露出来的主要的疑难问题。那些通过学生自学已经掌握的，坚决不教。

2. 明确教的方式。广泛推行一种"兵教兵"的教学方式，就是让通过自学已经学会的学生去教那些还没有学会的学生，其间学生之间可以相互质疑、讨论，最后教师再引导、再补充。

3. 明确教的要求。教师不能就题讲题、只找答案，而是要引导学生寻求规律，真正让学生知其所以然，帮助学生通过归纳上升为理论，引导学生预防运用时可能出现的错误，这就为理论上升到实践架起一座桥梁，以免学生走弯路。

六、当堂训练

【操作】

1. 布置课堂作业。

2. 督促学生独立完成课堂作业。

3. 批改部分已完成的学生作业。

【时间】不少于15分钟。

【目的】通过完成课堂作业，检测每位学生是否都当堂达到了学习目标。

【注意点】

1. 课堂作业的时间不少于15分钟。

2. 课堂作业要典型、适度和适量。

3. 课堂作业要低起点，多层次，有必做题，有选做题，有时还有思考题。

4. 尤其是后进生的操作，要给予肯定，让他们尝试到成功的喜悦。

5. 要注意矫正学生的坐姿，培养他们的综合素质。

案例2

杜郎口中学"三三六"课堂教学模式

这种模式被称为"10＋35"（教师讲解少于10分钟，学生活动大于35分钟），或者"0＋45"（教师基本不讲）模式。

三个特点：立体式、大容量、快节奏。

立体式——目标任务三维立体式，任务落实到人、组，学生主体作用充分发挥，集体智慧充分展示。

大容量——以教材为基础，拓展、演绎、提升，课堂活动多元，全体参与体验。

快节奏——单位时间内，紧扣目标任务，周密安排，师生互动，生生互动，达到预期效果。

三大模块：预习——展示——反馈。

预习——明确目标，生成本课重、难点，初步达到目标。

展示——展示、交流预习模块的学习成果，进行知识的迁移运用和对感悟进行提炼提升。

反馈——反思和总结，对预设的学习目标进行回归性的检测，突出"弱势群体"，让他们说、谈、演、写。"兵教兵"、"兵练兵"、"兵强兵"。

课堂展示六环节：预习交流、明确目标、分组合作、展示提升、穿插巩固、达标测评。

预习交流、明确目标环节——通过学生交流预习情况，明确本节课的学习目标。

分组合作——教师口述将任务平均分配到小组，一般每组完成一项即可。

展示提升——各小组根据组内讨论情况，对本小组的学习任务进行讲解、分析。

穿插巩固——各小组结合组别展示情况，对本组未能展现的学习任务进行巩固练习。

达标测试——教师以试卷、纸条的形式检查学生对学习任务的掌握情况。

课堂教学环境的变化：无任何现代化教学设施。教室的前后及背光面三面都是大黑板；教室中间是用课桌纵向排成的三排课桌，学生分组排位，对面而坐；教室前面的讲台没有了，师生同在一方空间，同处于一个平面。

在展示环节中，几乎全部学生都有板演的机会（展示学习内容、互评互改等）；教室内的黑板不够，连地板、走廊都利用起来。分组交流讨论确有实效；说、唱、演等形式无所不有。

【借鉴与思考】教学生"学"的呼唤

从魏书生的六步教学方法培养学生的自主学习能力，到洋思中学"先学后教，当堂训练"；从杜郎口的"三三六"演讲教学模式，到衡水中学的"三转变"，"五让"课堂教学和学案能给我们什么启示呢？尽管教学模式方法是多种多样的，但有几点惊人的相似：

1. 高度认识学生有无限发展的潜能。

2. 充分尊重和千方百计调动学生学习的主动性和积极性。

3. 教师的工作是教学生学，教为学服务，以学定教，顺学而导。正如陶行知先生所说："先生的责任不在教，而在教学生'学'，教的法子必须根据学的法子。"

4. 教学要有模式，但不能模式化。我们学习魏书生不可能成为第二个魏书生；我们学习洋思中学不一定非要搞"先学后教，当堂训练"；我们学习杜郎口也不一定照搬照抄"三三六"课堂教学模式。但是充分认识学生的发展潜能，教学立足以学定教，顺学而导，教学生学，千方百计调动学生学习的主动性和积极性的教学思想，是一定要学习和树立的。

[思考题]

1. 你怎样理解课堂结构？

2. 课堂导入都有哪些形式？你在这些方面有哪些好的做法和体会？

3. 在进行新课教学和练习设计上应注意哪些问题？你有什么体会？

第十一章 怎样优化教学手段的设计

——教学手段的选择策略

◆问题

有这样一个精辟的比喻：将15克盐放在你的面前，你无论如何也难以下咽。但将15克盐放入一碗美味可口的汤中，你早就在享用佳肴时，将15克盐全部吸收了。如果把这个原理运用到教学手段里，那会带来什么艺术效果呢？这一定会大大增强教学的艺术效果。用现在一句时髦的话讲就是"细节决定成败"！所以教师要在精心打磨教学手段上下一番工夫。

教学中有哪些手段值得用心斟酌和打磨呢？这些手段又该如何去选择和设计呢？

教师设计一节课也如同工程师设计楼房一样，既要有整体构思，还要对各个局部的细节进行精心研究和打磨，这样才能保证上出精品课。本章将讨论教学情境、板书、提问、练习设计问题。

第一节 教学情境设计的智慧

学生的智慧迸发往往是在一定的情境感染下发生的，情境能引发学生联想，情境能激发学生情智，情境能催动学生的灵感……如果学生在上课的时候能被情境所感染而全身心地投入，这表明，教学的最佳时候到来了。有一位教师曾这样描述他的作文课：

这是我在一堂"议论文写作训练课"开始时与学生的对话：

"春光明媚，鸟语花香，外面的世界很精彩，此刻你们的心里最期待的是什么？"我问。

"春游！"学生异口同声。

"这……安全问题，再说我们的学习也不能耽误，因此我建议，取消这次活动。"我的态度有点"暧昧"。

"为什么不让我们去？"

"其他班都去了！"

......

教室里顿时吵吵嚷嚷，有的敲打桌子，有的满脸胀得通红，有的趴在桌子上直生闷气。

"辱骂和恐吓绝不是战斗，"我调整着学生的情绪。

班长站了起来，大有为民请命之势："我想问老师，为什么不让我们去？"

"我更想知道，为什么你们一定要去？"我巧妙地将话语引入正题。

大家陷入了沉默。"你们也许不愿意明说，那你们把你们的理由写出来吧！"我接着在黑板上写上《我们为什么要春游》。

此时的学生，带着自己的意愿，带着自己的希望，带着不吐不快的激情，写下他们情感激荡、浩气四射的作文。

那么这节作文课为什么会取得这样的效果呢？正是教学情境助了老师一臂之力。诱思探究教学论认为，变教为诱，变学为思，具体做法概括起来就是"创设问题情境，引导学生探究，强化认知过程，注重知识运用"。教师首先创设一种知识点存在于其中的教学情境，然后给学生提供大量的客观信息，引导学生去发现已有的知识与要解决的问题所需的知识和方法所存在的不足，诱导学生去看书、分析、讨论，然后让多位学生代表进行归纳，相互补充和完善，最后由教师总结出解决问题的知识和方法，从而完成相应知识点的教学。

一、教学情境的诠释

什么是教学情境？我国古代有一个"伯牙学琴"的故事。伯牙拜成连学琴，3年后，成连编成一部《高山流水》的乐曲。伯牙演奏此曲，虽然音调很准，但表现不出高山流水的气魄。于是他来到岛上，见到的是"海水汹涌"、"山林杳冥"，耳边只有大自然深邃美妙的音响，于是面对大海，鼓琴而歌。10天后，成连来了，再听伯牙弹奏的《高山流水》，那真是"耸高而激荡"，如江水奔腾无羁。

"伯牙学琴"之所以能悟于景，动于心，激发出艺术的灵感，对音乐产生认识上的飞跃，就在于情境的巧妙运用。

什么是教学情境？为了增强教学效果，教师借助于一定的表现形式，如音乐、图像、语言、实物、自然环境等，创设一种带有问题性质的场景，这就是教学情境。

"境"是情境教学的一个维度，"情"则是另外一个维度。教师必须用情感激发学生的学习心向。正如有的学者所指出的，从血管里流出来的是血，从山泉里流出来的是水，从一位充满爱心的教师的教学里，喷涌出来的则是一股股极大的感染力。它可以使学生产生同样的或与之相似的情感。一位小学语文教师在教"奶"字时，亲切地对学生说："看，左边是女字旁，右边像个驼背的人，这就是奶奶的'奶'字。奶奶年纪大了，走路时背弯弯的，还要拄个拐棍。"这种充满亲情之爱的教学，把本来死板的、不会动弹的文字，变成了有生命的东西，钻进了孩子的脑海里。施教之功，贵在引导，重在点拨，妙在开窍。创设教学情境是一种教学艺术，它能大大提高课堂教学效果。

二、教学情境的误区

在实施新课程中，教师越来越乐意通过创设情境开展教学，这种教学行为确实给教学带来了勃勃生机，使得课堂焕发出生命的活力。然而在实施中也出现了许多误区，其表现如下。

1. 多了趣味，少了确定的目标

如某教师在讲"两步计算式题"时，课始，创设了去游乐园玩的情境。课件演示：两个学生乘车来到游乐园门口，遇到了"拦路虎"，要求学生闯过"迷宫"才能进门，教师充满激情地问："同学们有信心闯过吗？"同学们异口同声地回答："有！"课件显示迷宫图：把算式和正确的答案连起来，连对了就能走出迷宫（只有一题是两步式题，其余均为一步式题）。学生顺利闯关后，教师表扬："真能干！"追问："这些题目中哪一题是与众不同的？"从而揭示课题"两步计算式题"。可以说，这种情境与教学内容并没有任何内在的实质性的联系，只是外加的一项"高帽子"。

2. 兜圈子，简单问题复杂化

为了激发同学们的学习兴趣，教师们在设计情境上可谓煞费苦心，尤其是公开课，更是异彩缤纷。下面是一位教师教学《指南针为什么指向南北》的新课导入。

师：同学们，我们先看一段影片，它讲述的是狄仁杰在侦破一个案件。赵事翔大将军率领两万军队借道突厥但误入契丹导致全军覆没，请看录像。

又花了大约4分钟的时间播放神探狄仁杰的一段影片。

师：在刚才的影片中，指南车是破案的关键，狄仁杰手中的吸铁石有什么性质是我们接下来要学习的问题。

教师的用意无非是想借此片中的指南车引出指南针。学生们看着影片的确很感兴趣，一下子就被影片中的情节吸引住了。可是，接下来学生们的思绪还是沉浸在影片之中，久久不能进入学习状态。可见教师辛辛苦苦创设的情境，并没有起到应有的作用。影片拖沓冗长，费时，效果差，而且干扰了学生学习的注意力。

3. 问题不着边际，分散注意力

例如，教学小学数学《折扣》一课时教师这样创设情境：

师：老师这件衣服漂亮吗？

生（齐说）：漂亮！

师：对于这件衣服，你想说什么？

生1：老师，你这件衣服是哪儿买的？

生2：这件衣服花了多少钱？

生3：这件衣服是哪儿生产的？什么牌子？

（省去一些更不着边际的问题。）

除了对价钱的关注外，其他问题都与数学无关，关键是教师提出的问题"对于这件衣服，你想说什么"意义不大，不能有效地引出"折扣"这一概念。如果教师一定要从自己的衣服引出新知，不妨这样提问：

师：猜一猜老师身上的这件衣服要多少钱？（学生猜测）

师：老师这件衣服原价200元，实际上只花了160元就买来了，大家说说这是为什么？

根据学生的回答，教师合理地作出评价，并引出"折扣"这一概念。

4. 脱离生活实际，不够真实

例如一位小学教师在教学"四则混合运算"时创设了这样的教学情境：

师：天气变冷了，老师想买一件棉衣，老师来到商场，看中两种款式。第一款：4件共456元。第二款：每件121元。哪种款式的棉衣便宜？便宜多少？教师的本意是好的，但是教师不能为了适应教材而随意更改事实，情境与生活不符，会让学生产生原来数学都是编造出来的感觉。下课后就有学生说，商场里的服装都是标单价，没有说4件多少的。如果把买衣服改成"买铅笔、买乒乓球"等，效果会好得多。

5. 缺乏真情，苍白无力

情境不仅包含场景，而且内含情感。任何情境如果没有教师的感情投入，都会失去其教学功能。有些情境从认知层面看是到位的，是有价值的，但是教师却以一种机械的方式来展示它，结果，我们强调的是真实的情感，而不是虚假的情感。如：一位教师上《董存瑞舍身炸碉堡》一文时，为了活跃气氛，问学生："你们最崇拜谁？"学生纷纷举起了手。有的说崇拜球星罗纳尔多，有的说崇拜影星赵薇，有的说崇拜棋圣聂卫平……学生交流结束后，老师反问学生："你们猜，我最崇拜谁？"话音刚落，学生们异口同声说："老师崇拜董存瑞。"一听这么整齐的回答，在多媒体教室坐着的近百名听课教师顿时爆发出一阵哄笑。

6. 走迷宫，变易为难

有位教师上《乡愁》，设计了一个提问导语，目的是想让学生说出课题来。于是他叫起一个学生，启发道："如果有个人到了一个遥远的地方，时间一长，他开始想念自己的亲人，这叫做什么？"学生答道："多情。"

"可能是我问得不对，也可能是你理解有误。好，我换个角度再问：这个人待在外乡的时间相当长，长夜里他只要看见月亮就会想起自己的家乡，这叫做什么？"教师又问道。"月是故乡明。"学生很干脆地答道。"不该这样回答。"教师有点急了。"举头望明月，低头思故乡。"学生回答的语气显然不太自信了。他抬头一看，教师已是满脸阴云，连忙换了答案："月亮走我也走。""我只要求你用两个字回答。而且不能带'月'字。"教师继续启发道。"深情。"学生嗫嚅道。好在此时下面有同学接口："叫做'乡愁'"，教师这才如释重负。

三、为你设计支招

（一）教学情境设计原则

教师怎样去创设教学情境呢？有价值的教学情境具备以下几个特性，这也成为教师创设教学情境的原则。

1. 生活性

陶行知先生有过一个精辟的比喻："接知如接枝。"他说："我们要以自己的经验做根，以这经验所发生的知识做枝，然后别人的知识方才可以接得上去，别人的知识方才成为我们知识的一个有机部分。"创设教学情境必须贴近学生生活实际，让学生看得见、摸得着。

2. 思考性

并不是所有的学科教学都要有一个实实在在的生活原型。即使是创设生活化情境，也不等于将生活画面原原本本地搬到课堂中来，情境的创设应该归结为本质上是否引起了学生的主体作出反应，并在心里造成了一种悬而未决但又想解决的未知状态。

3. 形象性

强调情境创设的形象性，其实质是要解决形象思维与抽象思维、感性认识与理性认识的关系问题。教师要善于从生产和生活中选取一些与教学有关、生动形象的实例，能使课本上抽象的知识具体化，让深奥的道理通俗化，从而使学生产生一种熟悉感、亲切感，并很快地把学生的思想集中在教学内容上，起到触类旁通、引人入胜的效果。

4. 学科性

情境创设要体现学科特色，紧扣教学内容，凸显学习重点。

5. 情感性

情感性指教学情境具有激发学生情感的功效。第斯多惠说得好："我们认为，教学的艺术不在于传授的本领，而在于激励、唤醒、鼓舞，而没有兴奋的情绪怎么能激动人，没有主动性怎么能唤醒沉睡的人，没有生气勃勃的精神怎么能鼓舞人呢?"

6. 实效性

本着创设情境为教学所用的目的，一定要考虑所创设的情境是否具有良好的效果。创设课堂教学情境不是为了赶时髦，要关注课堂教学实际需要，要克服随意性和盲目性，避免搞形式主义。

（二）情境设计方法

教学情境创设的方式方法多种多样，这里介绍几种情境设计方法。

1. 生活展示情境

所谓生活展示情境，就是利用自然环境和条件，展现生活场景，创设一种问题情境。教师为了创设教学情境，可以根据教材内容的需要，把学生带入社会，带入大自然，从生活中选取某一典型场景，作为学生观察的客体，并以教师语言描绘，鲜明地展现在学生面前。例如学生作文普遍感到无话可说，下笔如千斤重。这与学生没有注意去观察周围事物，缺少对生活的感受能力有关。这就需要教师去创设一种情境，引导学生去观察周围事物，去体验一下生活。像教师准备让学生写"农贸市场的一角"这篇作文，就可带领学生到农贸市场实际观察，在现场直接收集作文的素材。像教师准备让学生写"放风筝"这篇作文，就应认真组织一次放风筝的课外活动，让学生亲身体验一下活动内容，增强真情实感，丰富感性认识。

2. 实物演示情境

这要根据教学内容的需要，即以实物为中心，略设必要背景，构成整体，以演示某一特定的情境。如郝又明老师在上第一节英语课时，背着一个大包袱走上讲台，而后从中掏出印有外文商标的商品，让学生读一读。当学生读不出时，她趁机进行了学习外语目的性教育。这就是一种运用实物演示创设的情境。

3. 图画再现情境

图画是展示形象的主要手段，用图画再现教学内容情境，实际就是把教学内容形象化。课文插图，特意绘制的挂图、剪贴图、简笔画都可以用来再现教学内容情境。其中剪贴画、简笔画更简便易行。如《富饶的西沙群岛》这篇课文，主要描绘了西沙群岛的海水、海底、海滩、海岛的美丽富饶。在教学中有位教师采用剪贴画的方法，形象地再现西沙群岛的美丽景色，既充分激发了学生的学习兴趣，又使学生欣赏到了课文中所描绘的五光十色的海水，形态各异的珊瑚、各种各样的鱼、美丽的贝壳、有趣的海龟……这位老师之所以用剪贴画，是因为剪贴画可以贴上拆下，运用灵活，使画面更加生动。

4. 音乐渲染情境

音乐的语言是微妙的，也是强烈的，给人以丰富的美感，往往使人心驰神往。为什么电影往往在情节关键处配以音乐或插曲，因为它增强了艺术感染力，调动了人的情感因素。同样道理，教师设置教学情境，恰到好处的音乐渲染，它以特有的旋律、节奏，塑造出音乐形象，能把学生带到特有的意境中，这会取得理想的教学效果。比如，针对高中一年级新生的思想实际，作文《十六岁——人生的里程碑》。作文前，先印发短文《十六岁宣言》（《语文学习》1986 年第 1 期），要学生领会"从十六岁起，我将正式成为自己生命之船的船长"这句话的含义。然后播放贝多芬的《命运交响曲》，让学生在雄壮激昂的乐曲中感受"我要扼住命运的咽喉，它休想使我屈服"的主题，命运在敲门，学生也会抑制不住感情的奔涌，内心的狂跳；我必须成为命运的主人，勇敢地驾驶着生活的小舟，与风浪博击；由于"情境"使心与心碰撞迸发出火花，点燃了感情的导火线，便又掀起了思想波澜，创造思维异常活跃。这样写出来的作文能不动人、能没有质量吗？

用音乐渲染情境，并不局限于放现成的乐曲、歌曲，教师自己的演奏、清唱以及学生的表演唱、哼唱都是行之有效的方法。关键是选取的曲子与教材在基调、意境以及情境的发展要对应、协调。

5. 故事引发情境

学生愿意听故事，如果把知识融入故事中，有时再配上生动、新颖、色彩鲜明、感染力强的投影片，就更能激发学生学习兴趣。如《崇高的理想》一课，是关于理想问题的讨论，这对于学生可说是老生常谈了。课弄不好，学生不感兴趣，不爱听。怎样引导学生深入课文知识，让他们更深一层地认识树立崇高理想的重要？袁建康老师在上这一课时，便从情境入手，先给学生讲了"二措大谈志"的故事。这个故事中，两个秀才声称得志后，一个要"吃了睡，睡了吃"；一个要"吃了又吃，何暇睡矣"，他们的这种丑态，易于激起学生讨论问题的兴趣，而且与课文第一部分内容是隐线牵牵，相得益彰，这样导入课文易使学生入情入理。

6. 模拟体会情境

这是根据教学内容，模拟一种真实的情境，或把游戏引入课堂，让学生表演，扮演角色，让学生体验，以增加教学情趣。

下面是美国学生在学美国历史《独立战争》一章的一段课堂纪实。

一天上课，达塔宣布："由于教学经费紧张，本来是免费提供的课堂用纸，今后5分钱一张。现在，大家拿钱来领纸，准备小测验。"教室里一片喧哗，孩子们纷纷嚷嚷："这不公平，为什么事先不通知我们？""为什么要5分钱一张，商店里卖的不是这价钱啊？""我的钱买了纸不够午饭了，怎么办？""怎么别的老师不收我们的钱？"看着学生的各种表情和沮丧、吃惊、生气的情绪，老师一再说："对不起，可我不得不这样办。"

孩子们持续不安。老师坚持要收钱发纸测验。一些平时的乖孩子，无可奈何地拿出零用钱，取了纸。接着又有一些垂头丧气的孩子说："我会还钱。"也领了纸。领纸后，教师发了试题。学生们闷头作答，只见最后题写道："关于花钱买纸的事，不是真的，请你写出你当时的感受。"

原来这节课教师的设计意图是：让学生体会那种感受——当英国议会决定向殖民地强行征收"印花税"时人们的心情。由于这位教师设计了让学生体验促感悟的教法，因而取得了理想的教学效果。

7. 疑难诱发情境

教师在教学中精心设计有一定难度的问题，让学生在学习中面临困难，碰碰钉子，更能激起学生积极寻找解题方法的欲望。如学习长方形的面积后，教师请学生当"建筑师"来计算建筑面积：一个打谷场长是60米，宽是45米，原准备另建一个长15米、宽8米的打谷场。后来决定扩建，扩建后长增加15米，宽8米，打谷场的面积增加了多少米？看题后，一些同学很自然地就认为15×8就是增加面积，教师不急于表态，首先让学生说道理，然后再出示投影片：

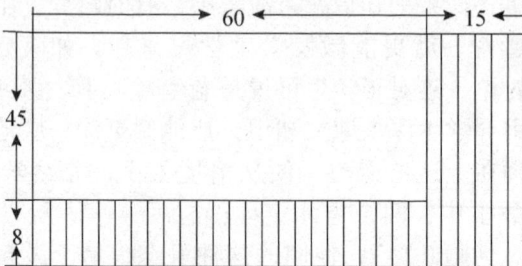

学生惊奇地发现，扩建后的打谷场并不是一个长 15 米、宽 8 米的长方形。教师引导学生将其另建一个打谷场，虽仅一字之差，面积却相差甚大。通过创设问题情境，起到投石激浪的作用。

8. 语言描述情境

情境教学十分讲究"直观手段与语言描绘结合"。在情境出现时，教师的语言描绘能对学生的认识活动起到一定的指向作用，提高了感知效果。学生因感官的兴奋，感知得到强化，从而激起情感，促进学生进入特定的情境之中。

如下面是特级教师于永正在教学《草》一课时的一段课堂纪实：

师：小朋友，回到家里，谁愿意把新学的《草》背给妈妈听？（生纷纷举手，师找到一生到前边）好，现在我当你的妈妈，你背给我听听好吗？想想到家该怎么说？

生：妈妈，我今天学了一首古诗，背给您听听好吗？（生背）

师：啊，我女儿真能，老师刚教完就会背了？（众笑）

师：谁愿意回家背给哥听听？（师指一学生到前面来）现在，我当你哥哥，你该怎么说？

生：哥哥，我背首古诗给你听听好吗？

师：哪一首？

生：《草》。

师：噢，这首诗我也学过。这是唐朝大诗人李白写的。

生：哥哥，你记错了！是白居易写的！

师：白居易？都有个"白"字，我搞错了，还是弟弟记性好。（众笑）

师：谁愿意背给奶奶听？（指一生到前面）现在我当你奶奶，你奶奶没文化，耳朵有点聋，请你注意。

生：奶奶！我背首古诗给您听听好吗？

师：好。背什么古诗？

生：《草》因为草有一种顽强的精神，野火把它的叶子烧死，可第二年又长出了新芽！（生背）

师："离离原上草"是什么意思，我怎么听不懂？

生：这句诗就是说，草原上的草长得很茂盛。

师：还有什么"一岁一窟窿"？

生：不是！是"一岁一枯荣"。枯就是干枯，荣就是茂盛。

师：你看俺孙女有多能耐！小小年龄就会背古诗！奶奶像你这么大的时候，哪有钱上学啊！（众皆忍俊不禁，满室粲然）

不是戏剧小品，酷似戏剧小品，这正是于老师用语言创设的一种教学情境。这也可以说是一幕充满童趣的轻喜剧。

第二节　课堂提问设计的智慧

有这样一个令人啼笑皆非的课堂提问：

一位地理教师在执教"地球"一课时向学生提出这样的问题："我们的脚下是什么呀？"学生回答说："地板！"（教师的本意是想让学生说地球）教师接着问："地板下面是什么呀？"学生说："楼下！"（学生仍然没有说地球）教师接着问："楼下是什么？"学生回答说："地球"——就这样三个回合，教师发现学生不能说出地球，无奈只好由自己说出来："我们的脚下不就是地球吗？"这样的课堂提问有什么意义呢？

什么是课堂提问？它是指教师在课堂教学中，根据教学内容、目的、要求设置问题进行教学的一种形式。提问是教师一种重要的课堂教学技能，它对于引发学生学习动机、激发思维、提示重点、获取教学反馈信息和培养学生的能力都有着重要的作用。但是只有那些设计科学合理、又很巧妙的提问，才能发挥以上作用。那些肤浅、平庸的提问，零打碎敲、互不联系的提问，单调、陈旧、八股式的提问，对教学不仅无益，而且有害。

目前低效、无效的课堂提问的主要表现是：

1. 大——不着边际，没有梯度

问题超出了学生的认知范围，没有一定的梯度，学生根本无法解决。大而空的问题往往不能贴近教学目标，学生的答案模棱两可，教师的评价也含含糊糊。这样的问题不但无效，而且会让学生养成囫囵吞枣的浮躁习气。缺乏思考价值的小问题起不到启迪思维的作用，反而会滋长学生不加思考、信口开河的坏习气。或启而不发，学生面面相觑，课堂冷场。

2. 浅——没有难度，没有挑战性

有的教师课堂提问简单，枯燥的一问一答，明知故问，看似热闹繁荣，其实浪费时间。教师提的问题学生只需要回答是与不是，没有难度，没有多少思维价值。提问成了一种装饰，白白浪费学生宝贵的课堂时间。

3. 滥——问题满天飞，随意性

课堂上问答声此起彼伏，表面上热热闹闹，实际上收效甚少。一项调查表明：目前，一般中小学教师平均每堂课的有效提问仅为56%。这就是说，教学中尚有近一半的提问是无效的。

4. 窄——面向少数人，先提问后叫人

学生参与面窄。有的教师干脆是先把学生叫起来再提出问题，造成的直接结果是：被提问的学生由于紧张，不知所措，难以很好地回答问题，而其他的学生却只能当看官——没有思维活动的参与。或问了一个，丢了一大片，顾此失彼，空耗时间。

教师应怎样设计课堂提问？

一、提问点的选择

所谓提问点，就是指讲授教材时，提出问题的切入点。

提出一个问题，往往比解决一个问题更重要。教师设计课堂提问，除了要遵循上述原则外，还要善于选择问点。根据优秀教师的教学经验，教师可在以下几个方面寻找问点。

（一）在重点处设问

打蛇打七寸，因为这是要害处。提问也要抓住要害。也就是说，设问要选在点子上，问在关键处。这"点子"就是课文的重点、知识点；这"关键"就是教学的目的目标。如《将相和》可抓住题目发问："将"是指谁？"相"是指谁？他们为什么闹不和？后来为什么和好？抓住了课文的这些重点，能产生牵一发而动全身的效果。

（二）在难点处设问

教材中的难点是学生掌握知识的障碍所在，抓住难点进行设问，能化难为易，点要害，通关隘，突破难点。如《在仙台》一课中有这样一句话："我到仙台也颇受了这样的优待，不但学校不收费，几个职员还为我的食宿操心。"其中"优待"到底是什么意思，是学生理解的难点，教者可围绕"优待"这样设问：课文从哪几个方面写"我"受到的优待，为什么又说学习生活艰苦？这是怎样的一种优待？以这些提问引导学生联系课文深入思考，从而懂得了"优待"的真正含义，这并不表示对中国人民的友爱，而只能说明这是物以稀为贵的优待。围绕文章的难点设问能突破难点，深刻理解课文的思想内容。

（三）在关键处设问

所谓关键处就是新旧知识的衔接处、转化处，以及容易产生矛盾或疑难的地方。如，有位教师讲授"分数的基本性质"：

课始首先提出 $\dfrac{3}{4} = \dfrac{6}{(\quad)}$，$\dfrac{1}{8} = \dfrac{6}{(\quad)}$，括号内填什么数，能使等号两边

的分数相等？学生根据已有知识不可能马上说出正确答案，于是急于想找到一种新的方法来解答这一新问题。这时教师及时转入正题：要解决这类问题，必须先学习新的知识，接着出示大小相同的三张长方形纸片，让学生回答阴影部分用分数各怎样表示？

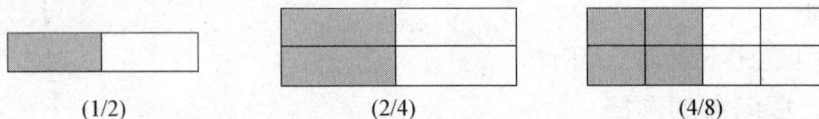

(1/2)	(2/4)	(4/8)

再问：三张纸片中阴影部分分别为1/2、2/4、4/8，这三个数之间有什么关系？（相等）怎样表示？（1/2＝2/4＝4/8）

三问：1/2与2/4分子与分母之间各是什么关系？（2是1的2倍，4是2的2倍）1/2与4/8呢？（4是1的4倍，8是2的4倍）如果把1/2的分子和分母都乘以8（扩大8倍），新分数8/16与原分数1/2还相等吗？（通过折叠第三张纸片证明相等）

四问：由此，你得出什么规律？（分数的分子和分母乘以相同的数，分数的大小不变）

由于几个问点都选在新旧知识的过渡处、转化处，所以通过儿个问题，教师很自然地导出分数的基本性质，学生学得轻松，收到良好的教学效果。

（四）在对比处设问

比较是理解和思维的基础。教师在设计提问时要注意选择教材中能够进行比较的内容。借助比较启迪思维，帮助学生深化认识，提高对知识理解能力。如有位教师在讲《将相和》一文第二部分时，引导学生在归纳段意的基础上拟出小标题："渑池斗争"、"渑池斗智"、"渑池之会"。然后让大家对三种意见进行比较讨论，最后得出一个大家都比较满意的结论来，这里讨论的成效就在于教师的问点抓住了比较。

（五）在不意处设问

所谓不意处就是教材中学生不在意、容易被忽略的地方，或意想不到、出乎意料之处。

二、提问的技巧

《学记》中说："善待问者如撞钟，叩之以小者则小鸣，叩之以大者则大鸣；待其从容，然后尽其声，不善答问者，仅以此。"要人"善待问"必先善提问。提问不仅要遵循原则，选好问点，还要设计好提问的方式、方法，掌握它的技巧。

根据课堂教学实际需要，教师可采取如下提问方式。

（一）直问

直问就是为了引起学生对问题的思考而进行的直截了当的提问。如就某一问题而做明确的发问："鞠躬尽瘁的意义是什么？""你认为这道题应该怎么解？"等等。总之，直问是开门见山，单刀直入。在课堂教学中直问很少单独使用，它往往和曲问等方法结合在一起使用。

（二）曲问

曲问是一种迂回问法，即所谓问在此，而意在彼。欲问 A，先从 B 开始。如钱梦龙讲解《愚公移山》中"年且九十"的"且"字，不直接问"且"字的意思是什么，而是问"老愚公多大了？"学生回答："快九十了。"钱老师又问："从哪里看出来的？"这样逐步绕到"且"字上，学生接受起来容易，记忆准确。

曲问运用得好，会有很强的激发作用，能培养学生的思维能力。孔子说："有鄙夫问于我，空空如此。我叩其两端而竭焉。"意思是说："有人向我问难时，我什么也不答。不作任何正面答复，只是尽量'叩其两端'，指出问题的正反面让发问者多动脑筋，多方思考，自己作出结论。"按孔子"叩其两端"的办法去做，可以使学生学会"从正反两面想问题"，所以会增强学生思维的广阔性和灵活性。

曲问是曲径通幽，发人深思，启迪学生思维效果明显，教师应尽可能地多采用这种方法。关键在于"曲"，迂回提问。而迂回提问就要注意"叩其两端"。而"两端"不能仅仅理解为正与反，也指纵与横、内与外、主与从、彼与此，还有顺与逆、明与暗等等，如此都需要教者在课堂上灵活运用。

曲问也可以用在纠正学生错误上。有时，学生答错了，教师不直接指出，而是故意再从反面提问，用归谬法使学生幡然醒悟。例如：当学生把"滥竽充数"写成"烂鱼充数"时，教师不直接指出写了错字，而是提问："这个成语是什么意思？从什么地方来的？"或者用错误解释造一个可笑的句子等等。这样问的结果，会使学生幡然醒悟，从而对正确的结论印象更深。

（三）追问

追问就是把所讲授的知识，分解为一个个问题，一环扣一环不断深入地发问。追问的特点是：问题较单纯，一般不具综合性，但它贯穿于整个教学过程，连贯起来，却便于掌握知识的整体。追问能使学生保持注意的稳定性，刺激其思维的积极性。

有位心理学家说："必须使提出的每一个问题都包含着矛盾，有了矛盾才有思维。"因此教师应在提出第一个问题学生回答后，马上顺着思路逐层深入地追问第二、第三个问题，采取"环环相扣、步步进逼"的方法，促使学生的认识一环扣一环、一步紧逼一步地随着提问趋向深化。例如，教《记金华的两个岩洞》一文，有位教师就是根据课文的逻辑层次设计提问，以引起学生积极思考，逐层深入下去的。第一个层次她提出"既然游览两个岩洞，为何要提朝真洞？又为何要交代不去朝真洞的原因？"第二个层次她提出"由金华城到双龙洞一路上你见到哪些景物？描绘这些景物时主要运用了什么写作手法？"第三个层次她提出"双龙洞的结构是怎么样的？你认为洞中最神奇之处是什么？文中着力描绘它的什么特点？怎样描绘？"第四个层次她提出"冰壶洞的瀑布最大的特点是什么？文中是从哪些角度描绘的？为什么从不同角度写？"正是由于这样的层层设计提问，步步进逼课文精蕴，再加上教师的趁机点拨、趁热加温、顺势下推，学生就在一环扣一环、环环往前牵的诱导下，学习的积极性不断得到调动，兴味盎然，注意力始终处于高涨的状态，情不自禁地发出"虽在纸上看，却似历其境"的赞叹！

追问常用在突出重点和解决难点上。特别有些难点，要分步骤才能解答清楚，这时追问由浅入深，逐步引导，在问和答的间隙为学生留下很多思考点，便于他们逐步地消化所学的内容。

在运用追问方法时，教师要注意环环相扣，要"扣"在教学目标和教材内容的内在逻辑上，"扣"在学生学习的思路上，步步紧逼，要"逼"在学生思维的琴弦上。只有这样，才能发挥它的应有作用。

（四）设问

教师的本意是由自己来说清某个问题，但为引起学生的注意，故意使用提问的形式，以唤醒学生的注意，而不是让学生回答。设问虽然是自问自答，但设问提出后，不要马上回答，而是留下一定的时间空歇，让学生思考。

设问不可使用过多，否则教师再提问题，学生就不注意动脑了。

（五）激问

这是为了鼓励学生积极思维而进行的激发性发问，如"××应用题，×××同学说了一种解法，谁还能再说出一种解法？"有时为了激"将"，也可用激问。如学生回答问题本来回答对了，教师却有意说："这样回答对吗？你们怎么看？还有别的答法吗？"这也是一种激问。当然在运用激问时要注意不要挫伤学生积极性，着眼于正面激发，不要搞成反面的刺激。

（六）互问

互问就是由学生提出问题，再由学生回答问题，是学生之间的互问互答。这是一种你来考考我、我来考考你的教学活动。它打破了传统的考与被考的关系，变配角为主角，因而能充分调动学生的学习积极性和主动性。在这种氛围里，同学们通过发表见解，辨别是非，既掌握了知识，又增进了友谊。互问可在局部也可在全班进行。要框定问题的范围，注意引导学生围绕教学重点去展开，切忌偏离教学内容讲题外话。出现"卡壳"时，教师要及时做好"穿针引线"的工作，使互问顺利进行下去。例如支玉恒老师在辅导学生课外阅读时，对《雄伟的虎跳峡》这篇文章，有一学生提出这样一个问题：

"为什么在介绍了虎跳峡的雄伟气势后，还要写它周围环境？"教师做了下面的互问引导。

师：这个问题我不解答，也不请同学们直接回答。谁能提出一个反问，让这位同学去思考，让他自己找出答案？

生：为什么写一件事总要写一些景色或者其他环境？

师：这个问题提得太直接了些。

生：为什么写花儿美，还要把绿叶描写一番？

师：这个问题提得好（转对原提问学生）。你通过这个问题，能想到你的那个问题怎样回答吗？

生：写绿叶是为了衬托红花，写雪山、冰川和松林，是为了衬托虎跳峡，使它显得更加雄伟壮丽。

学生这段互问所以能取得理想的效果，正是教师恰当引导的结果。

三、提问要抓住时机

研究表明，学生课堂回答问题可能有以下原因。

1. 没想好、时间不够；

2. 没听明白题意；

3. 问题难度大，已有知识与答案之间相距悬殊；

4. 刚想出一点，很不完整，或确认不了正确与否；

5. 一贯不爱发言。

从上面这些原因可以看出，教师提问时机抓得是否得当，对学生回答问题的效果是有直接影响的。

所谓时机就是在时间上有利的条件和机会。工人打铁要看"火候"，教师课堂上提问也要注意时机。孔子说："不愤不启，不悱不发。"可见，只有当学生具备了"愤悱"状态，即到了"心求通而未得"、"口欲言而未能"之时，才是对学生进行"开其意"和"达其辞"的最佳"提问火候"。

提问中释疑的火候也要恰当。一般地说，教师不要急于把结论告诉学生，要让学生充分地思考、解答、讨论，甚至争论，学生的思维能力是在这个实践中提高的。没有经验的教师往往沉不住气，急于去交"谜底"，致使提问的效果有所减弱。当然，释疑也不能拖得太久，那样会使学生神经疲劳，甚至兴趣索然。所以，这个火候也要掌握得恰当。

四、提问要面向全体

教师提问一定要面向全体学生，能使全体学生准确清楚地领会问题，要注意组织大家仔细倾听回答，引导学生参与。千万不要先叫起一名学生，然后再公布问题。因为那样做既宣布了问题与大家无关，又使被叫学生措手不及，无暇思考。

有的教师提问，喜欢叫学习成绩好的学生，因为那样对答如流，省时省心。有的教师则喜欢专叫"差生"，哪壶不开提哪壶。甚至有的教师用提问来"寒碜""差生"。这不仅会伤害学生，还会造成课堂节奏松散，影响教学效果。

在课堂提问的对象上，正确的做法是：一般情况下，先叫中等水平的学生，同时提醒全班学生（包括差生）注意听：中等生答个八九不离十，或答出个五六成，再请好学生补充。有的老师把好学生留待提问"卡壳"时解除"危机"再用，偶尔也叫"差生"来试试。这种方法提问的面广人多，对各类学生都有益，不失为一种好方法。

第三节　课堂练习设计的智慧

课要讲得"精"，又要练得"巧"，这就是重视练习的设计。"拳不离手，曲不离口"，"书读百遍，其义自见"，训练是一个人掌握知识、形成技能，由懂到熟，由熟到巧的必由之路。没有训练就没有过程，没有训练就没有能力，没有训练就没有积累。训练设计应该在备课中完成，而不是课堂上顺手拈来。

一、练习设计误区

1. 重"讲"轻"练"

教师对练的意识还是不够，没有对训练的重要性引起足够的重视。教师讲得过多会使学生失去很多动口、动手、动脑的练习机会。

2. 重"点"轻"面"

在一节《简单分数的加减法》的研讨课上，学生通过在一张长方形纸上画格子理解了同分母分数的加减法。在接下来的5题练习中，老师都使用了同样的练习方法，出示题目——点名回答。一部分学生一直都没有举过手，而发言的总是那几个孩子。这样的练习形式应该是低效的，只有几个优生在表现自己，没有给中等生和差生思考的时间和空间，这样差生也就不用动脑，听别人的就是，甚至他们根本就不去思考，觉得反正没他们的事。

3. 重"量"轻"质"

盲目训练，学生生厌。教师工作是备课打题单，上课甩题单，讲解对答案，怪不得学生说"不是灌就是串，要不就是满堂练"。有些教师迷信练，熟能生巧的确不错，但练得过了头，熟也能生厌，熟还能生笨。

4. 重"旧"轻"新"

有的教师想提高成绩，却不能发挥自身主观能动性——精心设计题型，而是把已做过的作业再次布置，有的作业已反复做了几遍，对这种繁重的、机械的无效劳动，学生厌烦，家长反感。

二、练习设计技巧

（一）练习设计分类有层次

所谓分类有层次，就是要把练习题设计成不同难度和不同类型的题，而且有一定的层次性。通常有以下三种类型。

1. 基本题

这种题是重复模仿型的，它和原例题的难易程度、形式相当。如语文课本中和外语课中的阅读、复述、抄写、背诵；数理课中的简单习题；美术课中的临摹；音乐课中的视唱等等。

这种作业是学生学习的基本功，对巩固知识、形成技能技巧是有效的；对掌握知识系统，养成持之以恒、耐心细致的习惯，也不可缺少。但要注意防止学生思维模式化，趋于呆板，妨碍其创造思维的发展。

2. 综合型题

它是联系前面学过的知识，把旧知识和新知识结合起来，形式有些变化、有些拐弯，主要是了解孩子解题思维的灵活性，这是考察孩子的综合应用能力。

3. 开放型题

这是结合本节课的知识点，设计1~2道富有挑战性的题目，如答案不唯一、隐藏条件等，让中高水平的孩子跳一跳，看能不能摘到果子。这种题也叫拓展型或应用型。

（二）练习设计要多形式

以往的练习设计之所以投入大，而收效相对小一些，这与教师存在以下的练习思想和方法上存在误区有一定关系。

（1）重数量，轻质量——坚信熟能生巧。其盲目滥用练习也会使学生生笨、生厌。

（2）重书面，轻口头和操作——学生过多机械抄写不仅使动口、动手能力得不到锻炼，也会造成学生单调练习。

（3）重参考书习题，轻课后习题——过分迷信外来参考书。

（4）重难题、怪题，轻基本题——错误认为只要难题、深题会了，浅题、基础性题就会了。

（5）重课外作业，轻课内作业——加重学生负担。

（6）重随意布置，轻课前设计——乱点鸳鸯谱，盲目性大。

简单、机械的重复抄写是课外作业设计的大忌，而喜新、求趣是学生做作业的心理特点。这就要求教师作业设计形式多样，具有趣味性。

1. 多形式

"教师设计练习要防止单一化和简单重复，要从教学内容出发和根据训练目标设计多形式的练习题。如，就数学而言，一般来说，属于概念、法则等基础知识，大多设计布置一些填空、选择、判断、改错等类型题；属于试题计算方面的一般设计比较、变换试题数字、判断、改错、填空、说理、探索等类型题；属于应用题方面的则设计多解、多变、补充条件或问题、自编、比较等类型题；属于几何初步认识方面的还可设计一些动手操作实验题等。

2. 变方式

教师可以变换方式，将死板的作业方式变成生动活泼的学习活动。如有位教师在学生学习《少年闰土》一文以后，他没有布置抄课文、写生字的作业，而要求学生学习鲁迅先生抓住特点写闰土外貌的办法，回家观察一位长辈，抓住特点写出他的外貌。并且还规定，第二天晨读时把自己写的读给大家听听，看谁写得最好。同学们听后饶有兴趣，跃跃欲试。这样的作业，学生即使没抄书抄字，但是学习了课文的写作办法，训练了思维。再如改病句可以通过设立"文章医院"的办法请学生当"大夫"、"护士"、"药剂师"来"诊治"病句。这就把单一死板的作业变成了生动活泼的游戏活动。

3. 多感官

简单地抄写和背诵作业既乏味，又容易使学生疲劳。如果把单调的刺激变成多种感官活动，让学生动脑、动手、动口，既能诱发学生的学习兴趣，又能提高学习效率。如数学把口算、笔算和珠算结合，口答、作图和解趣题相结合，讨论、操作和实地实习相结合。

4. 求效益

学生的课外作业，有时抄写是必不可少的。抄写也会使学生获得一定的学习效益，但抄写过多，就变成了机械重复，压抑了学生的求知欲，使之产生厌烦心理，这就会降低学习效益。为了克服这种弊端，这里以语文为例，可以这样设计抄写作业。

（1）变统一抄写为分类抄写

教一组词语或一篇课文，应根据学生及词类的具体情况，确定抄写遍数。

①根据学生智能情况不强求一律抄写遍数，而由学生自定，认为自己掌握了的就少抄几遍；反之，就要求多抄几遍。这样做使学生感到是学习的主人，抄写态度格外认真，抄写效果也好。同时教师要注意调节、引导、督促。

②常用少抄，不常用的多抄。如"开门、关门、出入、来去"，学生一旦掌握就不易遗忘。相反，有些词如"绕、盆、灌"因为不常用，学生容易忘记，就要多抄几遍。

③易读易记的少抄，难读难记的多抄。有些词语虽然不常用，但好读易记，如"干净、马路、洒水"这样的词语抄写就应少几遍。

（2）变被动抄写为自觉抄写

抄写遍数虽多，但效果不好，其原因是学生抄写作业处于一种被动状态，没有变成一种自学要求。如何改变这种状态呢？

①要有抄写的具体要求。每抄一遍都有一遍的具体要求。第一遍记住音、形、义；第二遍记住笔画、笔顺；第三遍记住间架、组成；第四遍想一想用在何处合适，并争取默写出来。学生按要求抄写作业，逐渐养成自觉抄写的良好习惯。

②采用多种形式，激发学生抄写作业的兴趣，利用游戏有目的地让学生口说些词，然后再抄写，开展"看谁写得多"、"看谁说得多"的竞赛活动等。

5. 不留惩罚性作业

有的教师发现学生犯错误了，就罚写作业，有的教师发现学生没完成作业又加码，有的教师发现学生字写错误了，就罚写一篇、一本，这是最不可取的做法。

（三）练习设计要尊重差异

学生的学习基础和认识能力，以及学生个性是客观存在的作业要求，"一刀切"、"齐步走"必然会给不同学生的作业带来困难和问题，而新课程关注学生的个体差异，所以学生作业设计应从实际出发，区别对待，尊重学生的个性。

如西湖中学的"弹性作业"就很有特色。以前作业是教师统一布置，作业的多少、难度、完成时间全班一致。优生吃不饱，兴趣渐渐丧失；后进生完不成，成为学生的精神负担，老师催、家长逼、同学冷眼相对，没有办法只好抄别人的来搪塞。这非但不能提高成绩，反而导致学生心理扭曲。

"弹性作业"变老师强制式为学生自主选择式，作业设置多样化，在题量和难度上学生可以自主选择。学有余力的学生可以不做那些一看就会的题，而选择难度较大的题。学习困难的学生也可以避开那些啃不动的难题，而选择基础的和经过努力可以完成的题。在作业完成时间上也允许有弹性，有的学生可以在教师辅导以后再完成作业。

（四）作业批改有窍门

针对传统批改作业方法的弊端，邱老师提出了以下"四个当堂"。

（1）当堂完成作业。教师做到精讲，留出充裕时间让学生在课堂上多练习，使学生尽可能在当堂完成作业。

（2）教师巡回辅导，当堂批改。在巡回中，教师看到学生做对的题目，随手用红笔批改。一般能在课堂上批改好三分之一左右的作业，这既减轻了教师课后批改的负担，又加强了对学生的练习指导。

（3）当堂校对。由教师或学生报出得数，让学生各自校对（或互相校对）。学生在错题前，用铅笔打上"×"号，教师随即检查练习效果，统计全对人数，及时反馈信息，鼓励有进步的学生。

（4）当堂订正。教师根据当堂校对后反馈的信息，对普遍性的错误，可以及时进行必要的补充讲解，要求学生在当堂订正。订正时，有时重点题不要把错题擦掉，另外在后边重做一遍。由于高年级教学内容多，题目也比较复杂，有时当堂订正有困难，也允许在课后订正，订正后把练习本交给老师。

邱老师提出的"四个当堂"不仅容易操作而且有显著的效果。

三、两个作文本

特级教师张富在中学语文教学法研究上造诣很深，形成了自己独特的风格，被称之为"张富教学法"。而他在作业研究上，只让学生准备两个作文本的做法又很有科学性、艺术性。

通常语文老师总是要求学生同时准备 2 个作文本、2 个作业本，外加小字本、测验本，这种本那种本，准备这样多的本子，也许是为了可以及时处理作业。所以，办公桌上才会有挖不完的"三座大山"或"六座大山"。这么多的本子，带了这本忘了那本，学生也往往容易乱套。每本只写几页就不写了，作业分散在许多本子上头，既浪费纸张，又看不到成果，非常可惜。

张老师只要求学生准备两本作文本，课内课外作业和作文全在上头，一本在学生手里，一本在老师手里，一上一下，作业处理十分及时，不存在积压或乱套的危险。做完一本再换新的，也不至于浪费纸张。一个学期下来，人人都做得满满实实的好多本可供检查展览，学习成果十分显著。

张老师组织课内自改互检作业也很有特色。学生做作业规定用钢笔，自改规定用圆珠笔，互查规定用铅笔，老师复改评分用红笔。这一招很科学，它不但调动学生自己发现差错改正差错的积极性，培养了自我完善的学习品质和一丝不苟的治学精神，而且培养了互相了解、互相关心、互相帮助的集体主义精神，在自改互查的基础上，老师的复改非常容易，只要评个分就行。善于发现并改正差错的学生照样能得高分。

第四节　课堂板书设计的智慧

为了方便旅游者观光，旅游服务部门总要在风景区设计一个导游图。在导游图的指示下，观光者既能观赏到整个风景区的内容，又能节省时间。板书就像旅游图一样，能为学习导游。学生学习一课书就好似走进一个陌生的地方观光旅游，面对纵横交错的大路小路，看着让人眼花缭乱的风景，不知该走哪条路，不知道怎么观光最科学。如果这时老师设计一个板书，为其导游，指点迷津，学生能尽快地掌握知识脉络和重点，也有助于引领学生去思维。

一、什么是板书

所谓板书即教师借用言简意赅的字词，以及线段、图形，对一课内容进行归纳概括和高度浓缩，从而突出教学内容的中心，理清教学的思路，以方便于学生的感知和理解。

初中一年级语文教科书《皇帝的新装》洋洋三千余言一课文，可是经宁鸿彬老师这一板书处理，既生动直观，又浓缩了课文内容，从而达到了以简驭繁和画龙点睛的作用。这就实现了教学内容的优化。（见图示）

好的板书是教师将教材归纳提炼成"微型教

```
              官员
               助
皇帝 受 —— 骗 —— 传 百姓
          ╱      ╲
         行      揭
       骗子    小孩
```

案"，它可为学生学习"导游"，它可开启学生的智慧，它可增强学生的记忆，它可给学生以艺术享受。

当前板书设计有以下几个误区。

1. 多而杂

板书缺少提炼，随心所欲，一写就是一大黑板，密密麻麻一大片，杂乱无章，学生看起来很吃力。

2. 少而空

板书过于简略和空洞，一大块黑板只写几个字，没头没脑，让学生搞不清楚怎么一回事。

3. 呆而死

板书没有教师的创新，简单地把书上的标题搬上黑板，这样板书呆板，唤不起学生兴趣，流于形式，甚至成为累赘。

另外，有的老师图省事、怕动脑，不去自己设计板书，而是照搬参考书上的板书设计。这种不理解设计意图、生吞活剥的做法，也不会带来好的课堂效果。

二、板书设计的一般方法

美学家莱夫·贝尔曾提出："有意味的形式就是一切视觉的艺术的共同性质。"不同线条及其组合，各有不同的审美特性。教师要利用这些审美特性来进行板书设计。板书设计在构图美方面可以运用各种几何图形造型，常用的有以下几种方法。

（一）直线："——"

直线表示力量、生气和刚强，直线与直线的直接连接，给人的"力度"较强。而直线间通过曲线作为中介的连接，则可以"软化"直线的力度感。直线在板书中用得最多。如下面《可爱的草塘》就是运用直线设计的板书。

不知草塘——不爱草塘——（远离实际）

初知草塘——赞美草塘——（目睹耳闻）

深知草塘——珍爱草塘——（亲身感觉）

（二）平行线："＝＝"

平行线由于线条"平衡"，在造型上给人以"对称"的美感。如下面《草船借箭》一课的板书就是运用"＝＝"设计的。

周瑜	妒忌	造十万支	十天	不能开玩笑	不给材料	看他怎么办		来搬十万支	长叹
诸葛亮	才干	照办	三天	愿立军令状	不用材料	谢曹丞相箭		共十万支	神机

（三）折线："〰"

折线表示跌宕起伏、一波三折的复杂变化。如《田寡妇看瓜》的板书设计，就是利用折线造型，采用多折式。

不再去看瓜　　　　　　　　无心再看瓜

要去看瓜　　　仍然去看瓜　　　还得去看瓜

（四）三角形："△"

三角形犹如泰山，坚实稳定，它在板书造型中给人以安定感。如《诺言》一课的板书就是利用"△"造型，把人物间的双向联系都勾勒出来了。

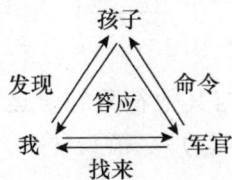

孩子

发现　　答应　　命令

我　　找来　　军官

（五）方形：正方形"□"，长方形"▭"

以方形进行板书造型给人以庄重、规范之感。如《述语》（六年制语文第二册）一课就可用长方形进行板书设计。

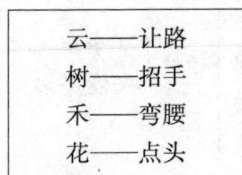

```
云——让路
树——招手
禾——弯腰
花——点头
```

（六）圆形：" ○ "

圆形从美学上讲，是表现"事物的重复或相似出现"。它使人感到节奏美。在板书造型中给人以柔和优美之感。如小学语文课讲"战斗、战役、战争"三个词语的意义及关系时可以圆形结构做如下板书设计。

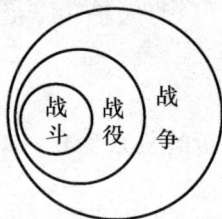

（七）箭头号："→"表示方向

在板书造型中能给人"流动"之美。在板书设计时，此符号通常与其他符号综合起来使用。如下面是"除法的初步认识"的板书设计。

除法的初步认识：

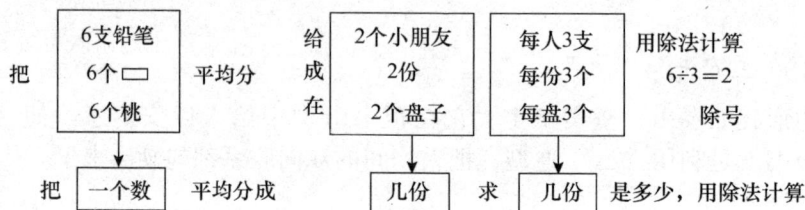

（八）括号："（ ）"、" { } "

括号的使用通常也是同时与其他符号综合运用的。如《梦游天姥吟留别》的板书设计就是把括号（ { }、（ ））、箭头（→）、直线（—）几种符号综合在一起使用。

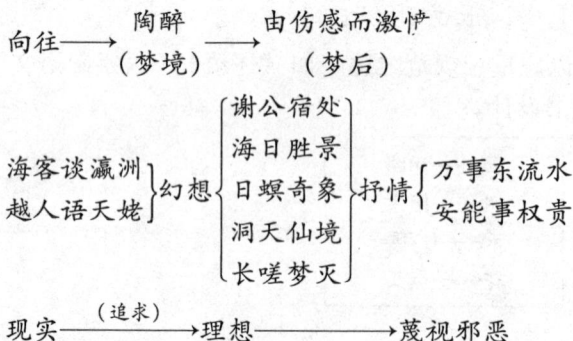

（九）虚线："……"

虚线表示似断非断，藕断丝连，在板书中起着连接、产生联想的作用。如小学自然第四册《人的消化》（过程）一课利用"……"可做如下板书设计：

口腔……→胃……→小肠……→大肠……→肛门

（十）图形

图形生动形象直观，能唤起学生的学习兴趣和联想。所以教师在设计板书时应注意引用图形。如《记金华的双龙洞》就可作如下板书。

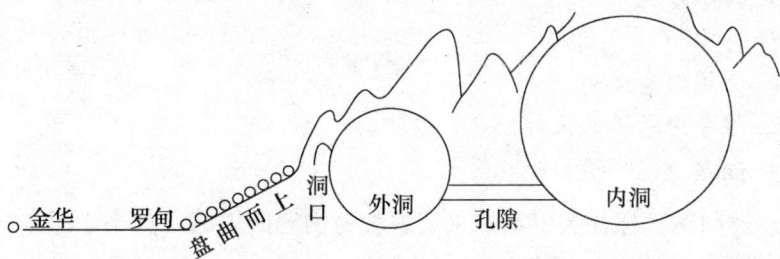

再如《桂林山水》，为了使学生认识桂林的山"像老人，像巨象，像骆驼"，教师可以画以下几幅简笔画，让学生对桂林山水之奇有深刻印象。

板书设计使用的符号不仅限于上面几种，也不仅限于上面几种方法。

但是无论哪一种类型的板书设计，哪一位老师来设计板书，加强创意，应尽可能地避免用单一化的符号和单一的方法来设计板书。要借助于各种几何图形造型和运用几种方法来设计板书，就会设计出千姿百态、新颖优美、科学性和艺术性强的板书来。

三、板书设计的多种形式

板书设计的形式是多种多样的，它可根据不同学科、不同教学内容和教师个人特点、教学风格灵活安排。下面介绍几种板书设计形式，供新教师们学习参考。

（一）提纲式

这是一种用列提纲的形式，将学习内容的要点表现出来的方法。其特点是使知识内容简洁清晰，它比较适用于政治、语文、物理、自然、史地等学科。下面是物理"理想气体的压强"一课的板书。

理想气体的压强

一、压强的实质：$P = dl/ (dA、dt)$

二、压强公式的推导：

　　1. 推导思路

　　2. 假设条件

　　3. 推导步骤

三、讨论：

　　1. 公式的意义

　　2. 推导中所用的统计概念、方法。

（二）词语式

这是通过归纳，抓住关键词语来反映教材内容的思路。如小学课本《我是什么》一课的板书设计。

为了吸引学生注意力，写词语时教师也可变化字体。如魏书生谈了如下体会：

讲议论文我喜欢用仿宋体或黑体字美术字写课题；讲说明文明则喜欢用楷书或魏碑体写课题；讲记叙文用行书；文言文则大多用隶书写课题。我写得认真仔细，学生便也极认真地看，有的还边看边模仿，同学们感觉汉字千变万化、奥妙无穷，激发了听课兴趣，也激发了学生的练书法的爱好。

$$（我）水 \rightarrow 汽 \rightarrow 云 \begin{cases} 雨（落下） \\ 電子（打下） \\ 雪（飘） \end{cases} \quad 平时在 \begin{cases} 池水里 \quad 睡觉 \\ 小溪里 \quad 散步 \\ 江河里 \quad 奔跑 \\ 海洋里 \quad 跳舞唱歌 \end{cases}$$

（三）图表式

这是把教学内容通过概括归纳和归类，用图表的形式表现出来。这种方法有助于学生把握教材要点、层次，理清教材思路，也便于理解和记忆。

如小学历史《四大发明》一课，教师可根据课文层次做如下图表式板书，边讲边填写，既节约时间，又可提高教学效果。

我国的四大发明	名　称	朝　代
	造纸术	西　汉
	印刷术	隋　唐
	指南针	战　国
	火　药	唐　朝

　　特级教师魏书生说：如讲《第比利斯地下印刷所》、《人民英雄纪念碑》、《宏伟的人民大会堂》等文章时，我尽可能用画图表的方式，激发同学们的学习爱好，对文章理解得更透彻，也有的文章、诗词，为了使学生明白，我随手画一幅简笔画。讲古代以山之阳、水之阴为南，山之阴、水之阳为北时，学生不好理解，我便随手画一座高山，山下有一条大河，山河的南面画一轮红日。学生一看，马上理解了，能见到阳光的是山的南面和水的北岸坡，所以山南水北为阳，反之亦然，学生觉得很有趣。

　　（四）强度表现式

　　这种方法是借用文字或符号的逐次加大来揭示文章中的主要思想。如《渔夫和金鱼的故事》一文的板书，就抓住了"老太婆的贪得无厌"这个文章表达中心，借"贪"字字形的加大，形象地表现出老太婆贪心越来越重，最后又一无所获。

贪——→贪——→贪——→贪——→贪——→？
要　　　要　　　要　　　要　　　要　　　一
木——→木——→当——→当——→当——→无
盆　　　房　　　贵　　　女　　　霸　　　所
　　　　子　　　妇　　　皇　　　王　　　获
　　　　　　　　人

　　（五）对比式

　　这是以反映教材中两种事物或两种情况之间对比关系为主的板书。《寓言二则》中的《亡羊补牢》就可以设计对比式板书，反映该寓言寓意。

丢羊 { 不修羊圈——→又丢一只 } 亡羊补牢
　　 { 修好羊圈——→再没丢过 } 还不算晚

　　（六）框架式

　　这是指整个板书由词语短句加上直线或曲线相互联结构成的。其由线段联结起来的框架结构非常明显，能突出地、也能更加准确地表明这些词或短句所传达的信息之间的逻辑关系。

如《将相和》一课，主要叙述了廉颇与蔺相如之间矛盾产生与和解的故事，设计如下框架式板书，能把内容较好地展示出来。

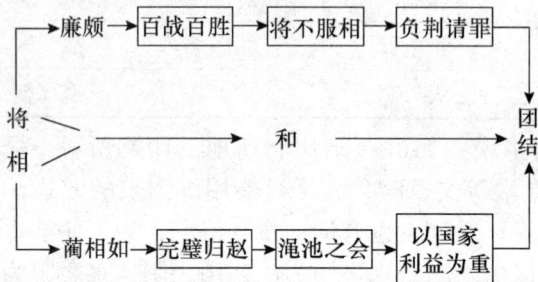

（七）填空式

这是在指导学生自学时，把课文中的重点内容设计成填空式进行板书，以帮助学生自学，起到练习、巩固的作用。如小学数学：［还原问题］。

一位营业员说："把我的钱加上 13 元后乘以几，再减去 18 元后除以几，恰好是 100 元。"这位营业员有多少钱？

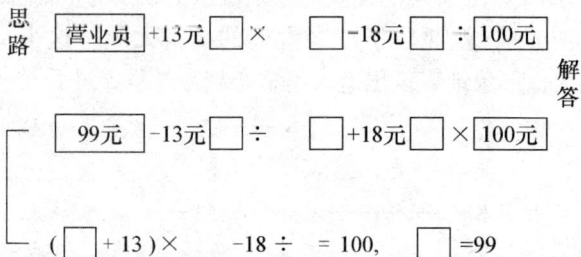

（八）简笔画式

在教学中，对于一些较为抽象的，学生不易理解的，而教师又难以用语言表述清楚的事物，运用简笔画这种直观形象的辅助教学手段比较简捷。如《长城》一课，为了让学生了解长城的结构，认识垛口、瞭望口、射口等概念，杨少军老师画了一幅简笔画，配以文字说明，学生一看就懂了。

[思考题]

1. 什么是教学情境？以往教学情境有哪些误区？你在创设教学情境方面有哪些经验和体会？

2. 当前课堂提问存在哪些问题？提问有哪些类型？你在提问方面有哪些好的做法？

3. 谈谈你对课堂练习设计有什么做法和体会。

第十二章　怎样精心运用教学策略

——课堂教学策略的筹划技能

◆问题

东方不亮西方亮。当教师运用一种教学方法却难以奏效时，是否想过改变一下思考思路，换一种教学方式，条条大路通罗马。一种新的教学策略也许会让你的教学活动走出"山穷水尽疑无路"而迎来"柳暗花明又一村"。

那么，什么是教学策略？当前有哪些行之有效的教学策略可以借鉴？教师又该怎样去精心筹划和拓展自己的教学策略呢？

课堂教学是一种创造，也是一种智慧，军事家指挥战斗要讲战略战术，课堂教学教师也要讲究技巧，教师只有苦其心智，经常在教学策略上用心打造，才能把课上活，常教常新。

什么是教学策略？"策略"一词最初指大规模军事行动的战略战术，后泛指为达到某种目的而使用的手段和方法。通俗地讲，教学策略就是教师在教学过程中为实现预定的教学目标而采取的一系列教学活动，是为实现预定的教学目的而采取的最佳方案技巧。教学策略是方法之方法。本章介绍几种教学策略设计方法，以供老师学习参考。

第一节　教学细节策略设计

什么是教学细节策略？先看一个案例。特级教师窦桂梅在执教《圆明园》一课时对火烧圆明园有这样一段课堂纪实：

师：有感受吗？（学生纷纷点头）那好，再把感受融入课文朗读这句话。

师："……实在运不走的就任意破毁掉。"（提示学生朗读时注意"破坏"和"毁掉"的语气，表现了一种无奈、气愤、痛心等。）

生：还没完，敌人为了销毁罪证，放火烧了圆明园，大火烧了三天三夜，圆明园只剩一片灰烬！

师：一天多少小时？（学生答24小时）

师：三天三夜多少小时？（学生答72小时）

师：一小时多少分钟？（学生答60分钟）

师：三天三夜多少分钟？（学生答4320分钟，有的学生动笔计算）

师：4320分钟是多少个半分钟？（学生回答8640个半分钟）那么会烧掉些什么？

师：烧掉一幅历史名画只要几秒钟，烧掉一个建筑，比如"平湖秋月"只需几分钟。（放无声录像，是大火焚烧圆明园的镜头）"火烧"半分钟，想象会烧掉什么？（全体静场，出示画面，烈火熊熊、浓烟滚滚的半分钟）

师：这半分钟，感觉长吗？（学生感觉长）

生：会烧掉许多华丽的建筑物，画家、书法家的作品。

生：会烧掉许多华丽的丝绸和衣服。

生：会烧掉唐、宋、明、清历代的奇珍异宝。

师：把这8640个半分钟加起来，想象一下，而且在10000多个教室这么大的面积同时燃烧8640个半分钟啊。

生：圆明园本来就是在北京的西北郊，可大火笼罩了整个北京城！所以，可以想象圆明园这个不可估量的文化价值是怎样化为灰烬的。

师：那就把感受送到课文中再读！

师：至此，圆明园所拥有的一切，现在都"没有了——（把黑板上的连接记号前再加"没了"、"也没有了"。一边添加一边让学生跟读。比如，圆明园中，"没有了"金碧辉煌的殿堂，"也没有了"玲珑剔透的亭台楼阁……；没有了……也没有了……，没有了……还没有了……）

事实胜于雄辩。窦桂梅老师正是利用细节，通过让学生计算的方法把教学重点内容做大了，做深了，把教学环节做活了。因而把学生的学习兴趣激发出来了。从这里也是可以看到教学细节的独特魅力。

海尔集团董事长张瑞敏有句经典名言："细节决定成败。"有一定的道理。什么是细节？教学细节是外显的教学行为，是最小单位。从字面上理解："细"者小也；"节"者，单位或要点也。细节是重要的，有细节才有情节，有细节才能深刻。

教学细节可从两个角度来理解。一是广义上的。教学细节是在一定的教学情境之中形成的，是构成教学活动的单位，是教学行为的具体分解。如教师的语言、动作、指令、学生的发言、课堂表现、情绪变化等。二是狭义上的。并不是所有的教学行为都值得作为教学细节来研究，只有处于教学关节点、连接点上的教学行为，才具有连接、延续、推动、激活教学过程的功能，才值得作为教学细节来研究。

课堂教学运用细节策略，即老师把握住教材中或教法中那些重点或关节点的问题，将其做细、做大、做强，从而来扩大、提高教育教学效果。

怎样去设计教学细节呢？特级教师刘仁增认为："精彩的教学细节来自四方面。一是来自对文本的研究。教师要做文本的'知音'，把握文本的'文化细节'，涵泳'文心'，把握'文脉'，捕捉'文眼'，艺术地进行文本的二度开发和智慧生成。二是来自对课堂的精心设计。匠心独运的教学设计是催生精彩、创造精明的'前奏'。三是来自对目标的慧心把握。教学目标清晰，才能正确处理教学细节，避免教学陷于枝节而不能自拔。四是来自对学生的用心倾听。如果教师课上一直惦记的是这个环节的时间把握或是教案的下一句串联词，没有把注意力放在倾听和观察学生上，就可能与精彩'擦肩而过'。"综上可见，细节的设计缘于对教材、对学生和对环境的深刻理解与把握，缘于对各种教学资源的有效组合与利用。

教学细节的筹划设计的要求如下。

一、抓住重点、难点、关键点

要做细节必须花费时间和精力，因此教学设计中须抓住教学中的重点、难点和关键点，使这种教材处理或教法设计都值得。例如前面提到的窦桂梅老师执教的《圆明园》一课，为什么老师要在火烧《圆明园》三天三夜上浓彩重笔，强化细节，因为这是本课的重点和关键点之处，把这要害问题处理好了，能牵一发而动全身。

二、把内容或环节做细放大

摄影、摄像技术告诉我们，为了突出重点，为了突出重要人物，为了展示某些细节总要用特写的手法；小说创作，为了把人物刻化生动总要用细节描写。医学上为了帮助对细菌的研究，要借助显微镜观察，把细菌放大几百倍、几千倍，乃至几万倍。同样道理，教学中对于一些重难点教学内容，只有做大细化，展现其过程，才能有助于学生对知识的理解和感悟。

三、注重学习过程的完整性

细节可以理解为细小、精细。但是，我们绝对不能忽视教学细节的过程性和完整性。即使怎样细小的教学环节也必须是一个完整的学习过程，在这个细节中，折射出学生对知识的理解由不懂到懂，对技巧的掌握由不会到会，由不熟练到熟练，对事物的认识由不全面到全面这一发展过程，这样的细节才是富有实际的细节。著名特级教师斯霞老师在执教一年级小学生理解"祖国"一词时设计了这样一个精练的教学细节：

　　师：同学们，能告诉老师什么是祖国吗？

　　生：祖国就是家乡。

　　师：那么，我们的杭州市、长沙市就是我们的祖国了？

　　生：老师，我知道了，祖国就是国家。

　　师：美国、英国都是国家，我们能说美国、英国是我们的祖国吗？

　　生：老师，祖国就是我们自己的国家。

　　师：孩子们，你们说对了，祖国是我们自己的国家，是我们祖祖辈辈生长的地方。

　　"祖国"一词，如果用语言解释，很抽象，学生不易理解，对于一年级孩子来说，难度更大。斯霞老师这一细节设计，用三次对话把祖国的"家乡"——升华到"国家"——再引领到"自己的国家"这一正确含义。虽然师生只有三次简短的对话交流，却完成了对"祖国"一词正确而深刻的理解。这个细节就是一个完整的学习过程，既体现了学习的过程性，又体现了学习的完整性。

第二节　欲擒故纵策略设计

　　欲擒故纵是《三十六计》中的第十四计，其意思是：欲擒抑之，必先张之；欲擒之，必先纵之，以退为进，欲抑先与。这个计谋用在课堂教学中，就是以先错后正，正误鉴别，以错纠错的策略和方法。

　　北京市第二实验小学特级教师华应龙在教学"计算器"一课为了提醒学生使用中容易出错时就采取了"欲擒故纵"教学策略，取得了较好的教学效果。下面是他的一段说课。

　　借助计算器可以让我们发现一些数和运算的美妙。我对一些传统的题材做了教学加工。不只是一种展示和欣赏，而更多的是一种激发和挑战。

　　我们熟知的：

　　$12345679 \times 2 \times 9 = 222222222$

　　$12345679 \times 3 \times 9 = 333333333$

　　$12345679 \times 4 \times 9 = 444444444$

　　……

　　我把它加工成了妙趣横生的"猜数字游戏"，吸引了孩子的眼球。由乘变除，更加巧妙地彰显了计算器的优势。

　　在这节课上，我正视并接纳学生学习过程中出现的差错。课中创设的"猜数字游戏"，由于数位多，确实需要用计算器。但正由于数位多，学生可能会把9个"5"输成了8个或10个"5"，"12345679"也可能输成"123456789"。"计算器算的也会错?"分析错因的过程就是学习使用计算器的过程。

　　课前，我用计算器尝试了学生可能出错的各种类型，以便自己心中有数，但在执教过程中，又不是直接指出学生错在何处，因为那样就剥夺了学生自己"反省"的机会。想到郑板桥"难得糊涂"的名言，课上的我装糊涂。学生提出"2700000022"时，我愣住了，好像被难住了，过了一会才说："你算错了。"给学生印象是老师思考后做出的判断，应好好"反省"。板桥先生说"由聪明而糊涂难上加难"，看来也不一定，只要把学生放在主体的位置上，做老师的就好"糊涂"了……

　　看来，错误是一种重要的课程资源，欲擒故纵的巧妙利用取得了预想不到的教学效果。但是我们教师上课就怕出错，既怕自己出错更怕学生出错。他们追求课堂上"滴水不漏"、"天衣无缝"。其实从辩证的角度看，有时错误也是一种好事，错误是一种资源，错误是一种教学机遇。

　　另外，我们知道，由于受知识、认识能力等因素的制约，学生在学习活动中，遇到这样那样的困难和障碍，进而产生一些"错误"甚至"荒谬"的信息，这很正常。如果教师能及时捕捉这些"错误"，利用这些"错误"，来调整课堂策略，反而会大大提高课堂教学效果，推动课堂教学的动态生成。因为错误可以激发学生的心理矛盾和问题意识，更好地促进学生的认知和发展。特级教师于永正有一句话："我喜欢发言错的学生。"他认为："这些学生至少动脑了，至少敢说了，况且失败是成功之母，一个人说错了，其他同学就更积极思考，正确答案往往很快就出来了，从这一点看，说错的同学还有大功呢!"

　　总之，欲擒故纵，因势利导，确是教师一种高超的教学艺术。那么教师怎样运用欲擒故纵的策略呢?

一、内容选择要合适

　　我们知道，对于大部分教学内容还是要以正确、准确的讲解为本。而欲擒故纵也好，错误的教学资源利用也好，只是用在那些容易被学生忽略、学生容易产生错误，或者为了突出教学重点的少数知识学习时，所以教师在运用这种策略时要选准内容，要有针对性。

　　例如：小学数学特级教师吴正宪抓住那些容易被学生忽略的问题，借用美丽的陷阱引导学生经常出错，而后正误鉴别以错纠错，从而去学习知识，发现规律，认识真理。这里不妨列举几例：

△请学生用平方分米的计量单位（纸片）去测量大舞台。（学生在测量中感觉方法笨拙，从而发现新问题、新知识、新方法）

△学习平均数时出题：一条河平均水深110厘米，小刚身高135厘米，问小刚在河中游泳会有危险吗？（因为小刚的身高高于水深，表面看没危险。学生容易忽略110厘米是平均水深。不平均可能有超出小刚身高135厘米的地方）

△学习分数，在学生对分数有了初步认识以后，提出这样一个问题："把一个圆分成两份，每份一定是这个圆的二分之一，对吗？"（因把"平均"关键词语隐藏起来学生自然会走进陷阱）

二、形式选择要恰当

要防止学生出错，提醒学生被忽略，先要让他们出错，先让他们忽略，而后再去鉴别正误，以错纠错。那么教师就要在预设学生出错上下一定工夫。

恰当引导学生出错需要智慧，而不是随意的。一是内容设计应切中要害，真正达到"引错——鉴错——纠错"的目的。而不是分散学生的注意力，或造成思维上的混乱，反浪费了学生的学习时间。二是活动形式应有趣味性，学生积极参与，思维价值高。三是教师既能放得出去，又能收得回来。例如上面介绍的华老师和吴老师的数学题型设计都体现了上面三种精神。

三、引导学生发现

欲擒故纵的计谋可由教师来设计，但活动的主体应是学生。因此在整个策略实施过程中教师退在后面，做一个引导者、组织者，让学生参与和体验。

例：吴正宪老师在教学"平均数"的数学题时给学生设计了这样一道题。

你知道1号歌手的实际得分是多少吗？

同学们经过计算得出：

$(93+98+95+83+92+96+94) \div 7 = 93$（分）

此时电脑屏幕上出现1号歌手的实际得分是94分。

"咦？这是怎么回事？"吴老师煞有介事地说："为什么小朋友算出1号歌手的实得平均分是93分，而评委给出的答案却是94分呢？是我们错了，还是评委错了？"

教室里一片寂静。

突然，一个小朋友大声说："是我们错了！我们看歌手比赛的时候，还要去掉一个最高分和一个最低分呢？"

"噢！想起来了，是这样的。"

孩子们用自己的生活经验找到了症结所在。同学们马上自觉地又伏案计算，去掉一个最高分98分，去掉一个最低分83分。（93＋95＋92＋96＋94）÷5＝94（分），正确答案是94分。吴老师善于利用孩子们已有的生活经验解决问题。

一个生活实例的巧妙运用，使孩子们深深地体会到，在生活中不应死套公式，知识的运用要结合具体情况具体分析。那一段时间的沉默，留给孩子们的是一片思考的空间。学生经历了"出错——找错——知错——改错"这样一个思维过程。在吴老师的课堂上，她总是这样善于等待，善于把空间留给孩子，把自由留给孩子。等待是一种尊重，等待也是一种艺术，吴老师正是恰到好处地运用了这一艺术。

四、不怕学生出错

前不久，笔者在中国教育网上看到一位中国父亲与在日本上小学的儿子间的一段耐人寻味的对话。爸爸说："你日语不好，上课发言那么积极，就不怕出错？"儿子说："不怕！老师说出错误是孩子的权利！教室是出错的地方。如果人人都怕出错，不敢说出自己的想法，正确的答案从哪里来呢？"父子之间的简短对话，折射出日本的先进教育理念。反观当前我国的教育现状，我们有多少教师还缺少这种"雅量"？

孩子们在求知的过程中，属于不成熟的个体，因此，他们在学习的过程出现错误是允许的。从发展的角度讲，这是孩子们的特有的"权利"。

面对这样的现实，教师要善待学习中出现错误的学习，如果处理不当，就会挫伤他们学习的积极性和自信心。有经验的教师都懂得保护孩子的自尊心和自信心。培养孩子的自信，教师要花很大力气，而挫伤他们的自信心，只有瞬间。学生出错误后是最容易丢失自信心的时候，老师一定要给予关注，并且给学生改正错误的机会。

五、保证学生科学认识世界

无论是教师引导学生"出错"，还是利用学生认识能力所限出错，无论是不怕学生出错，还是善待学生出错，最终的错误必须得纠正。欲擒故纵，错误资料的利用只是一种手段，学生学会、学对才是根本目的，最终学生对知识的学习，对科学的认识，必须是准确的。

第三节　角色体验策略设计

"角色"是由戏剧引申来的一种社会学名词。它是一个人的地位作用和社会形象的总称，与"身份"近义。如学生、教师、作家、医生、科学家等，一个名称就是一种身份，也就是一种角色。

在社会中，一个人同时承担多种角色。如一个教师，当站在讲台上时他是教师的角色，外出坐车就是乘客的角色，在电影院观看电影，他就是观众的角色。角色的魅力在于一个社会成员进入角色，对自身充当的社会角色悉心体察，能提高其行为的社会效能。而教师让学生用角色体验的方法去学习课文，不仅能增强学生的责任感和兴趣，更主要的是能更好地使学生体察理解教学内容。

角色体察策略在各种教学中可广泛应用，如语文的分角色朗读；数学课上成立教学研究小组，学生以数学家的角色来研究数学；政治课上可模拟法庭，学生以法官的角色来学习。

角色体验策略的设计可以是真实的角色体验和模拟的角色体验。

一、真情实感的角色体验

真情实感的角色体验即是创设学生积极参与的角色体验的情景或游戏，让学生在角色体验中受到潜移默化的教育。

如当前有些德育工作和思想品德、政治课只重形式不讲实效，逼着学生说假话、大话、空话。如有些主题班会如演戏一样，学生演讲的内容，都是按老师事先设计好的。还有一些学雷锋活动，做完好事就要求人家写表扬信。

真实就是力量，那么怎样提高思想品德课、政治课的实效性呢？《帮帮残疾人》是《品德与生活》二年级下册第二单元《献出我们的爱》中的第三个活动主题。这样的课就可以设计一些真情实感的角色体验活动。

（1）课前，组织孩子开展社会调查活动，获得初步体验。调查问题为：身边有哪些残疾人？他们是怎样生活的？人们怎样对待他们的？准备一个优秀残疾人的故事。

（2）课中欣赏一些特殊教育学校学生生活情况的真实录像片或图片，看完后，还可以让孩子说说身边的残疾人。

（3）课中实践体验活动。可把学生分成"单手穿衣""盲人走路""聋哑人交谈"三组，然后让学生去模仿，体验残疾人生活的艰难。最后让学生结合课前调查、刚才看的、做的进行交流、讨论，汇报自己的感受。

下面是美国的学生在美国历史《独立战争》一章的一段课堂纪实。

一天上课，达塔宣布："由于教学经费紧张，本来是免费提供的课堂用纸，今后5分钱一张。现在，大家拿钱来领纸，准备小测验。"教室里一片喧哗，孩子纷纷嚷嚷："这不公平，为什么事先不通知我们？""为什么要5分钱一张，商店里卖的不是这价钱啊？""我的钱买了纸不够午饭了，怎么办？""怎么别的老师不收我们的钱?"看看学生的各种表情和沮丧、吃惊、生气的情绪,老师一再说:"对不起,可我不得不这样办。"

孩子们持续不安,老师坚持要收钱发纸测验。一些平时的乖孩子,无可奈何地拿出零用钱,取了纸。接着又有一些垂头丧气的孩子说:"我会还钱。"也领了纸。领纸后,教师发了试题,学生们闷头作答,只见最后一题写道:"关于花钱买纸的事,不是真的,请你写出你当时的感受。"

原来这节课教师的设计意图是:让学生体会那种感受——当英国议会决定向殖民地强行征收"印花税"时人们的心情。由于这位教师设计了让学生体验促感悟的教法,因而取得了思想的教学效果。

显然这种角色体验完全是在学生不知情的情况下进行的。

二、模拟角色体验

这是教师通过扮演模拟某种角色的一种体验。

例如特级教师窦桂梅老师在教学《黄河象》时就让学生扮演了三种角色。下面是纪实片断。

师:你们的想象和推想,正是科学家看到黄河象的化石时所产生的想象和推想。你们也想象出这样一段情景,真有想象力!假如把你们刚才的推理反过来说,其实就是大象掉河里的情景。现在咱们做一个角色的转换,你可不是开平市长师附小五(2)班的同学了,你现在就是科学家,这篇黄河象化石的资料,就是你想象和推想出来的。我现在要问你了,你是谁?

生:我是科学家。

师:(握手)周科学家你好!

师:(转向另一位学生)你姓——

生:我姓吴。

师(握手)现在正缺女科学家,吴科学家你好!

生:(齐)科学家!

师:那好,快!把你桌子上的"科学家"的小卡片,写上你的名字,戴在胸前。

(生写名字,把小牌戴在身上)

师:你看,带上这小牌儿,多么精神,眼睛里透着智慧。

师:要是科学家的话,我们一会儿要进行想象,进行推想,想象它失足落水的那一瞬间的情景,要推想出它死后在那里就没有被移动过。你说,你应该注意些什么?你应该有怎样的科学态度?

生：要特别认真。

师：（握手）好，就应该有这种科学精神。你呢？

生：我会做到细心。

师：（握手）好，你要做到细心，研究的关键要注意细节，不细心可不行啊！你呢？

生：仔细观察。

师：仔细观察，要有一双智慧的善于发现的眼睛，你这个科学家也了不起！

生：还要有坚强的毅力，遇着难题决不退缩。

师：对，决不退缩，决不放弃！

……

紧接第二步窦老师又让学生当"小作家"。

到了第三步，窦老师又让学生当"小小旅游家"。

窦老师通过三种角色转换，让学生充当"小科学家、小作家、小旅游家"，学生由一个"旁观者"——看看科学家是怎样的"想象"、"推想"的，转换为一个"当事者"——我是科学家、作家、旅游家，我亲自来做一番"想象"、"写作"、"演说"……这样，便促使学生的一切学习行为进入了"自主——合作——探究"的全新境界。学生在积极主动的"探究"中理解课文内容，学习科学知识。让他们设身处地地思科学家、作家、旅游家所思，想科学家、作家、旅游家所想，真正体会一下科学家的"想象"和"推想"。这样，他们对课文的理解便十分深入了。

运用角色体验策略应注意这样几个问题。

1. 目的明确有必要性

运用角色体验策略的目的是，通过换位思考，增强体验，激发学生的学习兴趣。教师要从教学内容实际出发，看是否有必要，要有选择性、有针对性，不可多用。

2. 真情实感有情境性

角色设计应巧妙，形式新颖活泼，真实性、情境性强，学生有积极的参与感。

3. 形式为内容服务有实效性

寓教于嬉，寓庄于谐，生活化让课堂教学戏剧化，目的是调动学生课堂学习的主动性和积极性，增强教学效果。但角色不意味着只是追求表面形式的花拳绣腿，更不能哗众取宠。

所以形式必须为内容服务。

第四节　学生竞赛策略设计

优秀教师课堂最常见的另一个科学策略就是开展学习竞赛。

竞赛活动能激励人的斗志，能克服人的惰性心理。特别是人的大脑这部机器处于竞赛状态时要比无竞赛时的效率高得多。即使是毫无直接兴趣的智力活动，因为希望竞赛取胜产生间接兴趣也会使人兴致勃勃地投入到竞赛中去，少年儿童逞强好胜、喜欢竞争，如果在教学中运用竞赛，引入竞赛机制，这将会大大提高他们的学习兴趣。河北衡水中学有一个口头禅："眼睛一睁，开始竞赛。"

从上可以看出，课堂上适当安排学生的学习竞赛活动是激发和调动学生积极性和主动性的有效方法。那么教师在备课的教学设计中应该怎样设计学生的学习竞赛活动呢？

因学科、年级不同，又因为每个教师的教学个性不同，其方式也不同，这应根据具体情况来定。开展竞赛形式有多种多样的。从竞赛的内容来看，可以是计算、朗读、背诵、动手操作做实验等。从竞赛的对手来看，可以是个人竞赛、团体竞赛等。从竞赛的方法看，对于较难的题可采取小组"接力赛"、"累计团体赛"；对难度大的题则采取"夺红旗赛"等。

为了开拓教师的思路，下面介绍两个开展学生竞赛的案例。

例一　给学生"阳光"，他们就会"灿烂"

河北唐山　宋海军

在学生充分感知课文后，我说："《试》是一篇微型小说，情节生动，通俗易懂。这节课我们就以'阅读爬山'比赛的方式来学习……"学生们一听，便立刻来了精神，你一言，我一语，个个跃跃欲试。接着，我出示了比赛的规则：第一，男女同学各为一个代表队，进行"阅读爬山"比赛，看哪个队爬得高、爬得快。第二，各代表队轮流向对方提出问题，若对方答对，对方登山旗帜上升一级。若对方不能答对，则提出问题一方旗帜上升一级。第三，提问题一方对所提的问题要自备答案，答题一方若认为本组同学答得不完整可及时给予补充。"好！10分钟准备。"话音刚落，学生们便立即按课前自愿结好的4个小组讨论起来，他们有的问、有的答、有的辩、有的写，那学习的劲头别提多足了。

热烈的讨论之后，比赛开始了，我鼓励道："究竟是男生棒，还是女生强？让我们拭目以待。"刚说完，一名男生就站起来，向女生提出了问题："'狼狈'一词在文中是什么意思？"思考片刻后，一女生站起来回答："'狼狈'就是在众人面前难堪。"说完又有一个女生起来："我给孟颖同学补充，'狼狈'就是非常落魄的样子。"有意思的是，我发现学习不太好的梁越正在翻她那本大词典，然后很有信心地回答："'狼狈'形容困苦或受窘的样子。"女生登山旗帜上升一级。

轮到女生提问了："女主人是个什么样的人？你是从哪看出来的？"

男生毫不示弱，马上站起来回答："女主人将楼梯上的10元钱偷偷地藏在自己兜里，这件事说明女主人是贪财的人。"

"女主人是个自私的人，她企图用金钱测试小保姆却从来不顾及小保姆的感受。"

"女主人是个不尊重普通劳动者的人，她认为小保姆是个乡下人，没什么地位，就怀疑小保姆，用金钱测试小保姆，企图让小保姆上钩，太小看人了！"

学生精力集中，情绪高涨，提出一个又一个问题："什么是'钓金龟'游戏？""女主人为什么三次把钱放在房门口，而且越来越多？""小保姆是什么样的人？""这篇课文的写作特点是什么？"……你一言，我一语，课堂气氛异常活跃。真没想到，学生竟能合作得这样默契，竟然提出了这么多有价值的问题，我打心眼里为他们高兴！这也不禁让我反思："为什么以前的课没能取得这样的效果呢？"看来，我得好好想一想了。

例二　竞赛的时间与内容安排

辽宁盘锦　魏书生

课堂上适当组织竞赛也是激发学生爱好的有效方法，竞赛可以定时间而不定任务，也可定任务而不定时间。

如讲《岳阳楼记》我们搞竞赛看谁默写得快，就限定1分钟时间，从第二段开始默写，看谁写得多，我刚说完"开始"，大家就全身心投入竞赛之中，比赛结果，除3名同学外，大部分人1分钟都写了40多字，还有15名同学超过了50字。

讲《面人郎》，有的段落，大家感觉很好，尽管教材没要求背诵，但同学们愿意背一背，那好，就来个1分钟背诵比赛，能背多少算多少，结果1分钟时间，同学们都背了60字以上，最快的同学背下来120多字的一段话。

也有时候，竞赛定量不定时，本篇课文4个解词，看谁背得最快，45秒钟时，第一位同学举手表示背完了，90秒钟最后一位同学也会背了。

即使在盛夏高温的日子里，并且正值疲惫的下午3点钟上课，一听说开展学习竞赛，学生们的精神也为之一振，忘记了炎热，忘记了疲惫，全心身地投入竞赛之中。

一节课有一两次乃至三四次短时间竞赛，使课堂波澜起伏，使学生的思维有张有弛，激发了学生上课的爱好，提高了学习效率，还提高了学生的竞赛意识。

第五节　教学策略设计思路的拓展

教学策略是一种创意、一种技巧、一种智慧，那么怎样来策划教学策略呢？"科学是在不断改变思维角度的探索中前进的。"

通常教师教学策略的构思策划借助以下创新技巧，能很好地帮助自己开拓设计思路。

一、发散法

所谓发散法就是教师在进行策略设计时，不恪守一种思路，不独遵一种方法，不追求唯一答案，而是从四面八方开拓思路，最后选出最佳方案。其实世界上的任何问题都有几种、几十种、几百种，甚至上千种解法。大连十六中学特级教师董大方老师的课堂教学设计总是有创新发散的特点，在她的初中数学课堂学习方式上，学生有看、有读、有说、有议、有问、有评、有猜、有想，还有量、有画、有拼、有做、有练、有编等，教学效果是特别优异的。

二、改变法

改变法在教育工作中的运用，就是对原有教育教学中的效率低下的方法和措施进行改变，用新的方法和措施取而代之。如改变一下教材的处理法或呈现方式，改变一下板书设计方法，改变一下课堂组织形式等。

三、添加法

添加法的创造目标都放在扩大、增加的焦点上。就是对一种东西以添加、附加、重叠、扩充的方式加以改制，从而使原目标产生了新的变化和新的效果。如讲授《故乡》一文，在初读课文前，宁鸿彬老师给学生布置了如下任务：读课文之后请学生在课文原标题"故"字之前加上一个或几个修饰性的或限制性的词语，把这篇课文的标题变成"……的故乡"。

读课文之后，学生站起来相继发言，给课文拟出一个又一个新标题，并且结合课文做了简要说明，学生添加的标题主要有：远去的故乡，悲凉的故乡，不值得留恋的故乡，萧条、衰败、日趋破产的故乡，气闷的故乡。通过学生所拟的标题不难看出，教师的这个教学设计，已经把学生的思维引向了广阔的领域。

四、缩减法

缩减法就是把复杂的问题变简单，大的问题变小。考虑一下教材的概念、定义、原理、叙述过程是否科学、简洁，把它浓缩变小、弄短、省略行吗？复杂推论能简化吗？抽象的理论能通俗化吗？如让学生做标点符号的练习，宁鸿彬只选了让学生填标点。"他都会什么"——学生填问号。"他什么都会"——填句号。"什么？他都会！"——学生填问号叹号两种标点符号。这种精练效果能不好吗？

五、逆向法

你想过吗？愚公移山的精神固然可嘉，可是为什么愚公非要坚持移山呢？从效益的角度讲，与其子子孙孙不停地搬山，倒不如把家搬走，建在交通方便的地方，这样不是更省力更容易一些吗？这种颠倒过来想问题的方法就是逆向思维，也称逆向法。就是把一种方法、一种观点、一个东西、一个事物正反、上下、左右、前后、里外……颠倒一下，从相反的角度思考，看会有什么结果。

六、替代法

编一个顺口溜，画一张草图，列一张表格，打一个比喻，以此来代替你的教学意图。有位小学语文老师在上《冀中地道战》一课时，对于课文中的地道的构造没有去讲，而是让学生在读的基础上用画图的方式表现出来。这极大地激起了学生的学习兴趣，也提高了学生理解课文的能力。用学生画地道的构造图来代替教师讲地道的构造。

七、移植法

移植法是将某一地方、某一领导所用的原理、技术、元件、功能等移植到另一个地方、领域，从而导致创新的技法。通常一种道理、一种技术、一种方法在这个地方适用，也许在另一个地方也适用，可能效果更好。

[思考题]

1. 什么是细节教学策略？在应用中应遵循些什么？
2. 什么是欲擒故纵策略？应用中应注意什么？
3. 谈谈你在运用学生学习竞赛法时的一些做法和体会。
4. 拓展教学的策略设计思路都有哪些好的方法？

第十三章 怎样编写既实用又有个性的教案

——教案创编方法与技能

◆问题

军队打仗要制定战斗方案，工人盖楼要绘制图纸，科学家搞研究要制定实验计划。同理，教师上课也应有个教学计划，这就是教案。教学是一种创造性劳动。一份优秀教案是设计者教育思想、智慧、动机、经验、个性和教学艺术性的综合体现，是教师的一种创作活动。

那么，新课程下，教师怎样才能创编出既方便实用又有个性的教案呢？

当老师就要备课；要备课就要写教案。几年，十几年，几十年，每日写教案，其中甘苦教师自知。摒弃浮华，讲究实用，新课程下教师应该怎样去创编教案呢？

第一节 怎样看教案的创编

什么是教案？教案也称课时计划，它是教师经过备课，以课时为单位设计的具体教学方案。这里用了"教案创作"这个概念，没有用"教案编写"这个概念，目的在于突出教师的独创性，因为每一位教师的教案写作就如同作家创作一样，这是一种创造性的劳动过程，这里凝结着教师全部教育理念、知识、经验、智慧。

一、教案创作仍然是重要的

由于老师们对传统教案创作的费时低效感到厌恶，而新课程强调课堂教学的生成，现在人们有意无意地淡化了教案创作。那么，今天我们到底应该怎样看教案写作这件事呢？

新课程强调课上的生成，但并不意味着轻视和淡化教师课前的预设。没有备课时的全面考虑与周密设计，哪有课堂上的有效引导与动态生成？没有上课前的胸有成竹，哪有课堂上的游刃有余？今天我们不是要淡化、取消教案创作，而是如何改进和简化教案创作，使它能更好地为教师的教学工作服务。

二、以往教案编写的误区

（一）八股格式

多少年来，各级领导和教研部门（尤其教师所在学校领导）对教师编写教案要求过细过死，如对教案编写的格式、数量、外观等的要求，导致教师在制度的约束下，陷入"教案八股"编写之中。片面追求环节的完备、数量的厚实、书写的工整，也致使教师将本应用于钻研教材、了解学生的有限时间和精力浪费在无谓的形式主义的教案书写之中。教学研究人员对345名教师备课情况调查的结果表明，在整个备课过程中，教师只有20%的精力用于钻研教材、了解学生、分析学情，80%的精力用于书写教案。这岂不是本末倒置？

《基础教育课程改革纲要（试行）解读》中指出："目前对教案的管理有一种倾向，那就是走向过于烦琐的所谓规范化、标准化，对所有的教师采用同样的模式进行统一管理，而且管理的要求过于具体、过于详尽、过于死板，这可能是教学管理的大忌。"我们知道，教案的规范化管理对新教师和欠胜任教师来说是必要的，但对合格教师尤其是优秀教师而言，过于规范可能是弊大于利。教案可以是物化的书面计划，有时也可以是头脑里的思路。何必要求那样死板呢？教案就如同压在教师头上的一座山。有人对全校教师进行问卷调查，老师们花了很多时间撰写的教案，有76%的老师只是"部分使用"，5%的教师甚至很少使用。

（二）内容僵化

由于编写教案要求形式规范、内容详尽、字迹工整，这就导致教师为达到领导满意的目的编写教案，而完全没有自己的创造力。详尽意味着教学过程的各个细节编写周密，工整意味着编写不能改动，甚至有的学校编制好了很细的教案格式，让教师去逐项填写。许多学校领导检查教师教案要求一课一个详案。

（三）千人一面

教学本来是一个极富个性的事，备课应是老师个性智能的结晶。教案编写不应该是千人一面、千篇一律。但是，由于受统一规范要求的影响，加之有些教师又缺少教学的创见性，因此千人一面、千篇一律的教案并不鲜见，有些教案甚至几乎和参考书或其他教师的教案一模一样。

没有个性的教案，怎能引出有个性的教学？没有创造性的教学又怎能培养出有创造性的学生？所以编写没有个性特点的教案不仅劳民伤财，而且害了教师、害了学生。

（四）抄袭照搬

有些教师的教案基本上就是从参考书或备课手册上抄下来的，平淡无奇、不鲜活，又不符合当地情况，尤其不能体现新课程理念。所以抄写这样的教案纯属做无用功，劳民伤财。应该将老师从应付检查的"抄写式备课"中解救出来，使他们能将有限的时间、资源与生命用到创造性的工作中来。

第二节　教案创编的原则

怎样才能编写好教案？或者说，什么样的教案才算是一个好教案？因为学科不同，年级不同，教师不同，评价教案的标准也有所不同，不可能有固定的模式。但是，无论是哪个学科，无论是哪个年级，无论哪个老师去施教，教学过程总要反映它共同的规律。所以教案既有它千差万别的一面，又有共性的一面，编写教案的原则就体现在它们的共性上，这也是编写教案的原则。

一、符合科学性

所谓符合科学性，是指教师要认真贯彻课程标准精神，按教材内在规律，结合学生实际来确定教学目标、重点、难点，设计教学过程。那种远离课程标准，脱离教材系统性、随心所欲另搞一套的编写教案的做法是不合适的，也不会取得好的教学效果。清代画家郑板桥谈到自己绘画时有这样一段体会："汇馆清秋，晨起看竹，烟光日影露气，皆浮动于疏枝密叶之间。胸中勃勃，遂有互意。其实胸中之竹，并不是眼中之竹也，因而磨墨展纸，落笔倏作变相，手中之竹又不是胸中之竹也。总之，意在先者，定则也，趣在法外者，化机也。独画云乎哉！"

原来郑板桥画的竹子，虽然来自自然界中的竹子，但不同于自然之竹，而是在深入观察的基础上，进行艺术加工，即经过了眼中之竹——胸中之竹——手中之竹的创作过程。所以画出的竹才比自然界中的竹子更完美，更富有情趣，并富有个性，从而成为独具一格的艺术珍品。

教师备课也应该经历一个相似的过程。从课本内容变成胸中方案，再落到纸上，形成书面教案，继而到课堂实际讲授，关键在于教师要能"学百家，树一宗"。在自己钻研教材的基础上，广泛地涉猎多种教学参考资料，向有经验的老师请教。这就是郑板桥的"看竹"阶段。而在学习了别人经验以后，不是"照搬"、"照抄"，而是对别人的经验来一番思考——消化、吸收，独立思考，然后结合个人教学体会，巧妙构思，精心安排，从而写出属于自己的教案。这就是郑板桥的对"眼中之竹"进行艺术加工的过程。教师编写教案只有经历这样一个再创作的过程才能写出水平和个性。

二、注意差异性

由于每位教师的知识、经验、特长、个性是千差万别的，而教学工作又是一项创造性的工作，因此创作教案也不可能有千人一面的固定模式。为了发挥每一个老师的聪明才智和创造力，学校领导和教育行政部门的领导不应过分强调教师的教案要整齐划一，在保证教案的基本常规内容不漏项外，具体的写法不宜多干预。一个好教案，无论是简还是繁，都应立足于实际教学需要，适用于学生，适合于老师自身操作。教案写得再好，上课不能用，也不是好教案。

三、讲究艺术性

所谓教案的艺术性就是构思巧妙，能让学生在课堂上不仅学到知识，而且得到艺术的欣赏和快乐的体验。教案设计不应是千篇一律的流水账，要巧妙构思，使其成为一篇独具特色的"课堂教学散文"，或者是一幕幕短剧。所以，自始至终要设计好开头、结尾，首尾呼应。要层层递进，扣人心弦，达到立体教学效果。教师的说、谈、问、讲等课堂语言要字斟句酌，该说的一个字不少说，不该说的一个字不多说，该什么时机说、练，用什么语调，都要作恰当的安排。

四、强调操作性

教案是教师上课的一种方案，是"施工"图纸，它贵在使用，能操作。有的老师写的教案烦琐，讲课时还得不时地看教案，连基本观点都阐述不清楚，更谈不上旁征博引、开发学生智能了。课堂上解决不了问题，课后只得加班加点"剩饭重热"了，从而加重了师生负担。

有位校长谈了这样一件事：近日在一所名校听课。在听课的过程中，我发现该校教师用的教本显得特别厚、特别旧。在办公室，我随手翻开一位老师的教本，发现教本上用各种颜色的笔写得密密麻麻，还贴着一些小纸条。仔细一看，这些小纸条原来是剪下来的与教学相关的一些资料。交流时，该校校长的一番话让我们茅塞顿开："在实际教学中，工整地书写详细的教案，要浪费教师很多宝贵的时间，不如让教师把这些时间用在对教材、对学生的深度分析、思考和研究上。本着实用至上的原则，我们鼓励教师把课备在书上……"

如何备课，如何评价备课，一直是老生常谈的问题。这所学校"实用至上"的备课做法给我们的启示是非常深刻的。

有一位老师在《第一场雪》的教案中写到"雪中"一段如何施教时，只有下列几行字。

1. 思路

大 { 小的——大片——纷纷扬扬（形态变化：小一大，疏一密）

地一会就白了　　　　　　（色彩变化：黑一白）

寂静——簌簌——咯吱　　　（声音变化：小一大）

整整下了一夜　　　　　　（时间推移：黄昏一早晨）

2. 层次

（1）这段是围绕哪个词写的？

（2）哪些词语说明雪大？

（3）请概括一下，这些词语是从哪几方面写雪大的？

从上面这位老师的教案设计看，虽然文字很简练，但从中却能看出教师理解教材、开掘教材有相当的深度，教学思想十分清晰，能力训练层次分明，文字简明扼要，有提示性。它是贴近教学切实有用的。

五、考虑生成性

因为教为学服务，因为教师教学面对的是一个个活生生的有思维能力的学生，又因为学生的思维能力不同，对问题的理解程度不同，常常会提出不同的问题和看法，教师又不可能事先都估计到，也就是说，教学设计是可预设的，有些又是不可预设性的，多数情况是有序的，但有时又是无序的。在这种情况下，教学进程常常有可能离开教案所预想的情况，因此教师不能死抠教案把学生思维的积极性压下去，要根据实际改变原来的教学计划，随机相应调整教学内容和方法。

这样教师在备课时应充分估计学生的疑点：学生可能在什么地方出现问题，大都会出现什么问题，怎样引导，设计几种教学方案。

第三节　教案创编的技术

（一）教案创作的项目

教案的创作虽然因教师、学生、教学内容的不同应有差异性，不能强求一律，但有几项基本要求，无论是新老教师，亦或是哪一个学科，都必须有所体现，这也就是教师教案创作的基本内容。

这些内容包括以下十大项：

1. 课题（说明本课名称）。

2. 课型（说明新授课练习或复习课）。

3. 教材分析（教材地位、思路和特点）。

4. 教学目标（体现三维、具体、准确、弹性）。

5. 教学重点难点（要解决的关键要害和可能产生的困难或障碍）。

6. 教学程序（或称教学过程，说明教学的步骤以及活动内容和方法）。

7. 作业处理（说明如何布置处理书面或口头作业）。

8. 板书设计（准备写在黑板上的内容）。

9. 教具学具（说明辅助教学手段使用的工具）。

10. 教学后记（对教学有价值的内容做记载和反思）。

在教案编写中，教学过程的设计是重点部分，也是比较复杂的工作。因为教学任务的完成主要靠教学过程来实现，它要求教师根据既定的教学目的，结合学生实际，恰当地选择教学方法、遵循教学原则，设计出具体的教学活动"施工"计划。它既是老师教学的基本思路和框架，又是老师课堂上的操作方案。

（二）教案创作的详与略

1. 教案创作要详略得当

对教案的详与略要正确理解。详案也不是事无巨细，越详越好，大段地叙述文字，照抄教科书上的内容，致使一节课的教案长达十几页，这不仅耗时费力，应用性也不强。当然，简案也不是越简越好，并不是除了罗列几个标题以外，教学过程的导入、练习、板书、提问什么设计也没有。

通常，教案应简明扼要，不应写得过详，一个有丰富教学经验的教案是简短而实在的。

例如有位中学教师在备《林黛玉进贾府》一课时，此文是9000个字，但他的教案仅写了400来字。一是理清文中人物间的关系；二是找出对比描写王熙凤、林黛玉、贾宝玉等人形象的文字，分析其异同；三是以《西江月》词为全文之纲，分析作者的写作意图。根据上述三条，安排教学环节，三分之二的时间给学生用，目的明确，学生有事可做，课堂秩序井然。一、二两条学生处理，教师巡回答疑，第三条教师重点讲解，点明作者为"封建王朝"唱挽歌的哀惋。

如果按常规从时代背景、作者简介、正音解词、课文分段、中心思想、写作技巧入手，写上3000字的教案也不一定能说清楚。拿这种教案上课，虽然教师心中有"数"，但学生心中却没有数。教师滔滔讲来，听起来自然有"味"，但这样能给学生多少东西？所以教案字不在于多，有用则灵。

2. 先写详案，后写简案

根据一些老师的经验，先写详案，再写简案，是备课的一种好形式。

详案，就是将浓缩化的教学内容"展开"，写成过程比较详尽的教学方案。简案是在详案的基础上，作纲举目张的处理，即去除"枝叶"，理出"主干"，将主要环节及各个环节的主要步骤（包括关键处的语言）列出来，形成一个框架结构，并且对照这个"框架结构"过电影似地前后想想具体的过程和做法及其理论依据，弄清教学中的各个环节、步骤甚至导入语、过渡语、提问语等为什么要这样做，为什么要这样说（从中发现不妥之处并进行必要的修改），努力赋予教学过程以一定的心理意义和逻辑意义。这样，一个比较好的教案在你的心中就有一个清晰的轮廓，并且形成了一定意义的识记。

先写详案，再写简案，显而易见，这里的"简"不是对详案简单地省略、减少，关键是对详案的必要的反省、修正和浓缩，使教学程序尽可能趋于科学、完善，并在备课者的思维中达到条理化和结构化。从这个意义上讲，简案是对详案进一步提炼、反思、完整的过程，是备课者对教学程序消化吸收、意义识记的过程，这也是驾驭教学过程的一个重要前提。

我想，对很多老师来说，他们不可能一下子就把课堂教学构思好，必须在思考的过程中逐步调整，逐渐完善，因此在备课笔记上涂涂改改是在所难免的。而且，每个人的备课习惯是不相同的。一位老师说："我在刚做老师时，几乎把上课要讲的每一句话都简单地、扼要地写出来，重要的或者容易忘记的还要画出来，或者用红笔注出来。上完一节课，发现有问题的地方，及时在边上修改、补充；重要活动的组织，会预设多个方案，有的教学流程会用图示、简笔画直观描述出来。翻开来是乱七八糟，有各种箭头、长短不一的线条和各种颜色的字体，但我拿着这样的教案每次上讲台都很有信心。"所以，以教案的书写是否规范、工整作为评价标准，显然不合情理。

详案还是简案，虽然可以从一个侧面了解教师的工作态度，但我们不能要求老师的每一份教案都是详案，有的老师特别是一些经验丰富的老师对这部分教材非常熟悉、教学思想清晰，那么写份简案未尝不可。简案可以在上课时给老师最大程度的提示，所以检查是否详案，也不足取。

更为关键的是：一个优秀的教师上课时就不应该看教案。如果他事先认真准备，备在书上、备在图表上甚至备到脑海里，我们能因为他没有写在备课笔记上而横加指责吗？

第四节　多种教案创编模式举隅

当前在课改中我们不仅要"破"，还要"立"。也就是说要破中有立，立中创新，不断探索新课程的教学设计思路和方法，使备课和教案编写尽快进入实质性的操作层面。

在教学改革中，尤其在备课教案设计方面，全国各地的一线教师和教学研究人员都探索出许多新的经验，这里介绍 5 种教案的设计思路，也是 5 种教案的编写形式。这里本意并不是要教师机械模仿（因为教学设计思路是多元的，教案编写形式也是多样的），而是旨在开拓思路，使大家在此基础上去创造更多的更科学的教案设计思路。

案例 1

编写者：丁晓莉

学科：小学数学

课题：确定位置

班级：四年七班

教学目标：

1. 引导学生以自主合作的学习方式，体会"数对"对确定位置的必要性。

2. 能用"数对"确定自己的位置，并能联系实际举出例子。

教学重点：探索确定位置的方法，并能准确用"数对"说出来某一物体的位置。

教具：多媒体课件、电影票、火车票、答题卡。

教学设计过程:

教学程序	教师活动	学生活动	补充修改
一、游戏导入 （一）说要求 （二）猜一猜	喜欢做游戏吗？今天我们就来做个游戏，听规则：把你现在所处的位置用最简单的语言写在答题卡上。看谁描述的位置最准，别人一下子就能猜到。 老师随意抽出几张读给大家听，大家猜一猜。为什么猜得不一样？谁描述的更准确一些？	动笔写自己的位置。 听老师读，猜是谁。	答题卡上写出班长的位置。（这样既能激发学生兴趣，又能引出许多答案）
（三）小组研讨	刚才同学们用不同方式描述自己的位置，都有一定的道理，但是大家猜起来很费力，又不准确。能不能研究一种既简单又准确而且还很适用的方法呢？让我们一下就能猜到你是谁？ 下面就请小组合作共同研究，看哪一组同学研究的结果有价值。	小组研究，积极发言。	可以写一写，画一画，什么方式都行。
（四）交流汇报 二、探究经过 （一）出示主题图课件，探究"数对"	请同学们汇报（画图），你们的想法很有创意；（分组）很不错的想法…… 1. 请同学看大屏幕，老师选择了一部分学生，以座位图的形式出现，根据同学们说的分成了组，仔细观察你发现了哪些信息？汇报交流。 2. 同学们既善于观察又善于思考，5组按什么分的？（列）按什么顺序呢？（从左到右） 3. 现在你能很快找出图中各位同学的位置吗？谁来说一说小青的位置？还有谁想说，自己选择一个人，说出她的位置。 4. 同学们除了说出第几组还说了什么？（第几列）其实不知你们发现没有，确定一个同学位置你们用了几个数字？分别表示什么？	学生汇报，各组谈自己的想法。 观察屏幕，汇报发现的信息。 观察屏幕，积极汇报。 回答问题。根据提问观察进一步确定位置。	可以教师交待。

教学程序	教师活动	学生活动	补充修改
	5. 根据列按从左往右的顺序分成组，然后用自然数列表示，同学们就能很快判断出位置来，如果横排很多怎么办？对，根据"排"把第几座在垂直竖线上按从下到上的顺序也用自然数列表示。这样这个座位图就可以用一个简单方格图表示，这条水平线这条水平线我们把它叫什么？（横轴）垂直的线叫什么？（纵轴）如果确定小青的位置直接就可以用两个数字表示，哪两个数字？（3，2）应先怎样观察，再怎样观察？2，3各表示什么？像这样一对序数我们就把它叫做数对。前一个数表示什么？怎么看的？后一个数表示什么？怎么看的？	回答问题 认识数对，明确两个数表示的意义。积极汇报。	可以不讲横轴、纵轴。教师说明：在方格纸上，我们要先看水平方向是几格，再看垂直方向是几格，这两个方向交叉的这一点是不是这个同学的位置。
（二）引入课题，教学写法	6. 现在你能用数对说出其他同学的位置吗？ 1. 今天我们用数对这种方法来确定位置（板书），书写时先写横轴上的数，再写纵轴上的数，然后用小括号括起来。两个数中间用一个逗号隔开，你会写吗？ 2. 选择一个你喜欢的人，用数对表示，写在答题卡上，然后同桌互相检查一下，看是否正确？	学习书写 练习书写	
（三）观察比较，强化重点 三、实践操作	刚才一个同学确定小建的位置是（4，1），你认为对吗？小建的位置应该是多少？所以必须先怎样观察？记住了吗？ 1. 图上同学的位置我们都能用一种既简单又统一的方法——数对表示。我们自己的位置也能用这种方法表示吗？咱们同学很多怎么办？（分组数排） 2. 分成组，几组？谁来数一数？老师把各组标志发到同学手中，举起来。记住你是第几组的，然后再看什么？（第几座）现在用数对表示自己的位置，写在答题卡上，汇报你的位置。	根据实际情况汇报 在答题卡上写自己的集团（用数对），比较后谈感想。	真是英雄所见略同。 可以直接分组，不必要做组标。

教学程序	教师活动	学生活动	补充修改
	3. 与刚上课你写的位置比较一下，哪种更简单、更准确？看来用数对确定位置既省时又省力。自己的位置都能用数对表示吗？	比较说想法	
	4. 现在选择你的好朋友，用数对表示她的位置。好朋友来判断一下是否正确？	确定好朋友的位置，其他同学判断。	
	5. 看来同学们对数对掌握得很好，老师要看看你们的反应能力。 请位置是（1，1）（2，2）（3，3）……的同学站起来，看看站起来的同学的位置有什么特点？（斜排）	根据要求起立，并观察汇报。	
	6. 请（1，1）（2，2）（3，3）……的同学站起来，你又有什么发现？为什么？		
	7. 如果请第一横排的同学站起来，应该说出哪些数对？	明确一个数对只能表示一个位置，一个位置只能用一个数对表示。	
	8. 同学们反应很快，现在请（11，1）的同学站起来，为什么没有人站起来？有这个座位吗？记住同一幅图，同一个点不能用两个数对表示，这个点不在我们的座位中。		
四、应用举例	1. 其实不止我们的座位可以用数对表示，我们周围的物体也可以用数对确定位置。看屏幕。（学校附近的地图）说说它们的位置。	看屏幕说位置。	
	2. 像这样用数对确定位置的例子有很多，你能举一两个例子吗？（长途火车票、电影票、门牌号、围棋……）	举生活中的例子。	
	3. 还记得航天英雄杨利伟吗？他乘坐神舟五号在浩瀚的宇宙中绕地球14周后为什么能迅速返回指定的位置呢？其实是应用了卫星全球定位系统，虽然它是一项复杂的科学系统，但其中蕴涵着数对的原理。	明确用数对确定位置的重要性。	拿出具体实物，例如围棋盘及摆放的棋子。

教学程序	教师活动	学生活动	补充修改
五、总结提高	地球上任何一点正确位置都可以数对这种方法来确定。 4. 看屏幕（地球仪——经线、纬线——中国——北京——北纬 40 度，东经 116 度） 　　这节课你学会了什么？生活中应用数对确定位置还有很多很多，只要留心观察就能发现生活中处处有数学。	谈收获、体会数学。	

板书设计

确定位置

数对（3，2）

课后反思

成功之处：

1. 能利用现有的数学资源导入新知。课的开始就以学生的座位引入，自然轻松，恰到好处。

2. 能让学生自主合作探究，使学生成为学习的主人。课堂上学生始终积极主动参与学习，小组合作时不是流于形式，而是积极想办法。认识数对后更是反应迅速，踊跃参与，达到了意想不到的效果。

3. 备课充分，驾驭得好，课堂气氛活跃。由于备课时既考虑了教学内容，又联系了实际生活（下棋、神五），一下子调动了学生的积极性。

失败之处：

1. 没能抓住课堂中错误的生成，使其成为亮点。当两个学生同时站起来时，可以让他们展开辩论，这样不仅活跃了课堂气氛，而且会成为课堂的一个亮点。虽然后面的教学中顺势设计了让这两个同学换位置，但毕竟没能灵活驾驭课堂的生成。

2. 没能真正关爱学生。当课堂气氛异常热烈时，我也情绪高昂，竟然未能发现有一个学生没有举手。是不会？是有别的想法？是溜号？我不知道。这是在关注所有的学生吗？

（辽宁　丁晓莉）

评析： 传统教案模式教学程序设计混杂在教学内容之中，或者说，有些老师的教案设计没有教学程序。显而易见，这既缺乏教学的条理性，又不便于课堂上的操作。而案例－教案模式分设教学程序栏，把教学环节和步骤设计以及时间安排直接体现出来，这就会使教学过程的程序设计一目了解，既有条理性，又便于教者操作。

案例2

编写者：谢爱冬

学科：初中语文

课题："童趣"（七年级语文）

班级：七年二班

"童趣"（七年级语文）

一、定位

学生自主诵读、体验、感悟、评价本文的思想内容；初步探究学习文言文的方法；放飞思维，引导学生与作者对话，体现并感动于沈复那灵动的情趣意识，促成学生这种意识的觉醒，进而获得有益于人生的启示。

本单元以"人生"为主题，从课文内容上说，五篇课文从不同方面以不同题材回答了怎样走好人生之路这个总问题；从编辑意图看，本课教学除了应抓住诵读这个重点，并在此基础上疏通文意，整体感知课文内容外，还应侧重于感悟作者充盈于生活、生命中的情趣意识，促进学生情感、态度、价值观的转变与升华。

二、切入

激活生活经验，激发学生兴趣。

李白在《古朗月行》中写道："小时不识月，呼作白玉盘。又疑瑶台镜，飞在青云端。"在一个孩子的眼里，天上的满月，就是晶莹剔透的白玉盘，它又像是瑶台的明镜，飘荡在白云间。这是多么奇特而美丽的想象啊！你在童年时代有过类似的体验吗？今天就让我们一起走进清人沈复的一篇趣意盎然的回忆性散文《童趣》。

三、探究

1. 诵读

我们应该以怎样的情感来读《童趣》呢？只有领悟到作者的心境，才能真正感悟到散文的意境之美。

引导学生以一个老人回忆往事的那种恬淡、悠然，但又饱含愉悦的情感来读。通过范读、领读、跟读、默读、齐读、放声自由读等多种形式反复诵读，整体感知课文内容。教师在语气、语调、节奏、语速和情感等方面加以点拨指导并及时评价鼓励。

2. 翻译

学习文言文的方法有哪些？本文浅显易懂，可交给学生自己解决。教师指导学生利用注释和工具书弄懂大意，做好翻译准备。然后男女生竞赛，接龙翻译。其间，教师通过巧妙插话，引导学生发现、总结学习文言文的方法，利用注释、查看工具书、加字法、换词法、推断法等等。

3. 品读拾趣

（1）小组合作探究。挑出来课文中自己最欣赏的一处富于童趣的描写，说说在这处描写中你"看"到了什么画面？它的"趣"在哪里？

（2）全班合作交流。各组派代表向全班同学汇报本组合作探究学习的成果，并接受其他同学的质疑和补充。

通过探究和交流，破译文字符号后面的情感世界，由文字引发想象，发掘学生自身经验加以完善补充，使阅读走向深入，培养创造力。

4. 情境生趣

（1）小组合作探究。从以下活动中任选一项进行探究：

①童年是一幅绚丽的画，充满阳光，充满诗意，请你调动自己的语言积累，以"童年"为话题，说一句很美的话，长短不限。

②洞天杂志社要编辑《童趣》现代版，请你说说自己的童年趣事，让大家来共同分享你的乐趣吧！

③如果人教社编辑来访，请你谈谈对《童趣》的看法，你想说些什么？你喜欢这篇课文吗？你羡慕沈复吗？你认同他的"趣"吗？你认为怎样才能成为一个有情趣的人？

教师以"学长"（而非"师长"）的身份参与小组探究，既要用简短的话作为点拨或回应，又要在巡回中敏锐搜索"反对"的声音，发现持"无趣论"的同学，及时鼓励他们到全班大合作中交流。

（2）全班合作交流。各组派代表汇报本组探究成果，并接受他人的质疑和补充。持"无趣论"的同学向全班发表见解，教师引导学生畅所欲言，促成争论，丰富学生的情感世界，促进情感、态度、价值观的转变与升华。对于有创意的表达，教师给予充分肯定。

四、拓展

课外可推荐《从百草园到三味书屋》第2~7段，《浮生六记·闲情记趣》

中的其他篇目或其他名家描写童真、童趣的佳作，供学生阅读。

五、反思

……

评析：本教案教学设计比较有创新。首先形式上简练概括，比较实用，通过"定位——切入——探究——拓展"四个层面把一节课的设计要素提练出来。"定位"说明的是教学内容、教学目标、重点难点和设计意图。这为一节课的教学方面做了注脚。"切入"是课前导入和创设情境，而"探索"说明的是课堂教学过程，学生的学习活动安排和教师的组织活动安排。"拓展"是对课堂向课外延伸的设计。从本课的教学内容处理和教学活动的设计看，比较能体现新课程理念，一是通篇体现了"以学定教"的思路；二是体现学生自主、合作、探究、学习活动的多样化；三是教师角色定位得当，教学组织活动有力。

案例3

编写者：丁秀坤

年级：七年级数学

教学内容：北师大版课标实验教科书下册第120～123页

课题："认识三角形"第二课时

"认识三角形"第二课时（七年级数学）

本教案的设计形式继承了传统教案有益的东西，并对传统教案进行了改进。首先，省去了教师机械抄写教科书内容的无用功的做法，而突出对教材的处理和教学的组织。其次，突出了以学定教，重视学生参与、经历和体验活动的设计。再次，本教案编写言简意赅，便于操作。

教学目标

1. 通过观察、操作、想象、推理、交流等活动，发展空间观念、推理能力和有条理的表达能力。

2. 结合具体实例，进一步认识直角三角形的性质及要素，掌握三角形三个角之间的关系，会按角将三角形分类。

3. 在活动中引入竞争机制，培养学生的合作精神和探究能力。

教具、学具准备

投影仪、投影片、三角形硬纸板、小塑料花等。

教学过程

一、激趣导入

同学们一定都喜欢看"开心辞典"节目吧？今天让我们一起步入"开心课

堂"，答对一题在本组花瓶内插一朵属于自己颜色的小花。本节课的优胜者有权在教师和同学力所能及的范围内实现一个梦想，优胜小组将有权决定本周活动课的内容，好不好？

二、创设问题情境

1. 出示教具（如图1），老师问：老师不小心把这个三角形撕破了，你能帮老师算出撕掉的那个角的度数吗？

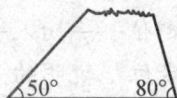

2. 学生回答，应用到三角形的内角和是180°。老师追问：你能想办法证明这个结论吗？

图1

三、探究发现，学生活动

1. 探究验证"三角形的内角和是180°"。

小组活动，学生动手拆、撕、画、拼等。选派代表汇报，将直接操作与说理相结合，可有如下多种思路（如图2）。

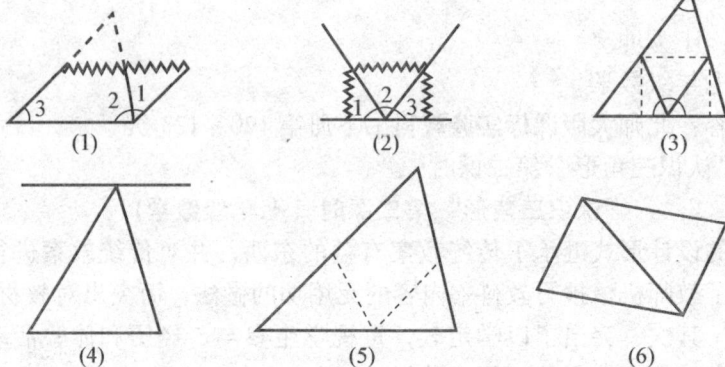

(1)　　　　　　　　(2)　　　　　　　　(3)

(4)　　　　　　　　(5)　　　　　　　　(6)

图2

2. 游戏，完成三角形按角分类的内容。

①如图3，猜猜被遮住的两个角是什么角。由学生主持，为保证问题的逻辑性，教师充当学生的助手，向主持人提供"道具"，即依次出示露出的角是直角、钝角、锐角的三角形。

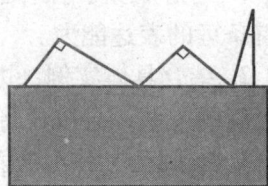

②比较结果，归纳得出图3中的三种情况：

图3

两锐角
一个锐角一个直角
一钝角一锐角

③分类：教师把刚才作"道具"的三个三角形贴在黑板上，依次在这三个

236

三角形下面画上圆圈（即出现了三种三角形的集合），学生拿出自己准备好的一些三角形自由到黑板上分类粘贴。

④集体校对，检验是否有错误。

3. 直角三角形的要素及性质。

①老师出示一直角三角形（没标示直角）贴在黑板上，指名表示此三角形，学生认为可表示为△ABC。

②老师标示出直角，引导表示（Rt△ABC）。

③结合图示三角形，认识直角三角形的要素。

④发现性质。

⑤拓展提高。如图4，给上图三角形加一条高，找出图中相等的角。

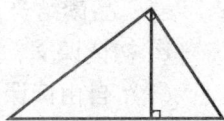

图4

四、竞赛，深化新知

1. 填空（投影出示），个人抢答。

2. 选择（投影出示），小组互相挑战。

3. 计算，由上节课的优胜者转盘选答题人。

4. 创新题，向课后延续，留给学生思考的空间。

五、课堂小结

采用小记者采访式，谈谈这节课你的收获。

六、总结，评出优胜个人及小组。

（辽宁　丁秀坤）

评析：本教案的设计形式继承了传统教案有益的东西，并对传统教案进行了改进。首先，省去了教师机械抄写教科书内容的无用功的做法，而突出对教材的处理和教学的组织。其次，突出了以学定教，重视学生参与、经历和体验活动的设计。再次，本教案编写言简意赅，便于操作。

案例4

编写者：谢文香

年级：小学一年级

学科：语文

教学内容：北师大版《小学语文》第二册第72~73页。

课题：池塘边的叫声

思路综述

这是一篇有趣的童话故事，通过青蛙和小鱼轻快活泼的对话，展现了朋友之间相互关怀的美好境界，讴歌了大自然美好的生灵。学习本课可以通过多样的语文实践活动使学生快乐地学习，激发学生对大自然和小动物的热爱，体现朋友之间的温情。

教学简说

一、设置悬念，激发兴趣

1. （出示池塘夜景图片、配放青蛙叫声录音）问：这是什么地方？你听到了什么声音？

2. 请你猜一猜青蛙为什么在池塘边叫呢？

3. 这节课，我们就来读一个与青蛙有关的故事（板题，学生齐读课题）。

二、品读结合，理解积累

1. 初读课文，理解语言

（1）自由读课文，边读边把不认识的字画线。

（2）老师问：现在你知道青蛙为什么在池塘边叫吗？

（3）用你喜欢的方式自学本课生字。

（4）谁愿意读课文给大家听？

（5）请同学评价一下他哪里读得好，哪里你比他读得好？

2. 再读课文，积累语言

（1）教师范读课文，一为正音，二为引发学生对教师由衷的赞美和产生自己读好课文的愿望。

（2）分自然段在小组内轮流读课文，互读、互听、互评。

（3）自由结组，分角色朗读，体会青蛙与小鱼之间的友情。

（4）老师问：你们喜欢青蛙还是喜欢小鱼？把你的想法告诉同桌，并说明你的理由。

（5）师生合作分角色读文，师引读，喜欢青蛙和小鱼的学生分别读他们所喜欢的动物语言，为一下步的表演做准备。

三、表演故事，内化运用

1. 请各小组表演这个故事，选出来表演最好的同学。

2. 在全班寻找自己的好伙伴表演这个故事。表演时，可以用自己的话说出青蛙给小鱼讲什么。

3. 戴上头饰加动作，配上音乐表演这个故事。

4. 青蛙会对小鱼说哪些小鱼不知道的事情？

5. 你还有什么办法帮小鱼了解岸上的世界？

四、趣味复习，认真书写

1. 小鱼在水中吐泡泡，一个泡泡就是一个问号，现在就请同学们来帮小鱼把不认识的字学会。出示图形生字卡片，请同学抢读，每字词读三遍，多音字组词或造句。

2. 通过"开火车"的方式朗读贴在黑板上的生字卡片，学生喜欢哪个字，就给这个字扩词。

3. 找小老师考学生识字情况，并分析几个要求会写字的字形，师范写，提醒学生观察"走之儿"的书写顺序和规范。

4. 学生在习字本上临写生字，再在同桌的本上写一个字头，在自己本上写三个生字。

5. 问：学习这个故事，你明白了什么道理？

6. 作业：回家把这个故事讲给家长听，再和父母一起有感情地读一遍这篇课文。

7. 课后反思。

评析：本教案形式就比较简练。它只是编写了两部分内容：一是思路综述；二是教学简说。思路综述实际是把教材分析、教学目标、学生分析、设计理论综合在一起来说明，这样比较节省笔墨，也容易形成整体。而教学简说主要说明教学流程，即教学过程的方法步骤。这种编写教案的方法也很值得借鉴。

案例5

编写者：刘恒贺

年级：一年级数学

课题：购物——买文具

教学内容

北师大版课标教科书一年级下册第70～71页。

预设目标

（1）在现实情境中认识小面额人民币，了解元、角、分的关系。

（2）组织学生进行数学活动，在活动中掌握知识。

（3）在活动中激发学生学习兴趣和参与意识，培养合作交流能力，使学生懂得勤俭节约，合理消费，爱护人民币。

设计理念

以小学生的零花钱为学具，学会认识人民币、使用人民币。数学来源于生活又服务于生活，寓知识于活动之中，在玩中学数学，实现三维目标的有机整合。整个教学流畅、质朴实用。

正教案	副教案
●预设流程 激趣： 　　粗心的陶气到超市购物，又买这又买那，付钱时傻眼了，小朋友，你知道这是什么原因吗？你今天带钱了吗？ 　　　　　　↓	○特别关注 　　……1元钱硬币"牡丹花"象征祖国繁荣富强；5角硬币"梅花"象征中华民族自强不息……
●认识人民币 活动1： 　　1. 引导学生掏出自己的零花钱，说说是多少钱？→从字样、颜色、人物等方面认识人民币。 　　2. 同桌合在一起互说一共是多少钱？→学习清点人民币。 　　3. 小组合在一起一共多少钱？→学会清点，保持人民币的清洁。 　　　　　　↓ **●了解换算关系** 活动2： 　　1. 清点班组储蓄罐中零钱，并进行分类。→强化认识和清点人民币。 　　2. 提出数学问题：这么多零钱怎么办？→换算人民币，1元＝10角，1角＝10分。 　　3. 小组合作：摆一摆、拿一拿、算一算、填一填，组内钱不足的可与别组合作→巩固换算。 　　4. 师生总结（贴大表） 　　　　　　↓ **●认识币值** 活动3： 　　1. 小朋友，今天带的钱准备买什么？→认识人民币的作用。 　　2. 教师现在有1元钱，能买哪些物品？还能办成什么事？→认识币值，渗透挣钱不易，节约使用的理念。 　　3. 笑笑也有1元钱，她要买文具，她可以买什么？大家帮她参谋一下。 　　4. 根据生活经验，给自己的文具贴价签。 　　　　　　↓	△教师应在学生观察人物、景物、国徽时，引导学生，并简介其内涵。 　　△（提醒）小组钱币合在一起前，要求小组长先登记组员钱数。因为不能在人民币上写姓名，因此要防止因混杂在一起而记不清自己的钱数。 　　……（补充） 　　（生成）学生在回答"这么多零用钱怎么办"时，不少人都说"换成大储蓄罐"，教师可追问："除了换成较大一点的储蓄罐外还有什么方法？" 　　△板书：1元＝10角 　　　　　　1角＝10分 　　※（强调）联系生活说说1元钱能办成什么事。（如：1. 坐公共汽车上学；2. 买羊肉串等。）……（解释）此法的目的是要渗透父母挣钱不易、花钱要节俭的精神。

正教案	副教案
●实践应用 活动4： 　1. 小组上交文具，全班办"蓝猫文具店"。 　2. 选择售货员，指导购物行为。→文明礼貌教育。 　3. 购物游戏。→应用新知 　4. 师生评价 ↓ ●整理 　这节课玩得高兴吧？在活动中你学到了什么知识？有什么收获？	※努力营造商场氛围，创设购物情境。 　※评价要素：举止言谈是否文明有礼、自然大方；商品交换是否正确。

评析：本教案突破了传统教案的八股模式，在编写上则别具一格。从课堂实际需要出发，把正教案与副教案，文字教学与思维教学，教案与学案结合起来，比较实用，便于在课堂上操作，而且还可以重复使用。如果把补充搞好了，这就是一份宝贵的教学经验资料库。

[思考题]

1. 你怎样看当前的教案编写？

2. 教案编写应坚持哪些创作原则？

3. 你比较喜欢哪一种编写教案的方法？为什么？

第十四章　怎样使集体备课更有效

——组织集体备课的方法与策略

◆问题

你有一个苹果，我有一个苹果，彼此交换还是一个苹果；你有一个思想，我有一个思想，彼此交换，就是两个甚至两个以上的思想。集体备课作为一种常见的富有实效性的群众性教学研究方式，在基层被广泛使用，并在提高教学质量和增进教师专业成长中发挥了重要作用。

但是任何一种事物也有它的两面性。集体备课组织得好会发挥好它应有的作用，如果组织不好也可能流于形式，反而浪费教师的宝贵时间和精力。那么当前集体备课都有哪些误区，怎样让集体备课更有效呢？

集体备课是一种最现实的校本研修，抓好它不仅能大大提高备课质量，而且会促进群体教师专业化尽快成长。本章来讨论这一问题。

第一节　集体备课话利弊

来自集体备课的实践证明，集体备课有其利也有其弊。

一、集体备课的利

集体备课有很多好处，主要表现如下：

（1）集中集体的智慧。我们知道，一个教师仅凭自己对现有教材的理解，文化底蕴，教学经验的积累，以及教育观念的水平去独立备课是很有限的。而集体备课恰能弥补个人备课之不足。它是一种智慧的碰撞、资源的共享。特别是它能取长补短，优势互补。老教师感染年轻人活跃的思维，青年教师借鉴了老教师丰富的经验。另外，一些教学重点的把握和难点的突破，都是在集体备课时经过大家讨论解决的。这样可以减少自己备课的思考时间，还可以集大家智慧为己所用。

集体备课的开展，真正把大家从烦琐、应付性的劳动中解放出来，实现了由过去的"劳苦型"到"创新型"的转变。备课真正做到了"备"而不是以前的"写"，更注重了"研"与"探"，使教研氛围浓厚，增加了学术气息，教师无需再整天埋头写教案。集体备课让教师有时间和能力接受新的信息，掌握教改动态，引进教育理念；教师可以通过与同伴交流，提升业务素养。另外也有时间进行业务学习和进修，并开展各项科研活动，从整体上提高学校的教育教学水平。

（2）集体备课是青年教师一座成长之桥。长江后浪推前浪，一代更比一代强。学校每一年都可能要新进一部分青年教师。怎样缩短他们的适应期，加快其成长步伐，集体备课就是一个快捷的平台。集体备课后形成的"共同结晶"对于新上岗的教师更是提供了难得的"教学蓝本"，引领新教师早日入门，尽快熟悉教育教学，可以使新教师在教学中少走弯路，缩短成长周期。

（3）集体备课是一种最实际、最有效的校本研修。"意在近而求诸远，事本简而索诸繁"。当前我们对校本研修的研究有一个逆向思考：校本研修不能越研究越高深，越研究越脱离实际，而是要回归学校，回归实践。听课、评课、备课、说课、集体备课不仅已被证明是行之有效的教研方式，也是我国多年沉淀下来的具有中国特色的学校教研工作的精华。所以应在不断改革中加以完善，而使之更好地发挥作用。

二、集体备课的弊

从哲学上说，有一利即有一弊。集体备课尽管有上面那么多的好处，但也有其弊端，其主要表现如下：

（1）集体备课可能让某些教师形成惰性。为了减轻教师的负担，也是为了更好地发挥广大教师的集体智慧，近些年许多学校除了加强集体备课，还有的学校按章节分配任务，再集中研讨。这些做法突出一个方面，另一方面也带来一些弊病。准备的教学方案内容十分详尽，包括教学环节设计，教学重点难点的突破甚至连板书和课堂检测、课后作业都安排妥当。有些教师因此拿来就用，照本宣科，不把心思放在教学研究上，养成了惰性。还有些教师存在"等、靠"思想等等，学科带头人或中心发言人提供教学资源，靠他人的经验应付教学，完全失去了自己的主张和创新，因此就出现这样的现象：少数人备，多数人用，加重了一些人的负担，又养成另一些人的惰性，不利于教师专业发展。

（2）集体备课处理不好会限制教师自主性和创造力。我们知道，教学是一种个体的创造性活动。如果是独立备课，教师能自主地最大限度地去调动自己的各种潜能，尤其是尽可能发挥自己的创造力去认真设计一节课。但是因为有集体备课的依赖，老师备课自主性、独创性可能会大打折扣。集体备课处理不好会扼杀教师的个人风格。

综上分析，集体备课利弊共存。我们对集体备课的研究目的就是如何更好地发挥集体备课的利，而尽可能去克服和缩小集体备课的弊，使集体备课有效、高效。

第二节　当前集体备课的误区

研究表明，目前集体备课还存在以下种种误区。

一、集体备课＝"集体聊天"

集体备课时间到了，在教研组长张老师的催促下，教师们陆陆续续回到办公室。张老师先讲了些学校和教研室的通知，之后，大家随意聊着其他话题，眼看时间过半，张老师才说：大家看看，我们今天备什么内容？老师们于是七嘴八舌，有说学习新课标感悟的，有说课堂教学的，有说单元测试的……最后，张老师确定一个话题让大家讨论发言，又临时指定小王老师做记录，时间一到，老师们各自散去。

二、集体备课＝"教案之和"

某校教研组将新教材的各章节平均分给同年级的各位任课教师，由各任课教师分头撰写教案，完工后交给集体备课组长，由备课组长将其装订成册，谓之"集体备课"。这样做虽然大大"减轻了教师的备课压力和负担"，但违背了集体备课的初衷，没有了教师的共同参与和讨论，没有了教师的心灵碰撞和集体智慧的结晶。

三、集体备课＝"网上资源的拼盘"

为了快速促成集体备课，实现教师"自我解放"，有的学校利用现代信息技术的优势，由各位任课教师分头"在线查找"，将各大教育网页中与新教材相匹配的教案下载，装订成册，谓之"集体备课"，全然不顾内容是否切合教学的实际需要。

四、集体备课＝"唱独角戏"

周三下午，某教研组开始集体备课，教师们纷纷拿出教案簿，按照惯例，由事先安排的李老师、宋老师分别说说下周教案内容设计，然后其他教师提出修改意见，大家讨论确定教学目标、教学重点、教学难点、教学过程、教学方法、练习反馈、板书设计等内容。剩余时间，大家一起写教案。备课结束后，教研组长又安排下一次集体备课教案准备内容和人选。

集体备课在各地已成为一种时尚，各校往往根据年级和学科分成集体备课组，每组挑选一位教学中的骨干教师充当组长。由于组长往往在教师中有一定的威望和地位，所以，在集体备课中研讨往往变成了组长唱"独角戏"，其他教师"出工不出力"，很少发表自己的意见看法，集体备课名存实亡。

五、集体备课 = "模式教育"

某学校严格集体备课制度，规定集体备课的终极就是形成集体意见，要求同年级同科教师统一进度、统一内容、统一目标、统一重点、统一作业、统一检测。

一所学校的 5 堂公开课，5 位教师上的课都是同一个模子；一样的导入，一样的讨论，一样的习题。听课教师无不纳闷，为什么 5 节课如出一辙呢？原来这位教师经过了集体备课。难道集体备课就得机械照搬，不能有自己的个性和创新吗？

集体备课应是教师共同智慧的结晶，它不是各备课教师的"教案之和"，不是一人说了算的"家长制"，也不是网上资源的"下载拼盘"，更不是"标准答案式"的教学方法、教学手段以及教学流程。

通过上面的集体备课误区的列摆，集体备课效率为什么不高，教师为什么不满意，就不言自明了。

第三节 有效集体备课的原则

毋庸置疑，尽管集体备课当前在学校存在这样那样一些问题，但它仍然不失为一种好的教研形式，关键是学校应如何兴利除弊把它组织好。

有效的集体备课应坚持以下几个原则。

一、个人备课为基础，集体备课为辅助

个人备课与集体备课孰轻孰重，不言自明。个人备课是基础。以为有了集体备课教师就可放松个人备课，这是绝不可以的。加强集体备课并不是不要个人备课，反而更应该注重个人备课。

没有集体交流的思想碰撞和相互启发，集体备课就如同空中楼阁，尤其是新课程实施以后，教材内容也发生了很大的变化，有很多都是新选的内容，即使是老教材，教学的目的和要求变了，怎样才能常教常新，体现课程新理念，这些都需要教师个人首先深刻地钻研教材，吃透教材和课程标准。

集体备课不仅要从内容上考虑个人备课与集体备课的结合，特别还要考虑时间的合理安排。时间，也是制约集体备课成效的重要因素之一。每日除忙于备课、上课、批改作业、辅导学生等必需的常规教学活动内容外，还有其他烦多琐碎的教育教学活动，早已使教师疲惫不堪。如果再加上集体备课，虽然每周只有一次，但一个流程下来，也得忙上大半周，大家超负荷运转，集体备课时出工不出力也就在常理之中了。要想充分发挥集体备课的效益，首先得为大家"减负"。

有一位校长谈到了他们学校的做法：经与老师们反复研究，我们达成一致意见：减掉过去手抄笔写的理论笔记，增设"读书沙龙"，以年组为单位每月举办一次；开设教师博客，要求教师随机发表可长可短的教育教学感悟或评论；改进"一刀切"式基本功训练形式，只强化少数未过关教师训练（并安排特长教师给予定期指导），解放大多数已达标教师，改进备课方式，废除费时耗力的手写教案，实行"绿色"电子教案。教师教学常规管理项目的删除整合，为集体备课提供了有效的时间保障。

二、统一要求与尊重个性相结合

教师参与集体的备课，如果没有指标、时间、内容、方法等的要求，教师的备课就可能有随意性，不能上层次。如果对教师的备课要求过于规范，统得太死，又会限制教师自主精神和创造力。所以这里关键要把握一个范围和度，即哪些内容可以统一要求，哪些内容让教师去自主处理。如在理解和把握课程标准研究和分析教材，或者在确定教学整体目标，以及应遵循的普遍的教学规律等方向性、规律性、规范性等方面可以要求相对的统一，而在具体的教学方法、方式上，则不宜强求统一。统一中有自主、统一中有灵活、统一中有创造，这应该是集体备课活动中坚持的基本原则，其中创造性是集体备课质量检查的重点。

三、突出研讨交流，淡化教案编写

有的教师把备课当成写教案，找教案，抄教案，自然也就把集体备课当成是集体修改教案了，显然这是有悖集体备课的初衷的。

水本无华，相荡乃至涟漪；石本无火，相击而生灵火。集体备课最大的有效性就是在这个平台上，教师能进行智慧碰撞，敞开心扉，交流思想。

备课总要集中研究以下几个问题：

（1）如何引导学生自学最有效？

（2）共同研究下一周各课时的教学方案。

（3）确定学生自学范围、自学内容、自学方式、自学时间、自学要求。

（4）自学可能出现哪些问题？

（5）设计什么样的当堂测验题才能最大限度地暴露学生自学可能存在的问题？

（6）如何引导学生自我解决这些问题？

教是根据学生的"学"来组织进行的。

如下面这个集体备课案例就突出了学术研讨和思想交流的意识。

集体备课教研案例

辽宁省本溪县实验小学四年组

杨柳：（介绍备课的具体状况，一边介绍一边投影出示。）

今天，我主备的是北师大版小学语文课本四年级上册第八单元"尊严"中的《囚歌》。《囚歌》是1942年11月，叶挺在重庆囚室中写下的，被后人广为传诵。本诗表明他为了坚持真理，维护信仰的尊严，宁愿"坐穿牢底"而决不乞求"由狗洞里"爬出来获得"自由"的决心。充分表现了一个革命者坚持真理、坚贞不屈的气节。

根据语文课程标准的要求和本课的特点，我确定了如下的教学目标。

（1）学会5个生字，理解新词。

（2）理解诗句，体会感情，学习先烈崇高的精神境界和革命的生死观。

（3）正确流利地朗读诗歌，并背诵诗歌。

其中，教学重点是读懂诗句的意思并理解特别是读懂有比喻意义的诗句。因为这是一篇讲读课文，所以教学本课我准备采用"以读带讲，以讲促读，读议结合"的方法，解决教学重点完成本课我设计了以下五个环节：

一、创设情境，设疑导课。二、初读感知。三、细读诗歌，理解诗句，体会感表。四、回答品味。五、拓展延伸。

（以下详细设计略）

周霞：请各位老师各抒己见，谈谈自己的看法。

刘建昌：教案中对教材的理解很透彻，挖掘的内容很深，教学中注重"读"的训练。层层推进，步步为营。但是教案中对怎样教教材内容，预设过多，而对情预设得太少，教师应深挖学生在学习此课时的状态，这样才能以学定教，所以教师在深挖教材的同时，要充分考虑到学情，这样才能教无守法，因材施教。

杨柳：这点我考虑得确实不够，因为我对本班的学生还不够了解，日后还需多多了解，以逐步完善自己的教学。

周霞：本篇诗歌慷慨激昂地表现了一个革命者坚贞不屈的精神，很适合朗读。杨柳老师这课注重了读的训练，并通过以读带讲，读中理解，以悟促读。

杨老师请问一下，在教学流程中你设计了一个老师范读和学生学习范读的教学环节，你这样是否抑制了学生个性化的朗读？

杨柳：我的范读只是给学生一个导向作用，让学生在导向的基础上，再根据自己的理解个性化地朗读，我想不会抑制学生个性化朗读。

周霞：在理解课文内容时，你所设的问题有点多，有些问题应让学生来提出，由他们来讨论理解。比如"活棺材"、"地下的烈火"，让学生自己提出问题，然后小组先讨论，师生再共同讨论，教学效果我想会更好。

杨柳：（点头）

刘宝丽：教案书写规范、内容翔实，挖掘透彻。由于本课与孩子们的生活有距离，教师能充分培养学生收集资料的能力，从而有助于理解教材，这一点值得肯定。但是在教学中，更应注重学生能力的培养，应注重一课一得，最后让学生总结，结合自身的感受，让学生谈一谈对于尊严是如何理解的？这样可以检验学生对文章掌握的情况。

杨柳：在本课我对学生能力培养方面所设的环节确实不够，但我想学生的能力可以在问题中培养，不必为了培养他们的能力而特意创设这样的情境。

刘建昌：关于读的层次，课标要求学生读得要有层次。读正确、读流利，才能有感情、有个性化理解地朗读，所以关于读的设计有梯度！

郭福：最后收集的革命诗放在文章的开头更好，有利于学生对课文的理解。此外，在读时可借助音乐，读的形式要多一些，如：小组合作读、男女轮读、赛读、表演等。

杨柳：感谢各位老师真诚的意见，我将针对本班的实际加以运用、采纳。

周霞：在今天的教研过程中，各位老师能够参与其中，并提出了宝贵的意见，也许我们的教学还不是很完善，但只要我们能够努力钻研，共同探讨，相信我们会有所进步的。

四、整体备课与研究重点相结合

因为每一次集体备课的内容无论是广度、深度、难度，都会有所不同，因此集体备课应尽可能不要面面俱到，而是尽可能地在解决重难点上下一番工夫。

有位校长谈了本校集体备课的做法：我们对各科集体备课的时间和形式给予了区别安排。语数两科每两周一次集体备课，重点讨论两周内教学任务、教学重难点、解决策略及注意事项。常识艺体学科每三周一次集体备课，重点商定授课思路，提高课堂效率及引导学生拓展的策略。同时要求备课组组长及时了解成员在教学实践中的疑难或偶发性问题，加强"随机式"集体备课，形式可灵活多样，地点可灵活多变。如此，因科制宜，不搞"一刀切"，集体备课的实效性便得到了更加突出的发挥。

五、单一的备课与多形式教研活动的结合

实践证明，单一的集体备课尽管也会使教师有一定的收获，但是它不如全程式的多种形式教研活动的组合发挥的作用更大一些。如在学校广泛开展的"四课"系列化教研活动就会使教师收获更大。

所谓"四课"系列化研修模式是指对教师以分析教材、了解学生、研究教法、学法为主体内容，以备课、说课、作课、评课活动为载体，旨在实现课堂教学优化和提升教师专业能力的系列教研活动。

四课系列化模式有多种形式。

（1）五步"四课"系列化教研程序

这种程序比较适合常规的教学研究（也可以由同年级几位老师同时选择同一教学内容开展活动）。程序：备课（个人与集体备课结合）→说课（主讲教师说课，教师集体评议）→上课（主讲教师上课，其他教师听课）→议课（教师集体评课）→结课（对课做出总体评价，教师写出心得）。

（2）六步"四课"系列化教研程序

这种程序比较适合专题性创新教学研究（可选择某一侧面或某一专题）。程序：定标（确定研究专题或重点）→备课（包括收集专题性新的信息资料）→说课（主讲教师说课，教师集体研讨）→上课（主讲教师上课，其他教师听课）→研课（围绕专题讨论）→结课（对课做出小结，教师写出心得）。

（3）八步"四课"系列化教研程序

这种程序比较适合重点研究课题的教学研究（可选教师普遍关注和困惑的焦点、热点问题）。程序：选题（确定研究重点）→备课（个人与集体备课结合，包括收集相关材料及学习理论）→说课（主讲教师说课，教师集体评议）→上课（主讲教师上课，教师集体听课）→研课（教师集体议课、评课、修改教案）→再上课（主讲教师再次上课，其他教师听课）→再研课（教师集体评课）→结课（对课做出总体评价，教师撰写心得）。

第四节　有效集体备课的组织管理

集体备课的有效组织要做好这样几件事。

一、有一个"雷打不动"的备课制度

海尔集团董事长张瑞敏说："把更深的做好就不平凡，把简事做精了就不

简单。"

集体备课像做任何事情一样，只有坚持，持之以恒才能做好。只要每周备课的时间、内容、方法、责任定了，就应不折不扣地执行，否则集体备课有其名无其实。或者是三天打鱼两天晒网，这样的集体备课是不能取得好的效果的。

有一所学校集体备课制订"三个三"制度很值得借鉴。

第一个三是"三定"（即定时间、定中心发言、定教案）。每周二、周四提前备一周的课，并定好中心发言人，一个课时，备课时先由中心发言人进行分析，然后集体讨论教材，吃透学生后，提出教案的提纲，形成统一教案骨架，每人手中一份，其他教师在此基础上，针对班级学生实际情况确定具体操作环节。

第二个三是"三明确"（即明确目标、明确要求、明确方法）。备课时明确在教学中教师教什么？学生学什么？教师教的应该是学生学的重点是什么？难点是什么？如何去攻破？不能就课讲课，要寻找规律，提高学生学习能力，让学生知其然且知其所以然，知识迁移，还要明确怎么教，群策群力选择最佳的教学方法，克服"一言堂"，把趣味、微笑、激情带进课堂。

第三个三是"三落实"（落实检测题、落实"回头看"、落实纠错与改进）。为了检查备课质量、教学效果，在备课时或教学后要精选课堂教学及学习检测，进行"回头看"（二次备课），对教学中暴露出来的问题，通过回授和分析，进行纠错和"补救"，为教学提供宝贵的经验借鉴。

下面是高密市井沟镇井沟小学的备课制度：

1. 所有任课教师必须在开学前制订出本学期的教学计划，以便掌握本册教材的主要内容、教学目标，特别是过程与方法、情感态度与价值观目标，弄清全册的知识和发展方向，明确基础知识和基本技能、重点和难点、主要训练项目和课程进度。

2. 单元备课应在教研组集体备课的基础上，掌握本单元教材的教学目标，弄清本单元教材的地位、作用以及与前后各部分的联系，明确重点和难点，安排好教学时间，进行细致的单元备课。

3. 实行"个人备课与集体备课相结合，以个人备课为主"的制度，平时以个人备课为主，每周二、周四下午保证1小时的集体备课时间，主要进行单元整体备课，集体备课由教研组长主持，并及时向教导处汇报情况。

4. 课时备课应根据教学计划，结合本班实际，在认真钻研教材的基础上，掌握本节课的教学目标，明确教学重点和难点，主要训练项目，确定教法和学法，安排好教学活动过程。同时，还要注意教具、学具以及辅助手段的设计和制作应用。

5. 备课的程序：

（1）个体备课。教师按照备课的要求自主设计教学活动程序。在这个过程中，提倡教师借鉴报刊、杂志、网络中以及身边优秀教师的典型教学案例。

（2）同伴互助。跟平行班或同学科有经验的教师一起研究，进一步完善自己的教学设计。在这个过程中，要充分发挥同年级任课教师各自的优势，实现资源共享。

（3）自我反思。每节课上完后，都要认真总结课堂教学的得与失，作为备课的一个重要环节。

6. 教案的呈现形式：

（1）有些学科的教学参考书，每课后都配有 1~2 个教案，教师写教案时，可在自己认为比较好的教案上修修补补。

（2）第二次教相同的教材，可以在原来的教案上修改。

（3）经推门听课等形式验定教学比较成熟的教师和有自己个性的教师，教案可以提纲、网络、图标等形式呈现，甚至在脑海中完成备课，使用没有文字的教案，给教师更多自由发挥的空间，最大限度地体现个性化教学。

7. 每节课教学完毕，教师应以新的课程理念为指导，从理论层面深刻反思自己的教学行为，认真总结课堂教学的成败得失，写出有深度、有真情实感的教学反思，以文本的形式记录下来。

8. 提倡周前备课，特殊情况下也应提前两天把课备好。

9. 各任课教师的老本有关参考资料，于学期结束时一并交教导处存档备查。

二、营造畅所欲言的备课氛围

一个宽松、民主的气氛，有助于备课成员广开思路；一个压抑、紧张或者是"一言堂"的备课氛围自然就堵塞和抑制大家研讨问题的积极性。所以在一所学校营造良好的教研氛围很重要。

正如有位青年教师所说："刚参加集体备课时也是我刚参加工作的时候，由于经验资历等原因，我一般都多听少说，发言较紧张，问题和想法也不能充分表达，每次备课总觉得不够尽兴。可当看到大家经常为一个问题争得面红耳赤的认真劲儿，我慢慢也融入到讨论的行列中去。说话声音响亮了，思维快速运转了，问题也都得到了解决。而能够如此充分地投入其中，最重要的是我们彼此信任，彼此了解，彼此无所顾忌，才能共同营造出畅所欲言的备课氛围。"

三、要有一个有影响力的组织者

显而易见，良好教研氛围的产生，离不开好主持人。备课组的成绩是大家的，但没有一个有影响力的组织者进行引导和组织，也不行。试想，在一个没有中心引导者的备课组中，也许大家十分善于总结反思，发现了很多问题，产生了很多困惑，可提出来时却无人解释，揣着问题来，又兜着问题回去。长此以往，不但老师没有进步，集体备课流于形式，且容易使人产生惰性，直至懒得提问，懒得讨论，懒得进行集体备课，因为大家不能在这样的集体备课中获取自己需要的营养。

主持人应具备几种能力。一是本人应该是业务尖子，技高一筹，有影响力；二是作风民主，勇于听取大家意见；三是有调控能力，善于调动备课组每个成员的积极性。

四、加强备课指导

对于教师的备课，只提要求而不进行引领和指导是不合适的。你说老师这样做不好，那样做不好，那么哪种方法最好呢？尤其是一些青年教师和教学能力低一点的老师，他们也不是不想把课备好，只是苦于不知如何去备课。他们不会组织处理教材，不会设计教学流程，不会筹划和选择教法和策略。所以给教师进行备课方法的指导和进行经验的交流是十分重要的。备课指导可采取下面的一些做法。

（一）集体指导

这是纳入学校的教学工作计划，每一学期里，针对教师备课中需解决的问题，有计划地搞几次备课专题讲座。如怎样依据大纲分析处理好。

这些讲座可以由学校教导主任或校长来讲，也可以外请教研员来讲，还可以请学校教学骨干教师、学科带头人来讲。讲完以后，大家还可以进行磋商、研讨。

（二）个别指导

学校领导除了组织集体指导外，还应经常深入教学实际，从中进行个别指导。这是提高教师备课、上课能力的一个重要方法。如下面这位小学校长的做法就很值得借鉴。

"我校从农村调进一位中年女教师，名叫李秉先。两年多来，她埋头苦干，备课笔记写得工整而详细，作业批改也十分认真。然而教学成绩不尽人意。我带着这个问题去听她的课，观察她的教学实际，发现她，每次上课点名，分发学生作业，不依照学生座位；练习题临时写在黑板上，课前学生没有准备好学习用具；学生发言乱抢乱答……我觉得这位老师对教学时间是太浪费了。

"我把老师请来，先指出她认真负责的工作态度，然后指出了她浪费时间的现象，分析其严重性，最后提出'怎样节省数学课的教学时间'这个问题，让她重新备课，试验研究，李老师把试验研究计划定好后给我看，我赞许她的可行之处。后来又几次与她商量、切磋节省时间的办法。一学期后，她班的学生成绩略有上升，一年以后，竟居同年组第一。"

（三）示范指导

典型示范引路是指导备课的又一种方法。对于教学研究的新课题，对于下达的新教材，对于较复杂的课程，可由业务能力强的教师先行一步，备课、上课，做出榜样启发大家。

示范指导可做到三个"先"，即"先学一步"、"先准备一点"、"先上一次"。所谓课先学一步就是派出去参加教研会，学习外地经验，或到外地参加集体备课。有了"先学一步"就可以让这些人"先准备一点"，这可以由领导同他们一起磋商研讨、开路子。然后再由这些人在组内上各种类型的示范课。最后大家照样子备课、上课。这是个传、帮、带的过程。

承担示范指导的可以是小学的学年组长、中学的教研组长，还可以是教学主任校长，沈阳市铁西区共和小学教导主任岳玉兰就是经常给老师做备课示范的。

（四）资料指导

这是指学校给老师提供的一些由优秀教师、特级教师备课、上课的图书杂志、光盘等资料，以引导老师来提高备课水平。

为了帮助老师搞好集体备课，这里介绍一组集体备课的案例资料。

案例1

集体备课的组织与管理

怎样组织管理教师备课？下面介绍一个案例。江苏宝应县实验小学卢谦在介绍他们学我校的"五步集体备课法"说：

去年，我校以创县课改示范校为契机，通过举办教学沙龙等活动，共同研讨"我们今天该怎么备课"、"我们需要什么样的教案"，并结合我们学校教师个体业务水平高、整体联动能力强的特点，在集体备课方面深入探索，形成了具有我校特色的"钻研教材、收集信息、集体交流、专人形成教案、个性化处理"的五步骤集体备课法，力求每课的教学设计既凸显教师的教学个性，又融入集体的智慧，努力提高备课的实效性。

一、钻研教材

教材是课堂教学中学生获取新知识、新信息的重要载体，也是我们课堂教学中最重要的课程资源，如何准确地把握教材，艺术地处理教材，同时又科学地补充教材，是上好课的基本要求。我们深刻地感受到，钻研教材，一定要在深入上下功夫。如何做到深入地钻研教材？我们要求每位教师首先要准确地把握教材的内容，抓住教材的重点、难点和特点，领会、揣摩教材编写者的意图、目的。钻研教材一定要深刻、要透彻，处理教材则要在"浅出"上做文章。小学教材，尤其是低年级，浅显易懂，如何让学生在学习的过程学得轻松愉快；如何让学生自主建构知识体系，发挥学生学习主体性；如何实现教师、教材、学生之间的平等对话；如何实现知识与能力、过程与方法、情感态度和价值观这三个维度的统一，这都需要艺术地处理教材、补充教材。我们觉得，处理教材首先要遵循学生的认知规律，由浅入深，由表及里，由具体到抽象。其次要考虑新旧知识的联系，找准学生的最近发展区域，再符合学生的年龄心理特点。小学生的特点是好奇、好动，根据这一特点，我们在处理教材时避免千课一面，打破程式化，抓住每一课的特点，上出每一课的特点。这是我们集体备课的第一步。

二、收集信息

当今社会已进入一个信息化、数字化的时代，报刊、杂志、网络可以为我们的课堂教学提供丰富的信息源。教师在深入研究教材之后，还需不断地完善、发展，深化自己的教学思路。我们要求，每一位教师必须广泛地查找资料，收集一些与本教材内容相关的教学信息，或者一篇文章的背景资料，作者简介，或者是与本课内容相似的一篇短文，努力开发，利用、整合课程资源，就教材的一些内容进行延伸、修改、重组，使课程资源更丰富，体现多样化、立体化的特点。如我校的一位老师在教朱自清《梅雨潭》这一课时，适当地补充了叶圣陶的现代诗《瀑布》，让学生体会不同体裁下所描写的瀑布的不同风味，并且在课堂上适时用多媒体展示庐山瀑布、黄果树瀑布那一泻千里、气势磅礴的画面，在使学生语言得到发展的同时，又受到了美的熏陶。再如我校的一位老师在教李白的《送孟浩然之广陵》的时候，又引申介绍了李白的另一首送别诗《赠汪伦》，还让学生复习已经学习过的送别诗《芙蓉楼送辛渐》、《渭城曲》，帮助学生积累和感悟。这种基于教材又不囿于教材的思想，体现了教师主动开发课程的意识。

三、集体交流

教师在深入思考、广泛收集信息之后，我们分课题组进行集体交流。集体交流是我们集体备课的核心。我们努力做到四个落实：一是集体备课时间、地点落实。每周二下午为全校集体备课时间，由备课组长准时召集本组人员举行备课活动。备课地点一般在各年级办公室。二是内容落实。开学初，各备课组认真制定好备课组计划，各级根据教学进度制订好每周备课活动的内容。三是中心发言人落实。每次根据备课组活动内容，由备课组中的一位老师作中心发言，详细介绍对教材的理解和初步的处理方法，提出有关的教学建议。四是讨论研究落实。各备课组每个成员将自己深入钻研教材的心得、设计过程以及设计理念做详细的介绍，在集思广益、群策群力的基础上共同研究出一个合理、新颖、有创意、可操作的教学思想。这个过程是相互争辩交流的过程、是思想碰撞的过程、是产生灵感造成智慧的过程。"水本无华,相荡乃成涟漪,石本无火,相击而生灵光。"在这个过程中,备课组教师各抒己见,畅所欲言,在交流中进一步深化对教材的认识。

四、指定专人形成教案

在个人钻研、收集信息、集体交流的基础上,由事先分配的一位教师按研讨的教学思路,合理地整合各人的教学思想,灵活地选择教学方法,巧妙地创设问题情境,恰当地选择一些电教媒体、教学图片等,写出一份翔实的基础教案打印、分发给备课组的每一位老师。这样免去了教师抄袭教案的无效劳动,使教师将更多的时间放在钻研教材、处理教材上。

五、个性化处理

每位课任教师提前一周拿到打印好的基础教案,这还不是最终的上课教案。我们要求每位教师再根据自身的教学特点、教学风格、本班学生的实际情况以及自己最近获得的教学信息和研读教材的最新感悟,再在教案旁作旁注:可以增删教学环节、更换教学方法、添补教学内容和情节。如四年级语文老师增加一些范读,声情并茂,引人入胜;音乐素养高的教师,将音乐引入课堂,为学生营造一个鸟语花香、春意盎然的教学情境。他们各显神通,体现教学个体,这就是我们提倡的二次备课。二次备课可以是一个小教学环节的调整,一个大教学版块的变动,或者一人教学步骤的细化。总之,是教师教学智慧、教学个性的充分体现。

(选自《基础教育课程》2006 年第 7 期)

案例2

集体备课:从"减负"到"能力提升"

——记一所小学的四次探索

浙江省温岭市城西小学 瞿梅福

集体备课是很多学校的常规教研形式。作为一所由多所完小合并而成的城乡结合部的街道中心小学,面对教师基本教学规范不齐整的情况,我们决定先从备课环节抓起,通过开展集体备课,改进备课质量,提高教学效率。

起步:仅是为了"减负"的集体备课。

所有教师以备课组为单位进行分工,每人负责一篇课文或一个课时的备课,提前写好教案,提交到备课组会议集体讨论,之后形成一个比较成熟的、可以供大家使用的"通案"。这样的合作,节省了大家不少的时间和精力,受到教师的普遍欢迎。

但是，几次下来，问题便暴露出来。一些备课组将各章节平均分配给各位任课教师，由大家分头撰写教案，然后合订起来复印给大家，以这样的个人教案之"和"作为集体备课的成果；也有一些备课组充分利用现代信息技术的优势，分头到各大教育网站搜集下载与教材内容相匹配的教案合订起来；有的备课组虽然也组织研讨活动，但大家都"十分尊重"主备教师，主备教师基本包办了备课组的教案；备课组教师以集体备课形成的"通案"为纲，并遵照执行，但不同风格的教师，面对不同基础的学生，"通用"也导致问题百出。这种眼睛紧盯"完成教案"的集体备课，遗忘了备课的本质，即使完成了教案也是不成功的集体备课。

探索之一：不让"集体"弱化了"个人"备课能力。

于是，我们加强集体备课的研讨环节。把集体备课的目标定在"让老师学会备课"，逐步建立备课的规范。

每次活动前，备课组认真完成并提前分发主备教案，做好主讲发言的准备；要求备课组长做好主持工作，调节教师讨论气氛，做好讨论内容的及时记录。几次尝试下来，其他的问题又出现了，主讲教师分析教学内容时往往重教轻学，教学环节分析中注意了共性问题，却忽略了对本班学生实际的关注。

针对这些问题，学校对主备教师如何撰写主备教案的准备主讲发言，提出更为具体的要求。

主备教案要做到：（1）有教学目标、教学重难点、教前准备板书设计；（2）每课时要有教学要点、教学流程、作业设计；（3）为减轻教师负担，要求语文教师第二课时写详案，数学教师新授课写详案，其他学科每个课题写一个详案；（4）提倡兼任教师写教后反思，以写教与学中的亮点或不足为主。主讲发言应包括：（1）站在教者、读者、作者或编者的角度对教材内容进行深入分析；（2）对教学设计的意图进行说明；（3）对教学环节进行分析，重点放在对目标的达成与重难点的突破上；（4）对层次性作业的设计意图加以说明，而不仅仅介绍自己设计了哪些作业。

之后，新的问题又出现了。整体划一的分组活动安排，操作形式基本不变，而实际教学内容却各有特点；开始研讨时常有收获，而反复"磨备"后渐渐淡而无味，教师对集体备课的依赖性加强了，学校要求教师独立备课反倒变成了苛刻要求；教师习惯于统一教案后，自己的思考少了，对预案的深入调整少了；教师负担非但没有减轻，反而有所增加……集体备课成了束缚教师的"绳索"。面对这些问题，我们又进行了集体备课的专题研讨。

探索之二：重视教师有思考地参与。

集体备课的真正目的不在形式的改变，而是要让教师学会独立备课。虽然集体备课为教师提供了相同的剧本，而不同的演员面对不同的舞台会怎么样呢？我们认为，大家实际使用的教案应该是在集体讨论后独立生成的。教师有思考地参与应成为我们推进集体备课改革的新的要点。

鉴于此，学校提出要发挥集体智慧，在大家对教材的理解达到最佳程度后，一定要强调从自己的实际出发，对集体成果做适当的取舍和调整。"四度调整"便成为我校集体备课的一大特色。

一度调整：辅备教师的集体备课活动前，抽时间浏览主备课教案，结合本班学生实际做一些调整，注上个人见解，对主备教案做教前的设想调整。

二度调整：在集体备课集体中活动时，主讲教师发言后，辅备教师根据主讲内容从不同角度、不同侧面谈个人见解，并在听取大家对主备教案的调整意见的基础上，积极思考，博采众长，在空白处做一些修改的记录，以便形成一个合理的、个性化的教案。这是集体智慧的结晶，也是个人智慧的激活。

三度调整：即平时的教后反思。尽管教学预案对学生可能遇到的问题做了充分考虑，但事先的设计同实施之间总会有一定的距离。课后教师也常会发现某些美中不足。因此，将自己课后的反思分析也记到教案中。教师可以记录成功的经验，也可记录教案的修改，还可以记录学生的创新和问题，包括一些突发事件的应对，以及分析处理的成败得失。三度调整还可以教学案例的形式记录教师在教学活动中的经历与思考。

四度调整：在下一次集体备课活动之前的半小时，一般要针对上两周的教学内容，由教师交流各自的教后反思，大家就教学处理、训练题的设计、学生学习表现等情况做交流。这是教案运用于课堂教学后的深刻感悟。在交流的过程中，要求教师及时跟进思考，广纳众长，做进一步的补充调整。

为强化教师"四度调整"的意识，并学会运用"四度调整"改进教学，学校要求教师每次调整都采用不同颜色的字来标注（一、二度调整用蓝色，三度调整用黑色，四度调整用红色）。

探索之三：让教师学会深度的教学设计。

在备课组坚持常态的单元集体备课两年后，我们又感觉教师的积极性又有些下降。活动新意少了，教师感觉集体备课对自己的提高不如以前那么明显了。这是为什么呢？经过访谈后，我们发现，教师对规范备课的程序要求已经掌握，以反思分析的眼光去参与备课讨论，并个性化地吸收和调整的意识已经具备，但如何上好一堂课，备好一堂课，并不是几项制度和活动的操作流程所能解决的，教师期待着在活动研讨中进一步提高自己的教学设计能力。只有这样，教师才能真正获益。

针对这种情况，我们适当减少集体备课的课时覆盖面，让教师在掌握备课方法后自主备课的课时稍多一些，突出一些比较典型的教学设计方法，或教师教学实施中容易感到困难的专题，加强对教学处理中典型问题的主题性指导。集体备课不能满足于教学过程设计的优化，它要反映教师分析和解决教学问题的能力。因此，在条件渐渐成熟时，我们将集体备课演变成以教学讨论来解决教学问题的教研形式。从关注现象到切入问题，集体备课也在提高其研究的理性水平。也正因为如此，集体备课才能真正成为教师专业发展的有效载体。

在对集体备课的不断探索中，我们的集体备课从形式走向实质，从工作应急变为方法指导，继而深化为问题研究。在这个过程中我们认识到，学校要以发展的眼光看待集体备课，以行动研究的策略来推进和完善集体备课，及时发现实际工作中的问题，实事求是地调整管理制度和操作要求，实现集体备课的与时俱进。

（选自《人民教育》2007 年第 10 期）

案例3

魏善庄中学优秀备课组评价表

备课组：　　　组长：　　　填表日期：

一级指标	二级指标	满分	自评分	复评分
组内建设	1. 组内成员能团结协作，互相帮助，敬业奉献。（2分） 2. 组员能够较好地履行岗位职责。（2分） 3. 资源共享，无恶意竞争。（2分）	6		
组长职责	备课组长以身作则，积极履行职责。（4分）	4		
集体备课	1. 有计划、有总结。（2分） 2. 活动记录不少于10次。（5分） 3. 集体备课记录详尽、字迹清晰。要体现出讨论的内容和补充的内容。（3分） 4. 中心发言人必须认真准备，内容充实，有讲课稿。（每人至少一次）（5分）	15		
工作成绩	1. 期末考试成绩。 2. 师生获奖情况。	20		
加分	本学期做过区级公开课的。	5		

[思考题]

1. 集体备课有什么利和弊？

2. 有效集体备课应坚持哪些原则？

第十五章　怎样在备课中进行教学反思

——教学反思的方法与策略

◆问题

一个教师仅仅满足于获得经验而不对经验进行深入思考，那么即使有20年的教学经验，也只是一年工作的20次重复。教师怎样才能经常对自己的经验进行深入思考呢？一个有效方法就是课后反思。因为对于教师教学经验积累来说，最重要的有两条：一是对外学习吸纳；二是对内总结反思。

那么，教师如何在课前课后进行教学反思呢？教学反思的方法、途径、策略又有哪些呢？

按常理，否定自己是痛苦的，但是有时只有敢于否定自己，才可能超越自己，创造一个崭新的自己。教师的教与学之所以能"相长"，贵在教学后能及时反思和总结。吃一堑长一智，教学反思是一种聪明之举。正是沿着这条看似平常，但又不平常的路，走出了一个个出类拔萃、教绩显赫的优秀教师、特级教师和教育专家。

第一节　反思是教师专业成长之桥

什么是教学反思？教学反思是指教师从事教学实践后回过头来思索过去自己做过或经历过的教学活动，从中总结经验教训，指导今后的工作。

以往的教学中，我们比较重视备课、上课这两个环节，在这个结构中，缺少教师自我评价、自我调控的环节，对进一步提高备课质量缺乏来自自身教学实践的反馈信息。如果教师上完课后，写点教后感，增加一个总结环节，这就能形成一个完善的良性循环圈式的教学结构。

有些青年教师向特级教师袁瑢老师问教学"秘诀"，她说："我同你们一样，没有什么特别的地方，说有什么'秘诀'，那就是勇于实践、勤于总结……。上完一节课或教完一篇课文之后，应该坐下来回想一下，写点教后感，写一得之见，记下疏漏之处。有经验的教师之所以有经验，我想就在于他们善于在教学实践中不断总结，不断探索，在总结和探索中积累成功的经验，抛弃违反规律的东西。"袁老师的话是耐人寻味的。

从"实践→认识→再实践→再认识"循环往复以至无穷这个认识规律来看，教学后记在教学实践的过程中所起的正是一种承前启后、不断深化的作用。特级教师于永正曾为自己作过这样的注解："如果说我这个人还有这么一点灵性的话，重要的有三条：一是我的脑子反反复复地琢磨；二是我会唱京剧，可以'凿壁偷光'；三是我会经常反省、否定、超越自己。"

俗话说，天才在于勤奋，知识在于积累。教学反思既是总结教学经验的过程，又是积累教学资料的过程。一节课后，或一点经验，或一丝启发，或一则教训，或一例疑难，都一一记下来，积铢累寸，这些宝贵的资料、信息、思考，将会给日后教学以莫大的帮助。有位老师说："上完《岳阳楼记》后，我看到《中国教育报》上刊载的特级教师于漪关于该文'一解二评三想四写'的想法，深受启迪，及时作记载。翌年重授该课，就学习了于老师的教法，效果果然不差。"

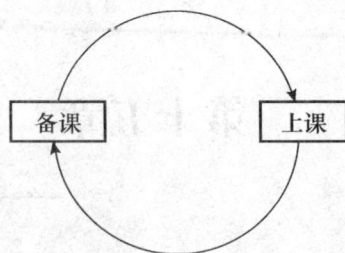

单向传递结构

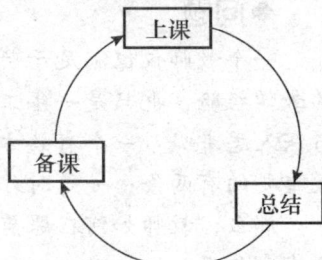

备课 → 上课

良性循环圈式结构

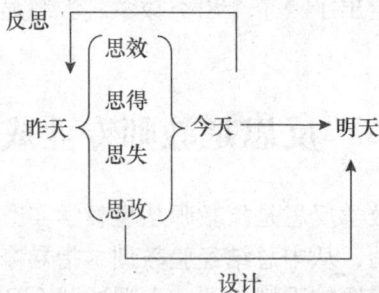

上课 → 总结 → 备课 → 上课

反思 思效 思得 思失 思改

昨天 → 今天 → 明天

设计

古人云"飞瀑之下，必有深潭"，这"深潭"是"飞瀑"常年累月冲击而成的。教师持之以恒的"教学反思"，并将这些记载下来宛若源源不断的"飞瀑"，必能造成高超的教学艺术、丰硕的教学成果的"深潭"。

有一位老师谈了以下的体会：

我1990年师范毕业，毕业前我有写日记的习惯，走上讲台后就改为写教后感了。工作10多年来发表的40多篇文章，都是源自我的随笔。随笔记载了我的失败和灵感，我的思考与发现，更重要的是我通过写随笔有了反思的机会，养成了反思的习惯。日积月累，好的想法和做法就积淀为我的教学技能，升华为我的教育思想和教育智慧。我提出的"三全参与"的教学模式就是在"实践、反思、创新"中诞生的。在写教后感的同时，我积极阅读报刊，勤于作读书笔记。教然后知困，学然后知不足，学而不思则罔，思而不学则殆。所以，每学期我都会为自己准备两本黑面本：一本随笔本，一本摘录本。我也因此在与自己进行心灵对话的同时获得了与大师对话的无限时空。用行动、思想和智慧驰骋在教与学的广阔时空，我好自在、好快活、好幸福，这是令人乐不思返的教育天堂。正如朱永新教授所说：教育随笔能够激发教师的职业热情，让教师享受到教育的幸福。

综上，教学反思是教师专业成长之桥，它能取得一举多得的效果，教师利用得好能促进自己的教学能力的迅速提高。

第二节 教学反思的策略与方法

一、教学反思为什么要重视动笔

怎样更有效地进行教学反思？名师成长的经验告诉我们要借助动笔。动笔写有很多好处：首先，能真实地记录身边的世界，记下那些有价值的东西。不会像有的老师只留下模糊的记忆，不能让过去的思想火花随着时间推移而淡化。其次，动笔写也是教师练笔练脑的过程。要写教学后记就要动脑，一是要进行选择，二是要分析，三是要整理，四是要记载。在这个一系列的思考过程中教师的思维就会得到训练。要把观察思考的问题付之于文字，教师还要去写。在写的过程中还必须考虑语言、结构、层次等许多写作常识问题。因此这又是教师练笔的过程。第三，提高研究能力，因为要写，所以要谈，因为写要去做，因为写，所以思考，写作是推动读、做、思的最有效方法，是作为教师的最好的教育研究，是教师行为研究的最好依托。特别是有些教学反思材料，既是一种反思研究，同时也是一种研究成果。

以上分析，教师动笔进行教学反思确实是一种好方法。但在实际的学校教育教学工作中，教师写作也有一些烦恼，对此唐忠义老师有过调查。

中小学教师为写作烦恼的主要原因

客观因素：

40% 教学任务繁重，日常的备课、上课、作业批改、课外指导及班级管理等工作量很大，时间紧张，业余写作往往是心有余而力不足。

20% 迫于升学压力，忙于常规教学，进行学习反思、吐故纳新的机会太少，写作的动机水平不高，常常感到难以下手。

15% 随着教育改革的不断深入，教学理念不断更新，教学要求不断提高，来自教学研究、职称申报、岗位培训等方面的写作任务日益增加，头绪繁多，穷于应对。

主观因素：

10% 认为许多教育理论与教学实践脱节严重，许多教育教学研究成果和教学论文缺乏实际运用与推广价值，不愿在这些方面空耗写作时间，但又常常为完成任务而不得不硬着头皮去动笔。

5% 认为教学经验的积累是一个缓慢过程，从教学问题的发现到课题的形式，不仅周期较长，而且更新太快，常常因缺乏探究的耐心而放弃写作。

5% 认为教师写作是一项充满研究色彩的艰苦劳动，常常苦于自己的教育教学理论素养和研究能力有限而无从动笔。

（选自《上海教育》）

那么从这个调查中启示我们，一方面学校要为教师创造有利的写作环境和机会，而作为教师本人应该增强写作意识，克服惰性心理，这样才有可能把这件事做好。

二、教学反思写什么

教学反思不拘泥于内容和形式，很简单，只要把自己所见、所闻、所思，把身边真实的世界移到自己的笔下，移到自己的手指间，移到自己的硬盘即可，不必过分强调逻辑，不必十分讲究文采，而应是你自然感受的流淌，心灵的私语，智慧的沉淀。

写什么：

写教学日记随笔；

写教学故事案例；

写教学经验小结；

写教学博客。

三、教学反思怎么写

（一）教学后记

教学后记包括教和学两个方面。一是记"教"。记教师对教材的理解和处理，记教师和教法的选择运用。二是记"学"。记学生学习中的疑难，记学生思想上的火花。记课堂上的偶发事件及其处理等等。教与学两个方面不能截然分开。

如有位教师说："在上《故乡》这课时，我打算着重分析闰土这一形象，谁知尚未分析完，即有学生提出：'老师，我们小学里已学过《少年闰土》。写闰土能揭示农民生活痛苦的根源，这我们已经懂了。但对为什么要写杨二嫂，我们却不明白，请讲一讲杨二嫂吧！'我觉得学生的建议很好，就重点分析杨二嫂这一人物。课后，我把学生的建议写入教学后记，同时也有了体会：一个中学教师，必须熟悉小学语文教材，讲课方能有的放矢，恰到好处。"

教学后记内容不要面面俱到，形式也不拘一格。通常教学后记有下面几种写法：

（1）记教学成功之处；

（2）记教学失误之处；

（3）记有价值的教学实录；

（4）记有研究价值的教材教法处理；

（5）记学生的建议；

（6）记瞬间灵感。

（二）教学故事

这是用教师从教学工作中选择案例故事的方法，讲自己的故事，谈自己的经历，说自己的感悟。例如下面这个教学故事。

诚实，让课堂走得更远
——我给学生上历史课《建筑奇观》

课本上有一句话："北京城由宫城、皇城和京城三大部分构成。其中宫城又称紫禁城，是明清两朝的皇宫，是北京的城的核心……"讲到此处，有一个学生站起来问："老师，宫城为什么又称紫禁城？"我顿时愣住了，说实话，我这个内容课本上没有，教参上也没讲，我真不知道怎么解释。好在我应变快，示意学生先坐下，然后模棱两可地解释了一通："大概是禁止老百姓靠近的地方吧！"

下课后，我为自己不负责任的的回答惴惴不安。为了解答这个问题，我请教了几位同事，他们也说不清楚。

就在这时，我发现课堂上问这个问题的学生站在办公室门口，手里拿着本《中国校园文学》。

"老师，你看这本书里的答案对不对？"他问我。

"这本书有？"我有些惊诧——果然在第61页上的"点滴"栏目中看到了关于紫禁城的解释："'紫'字是指紫土豆，代指皇帝，又因为天上恒星中的三垣，紫微垣居中央，太微垣、天市垣陪设两旁。古时候推断天帝应住在天宫里。天宫又叫紫微宫。人间的皇帝自称天子：'太平天子当中生，清慎宫员四海分'，所以紫微宫代指皇帝，又因为皇帝居住的内城严禁黎民百姓靠近，所以又叫紫禁城。"

原来这样，我在放下书本的同时，暗自庆幸自己的说法还不是太离谱。

"你上课前是不是看过？"我问道。那个学生点了点头，旋即红了脸，"老师，您别误会，我只是想印证一下书里讲得对不对。"

"书里讲得很准确，你看书也很仔细，不错不错。"我把那本《中国校园文学》还给了他。

学生高兴地走了，我的心却很长时间平静不下来。身为历史老师，对一些历史知识不了解已经令自己羞愧；备课不细致，应该想到的问题没有想更让自己后悔。最不可原谅的是不懂装懂，为了掩饰自己的无知便塞给学生模棱两可的回答。老师，为什么就不能诚实地说"不知道"呢？

有了这个教训，每次备课、上课我都力求准备充分，确保万无一失。但一次讲"淮海战役"，又出了新问题。那一次我在讲台上慷慨陈词：淮海战役起自1948年11月6日，结束于1949年1月10日。我军以60万人对阵80万国民党军，取得空前大胜。共歼灭敌军55万5千余人，奠定了解放长江以南各省的基础……

突然，一学生举起手来问："老师，'55万5千'是不是全被打死了？""全被打死？我们首先要理解'歼灭'是什么意思？"依据课前准备的资料，我轻松地解释道："'歼灭'指把敌人消灭。就是解除敌人所有武装，剥夺敌人的抵抗力，包括击毙、击伤、俘虏等等。大家可以参照商务印书馆的《新华词典》1988年修订版第429页。"

大多数学生恍然大悟，但有一个学生又追问一句："老师，击毙、击伤、俘虏的数字分别是多少呢？"看着学生探求的目光，我有些犯难了，该如何给学生解释呢？停顿一下，我诚实地回答："准确的数字老师也不太清楚，需要课下查资料之后再告诉大家。"说完后，我自嘲地笑笑，不太习惯，可心里的负担明显轻了许多，看来这种感觉也不错！

下课后，我很快查到了资料：

据1978年出版的《淮海战役资料选》记载，我军歼灭敌人正规军5个兵团、22个军、56个师、1个快速纵队，共计55万5千余人。其中，生俘320355人，毙伤171151人，投诚35093人，起义28500人，由此可知，在整个淮海战役中，除毙伤者外，我军计收容国民党官兵38.4万人。

第二节课里，把查到的资料讲完后，我感觉学生的目光里除了往日的亲切外，还多了几分敬佩。

课后与学生聊天，学生不经意地说："老师，您很'真'，大家都佩服您。其实第二个问题本可以不回答我们。因为，许多老师都是这样做的，但您没有。您的'真'让我们从内心里佩服您。"

学生的话给我很大的震动。从这一刻起，我告诉自己要把孩子们佩服的"真"在自己课堂永葆到底。我知道，尽管我的专业知识还有很多盲点，也无法预料到课堂上还会遇到什么样的突发事件，但我想，只要本着"真"的精神，保留着诚实的品质，和学生一起去探索，我就会走得很远。

作为一名历史老师，我在传承着知识，也在传承着品德。而拥有诚实，无疑会让我的课堂走得更远。

（选自《人民教育》2007 年第 23 期）

教师在写教学故事时应该注意这样几个问题：

（1）有主题（选有价值的事，选好角度，集中不可泛泛）；

（2）真实（不能杜撰编造）；

（3）讲故事（有头有尾）有情节、有细节。

（三）怎样写教育博客

什么是教育博客？

教育博客是一种博客式的个人网站，是教师与学生利用互联网新兴的"零壁垒"的博客（blog）技术，以文字、多媒体等方式，将自己日常的生活感悟、教学心得、教案设计、课堂实录、课件等上传发表，超越传统时空局限（课堂范畴、讲课时间等），促进教师学生个人隐性知识显性化，并让全社会可以共享知识和思想，记录教师与学生个人成长轨迹。

心情由自己决定

……

或许是身体不好的缘故，或许因为工作和生活的压力，或者……无端的，就是想发火。

早上起床，对自己发火，对爸爸和儿子发火，仅仅是因为头发太乱梳不动或者孩子早上不吃饭。在学校，常常在讲课的时候，看到某个学生做小动作或者说悄悄话，就大发雷霆，而这些，以前我只会用一个轻轻的提示或者用警告的眼神提醒他们。

真怀疑自己是不是到了"更年期"。

那天，又生了回气，老公对我说："我们不能决定所有的事，但是至少可以自己决定自己的心情。"气过以后一想，还真有些道理。为什么要生气呢？自己气得死去活来，生活是什么样子还是什么样子，没有因为你生气有一丝一毫的改变。以前也有朋友对我说过："开心是一天，不开心也是一天，为什么不开心地过一天呢？"

是啊，为什么不开心地过每一天呢？无论是多大的事，它总会过去的，今天还让人要死要活的事，过了一段时间会忘记了，早知道，从一开始，就不用生气了。更何况，即使人生一世活百年，也不过 36500 天，每一天对我们来说，都应当假期，有什么理由不好好地过呢？

四、教学反思应注意下面几个问题

（一）及时

教师写教学反思不宜拖得时间太长。时间拖久了，一是真情实感容易淡化，智慧的火花也容易消散，甚至捉也捉不回来。二是想记录的有关事实材料也容易淡忘，尤其是有些事实如果记的不准确就没有意义了。教学反思最好是下了课或当天晚上，有了时间就写。

（二）精要

有人对教师的教学后记做了如下调查：对于课后反思，你是怎样做的？

A. 每课一记（10.5%）；B. 有感触时记（86.7%）；C. 为完任务而记（2.8%）；D. 其他。这个调查提示我们教学后记宜精不在多。

教学后记不宜写得庞杂冗长，事无巨细面面俱到。一是教师的工作比较繁忙，备课、上课、批改，处理班务时间有限，不可能用大块时间集中力量去写。二是大多数的情况下没有必要长篇大论。它要一得之见，靠点点滴滴的积累，集腋成裘。它可以对一堂课或一课书，整体内容做分析探讨，但更多的是对一个提问、一次建议、一个词语、一个符号，甚至教师一个手势、眼神的运用等等做记载和探讨。

既要节省时间，又不能写得太长，这样教学后记就要抓精要，抓重点，选好角度，尽可能地以较小的投入而取得较大的收获，把时间变成金子。

（三）升华

如果把教学后记对教学活动的观察、记载、积累看作是感性认识的话，这是远远不够的。要发挥教学后记的教学指导作用，就必须上升到理性认识。

怎样才能使教学后记的感性材料上升到理论上认识呢？一方面教师要借助于教学理论带着问题去看《教育学》、《心理学》各科教学法等书籍，从理论上找答案。另一方面，要经常地及时地深入学生之中去，征求学生的意见，而后对教学后记中的材料，进行概括、归纳、整理和加工，使其系统化、理论化。

（四）持久

华罗庚说："治学问，做研究工作，就要持之以恒。"教学后记绝不能一曝十寒，或高兴写一点，忙时抛一边，那是不会成功的。只有锲而不舍、持之以恒才会见成效。

第三节 寄语中青年教师

因为备课，尤其是教学反思与中青年教师专业成长、岗位成才关系密切，青年教师又是我们未来教育事业的希望之所在，故在本节里笔者想和青年朋友聊聊岗位成才问题。下面想谈三个问题。

一、算一笔时间账

据医学统计学家的分析统计，假如人的平均寿命是 70 岁的话，一生中各种活动所花去的寿命如下：睡眠 23 年；工作 14 年半；休息 11 年半；学生 7 年；行程（用于走路）3 年半，饮食 3 年；疾病 3 年，娱乐两年半；旅行 1 年，装饰 1 年。

这个统计是饶有兴趣，也是耐人寻味的。"光阴似箭，日月如梭。"表面看来人的一生寿命很长，但扣去睡眠、休息、走路、吃饭等等活动时间，真正用于有意义的工作、学习，乃至娱乐活动的时候并不是很多。难怪古人说，一寸光阴一寸金。

时间有三个特性：

（1）不可逆转性，有进无退，一去不复返。

（2）不可伸缩性，它属于每一个人，无论对谁都没有一点偏袒，一分一秒都不能伸缩。

（3）不可储存性，任何人都无法阻止它的流失，也无法储存。

以上时间统计分析和时间的特性，能给我们青年教师以什么样启示呢？它告诉我们：生命有限，时间宝贵，珍惜时间就是珍惜生命。关于人生各个年龄阶段的活动有这样一个顺口溜：出生——闪亮登场；10 岁——天天向上；20 岁——胡思乱想；30 岁——基本定向；40 岁——走哪哪香；50 岁——奋发图强；60 岁——告老还乡；70 岁——打打麻将；80 岁——晒晒太阳。青年教师正当好年华，最具生机和活力，敢想敢为，思维活跃，最少保守思想，也正是事业发展、追求成才的最佳时期。青年教师应该珍惜自己的时间和生命，努力工作和学习，在有限的人生中，尽可能为社会、为祖国做出更多更有意义的事，从而无愧于社会，无愧于国家，无愧于自己。

有人说："时间的含金量取决于生命的质量。"这是很有道理的。而我们再引申说，生命的质量又取决于人对社会的创造和贡献。也就是说，一个人对社会的贡献越大，它的生命越有质量，而他的生命含金量也就是越大的。

众所周知，人一生中有两件大事最能表明生命的质量：一是事业的成就；二是婚姻的幸福美满。而在这二者中，有所作为，实现做人的价值，又是人生的最高境界。有人问全国优秀班主任于漪老师："您如何看待生命生活？"她说："生命的价值在于创造和奉献，生活的道路在于开拓和踏平坎坷。"有人对 120 个优秀教师进行问卷调查，问"你一生最大的追求是什么？"118 人（占 99.2%）认为自己一生最大追求是"工作成功，作出贡献"。这些对正成长中的青年教师是不无启发的。

青春莫负好时光，今天多一分勤奋，明天就少一分遗憾。每个立志成才的青年教师，要抓住机遇，努力拼搏，在教育教学研究中做出成绩，给自己的人生交出一个满意的答卷。

二、选择一条成才之路

追求成功是每个人都曾有过的梦想，可是若干年以后，为什么有的人成功了、优秀了、杰出了，而有的落后了、平庸了、淘汰了呢？差距是怎样被拉开的？追溯名师成长的脚步，他们成功的秘诀是什么呢？这与每个人选择的道路有密切的关系。

青年教师从教后，就教学水平和能力发展状况可以用下图形象地描绘下来。

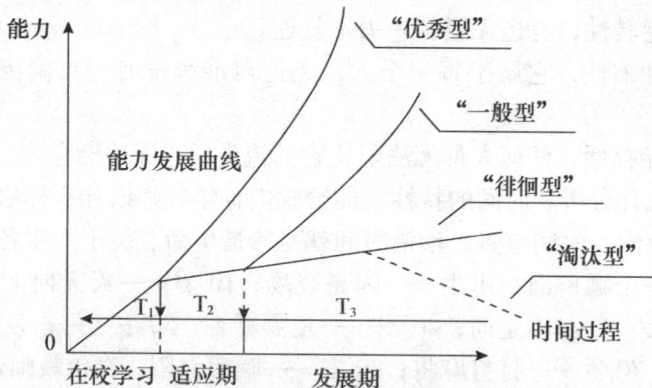

青年教师教学能力发展曲线图

从上面这个曲线图可以看出，青年教师从教后，由于个人的努力不同（当然也包括所从教的学校的培养和管理），教学能力与水平会出现较大的分化。通常可出现四种情况：（1）如果 T_2 阶段顺利，时间不长便可进入能力的发展期，即为"一般型"，它表明该教师的教学能力是合格的。（2）如果教师在教学实践中有所建树，则教学能力进入突飞猛进的阶段，曲线较陡，即为"优秀型"，它表明该教师的教学能力是出色的。（3）如果适应期延长，发展期迟迟不到，知识和技能的积累较缓或停滞不前，就为"徘徊型"。（4）更有甚者，若长期徘徊，锐气消沉，知识陈旧，能力退化，特征线不仅不上升，反而有下降的趋势，教师本人面临被淘汰的危险，即为"淘汰型"。

那么作为教师来讲，面对不利的环境不能消极对待，如特级教师窦桂梅所说：环境也在于人，教师成长固然有赖于好的环境，但更重要的还是取决于自己的心态和作为，改变不了环境就改变自己。谁来给教师良好的成长环境？是教师自己。

通常教师在工作岗位上，教育教学能力的提高有磨道式循环和螺旋式上升两条路可走。

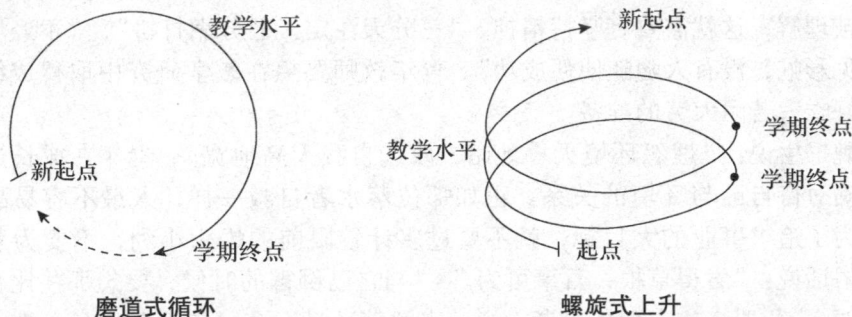

磨道式循环　　　　　　　　　　　　　螺旋式上升

磨道式循环是走一条自我封闭的教学发展道路。它主要靠自身原有的知识经验就书本讲书本，知识不更新，方法不改造，又不善于总结，年复一年，日复一日，总是在自我的圈子里往复和循环。沿着这条路使许多教师从黑发干到了白发。虽然兢兢业业，燃尽了蜡烛，抽尽了蚕丝，但教学业绩平平，汗水与成果不成正比。反之，螺旋式上升是教学能力充分发展的道路，所采取的是对外开放，对内改造的策略。对外开放，能广泛学习吸收先进的教改信息与教育教学经验；对内改造，在兼收并蓄别人的经验的基础上，进行大量创新实验和不断地总结自己的成功经验和失败教训，这就形成了教育教学能力螺旋式上升的良性循环："老教材"进入新境界，"老办法"变成新模式，教学能力与水平一个学期一个新台阶，年年岁岁教此书，岁岁年年法不同。沿着这条路走出来了斯霞、钱梦龙、魏书生、马芯兰、李吉林等众多的教学名星。

可见，走教学能力发展螺旋式上升这条路，是一条成才之路。

三、所有的坚忍不拔迟早会得到回报的

有这样一件事：

一次拿破仑外出打猎，忽然听到远处有人呼救，走近一看，原来有人落水。

拿破仑举起猎枪，大声叫道："喂，你要是不爬上来，我就打死你。"那人听了，忘记自己是在水中，用尽全力向岸边划去，经过多次挣扎，终于上岸。他

气愤地问拿破仑："为什么要杀我？"

"我要不吓唬你，你就不会拼命往岸上划，这样，你不就自己死了？"拿破仑笑着说。

这件事会给人以很大启发。一是人的拼搏潜力是很大的，人不要自我埋没；二是人要获得某种成功，就要靠自己去努力拼搏，只有努力才能成功。那位落水者就是靠自己努力拼搏才得救的。

青年教师无论是开展教研、科研活动，还是坚持教学后记，总结自身的教学经验都不会是一帆风顺的。困难、挫折、失败都会发生，甚至还会受到讥讽嘲笑和不被理解，这就需要有坚持精神。"三分天注定，七分靠打拼"，"不经历风雨怎能见彩虹，没有人随随便便成功"。青年教师要想在教学研究中取得成绩，就要做好吃大苦耐大劳的准备。

魏书生说："埋怨环境天昏地暗，改选自我天高地宽。"青年在成长过程中应正确对待自己与环境的关系。正如那位落水者自救一样，人最不容易战胜自己。为了追求事业的大目标，就不要过多计较眼前的蝇头小利，不要为名利所累。俗话说："尝得草根，百事可为。""当自己倒霉的时候，要想那些比自己更倒霉的人。"要多一点理性思考，少一点浅薄冲动；多一点博采众长，少一点孤陋寡闻；多一点谦虚谨慎，少一点自满自足。

闯过六关，迎来了一片蓝天：

（1）信念关——追求大目标，不计较眼前小利益（有雄气）；

（2）寂寞关——在专业成长中找到快乐（卧薪尝胆）；

（3）困难关——没有超人付出，就没有超人的成绩；

（4）挫折关——不见风雨怎能见彩虹；

（5）非议关——你说你的，我干我的；

（6）自我关——不骄傲，突破高原期。

有位哲人说："所有的坚忍不拔，迟早会得到回报的。"每一位青年教师只要在开展教学和发展自身教学能力中，不放弃努力，锲而不舍，请相信，成功就一定是属于你的，生命也会随着事业的成功形成一道亮丽的风景线。

［思考题］

1. 反思对你的专业成长有多重要？

2. 教学反思应该写什么？

3. 你喜欢写博客吗？介绍一下写博客的一些做法和体会。

后　记

2000 年结合本地区的教师校长的研训工作，笔者撰写出版了《怎样听课评课》一书，因为这是我国第一本较为系统研究听课评课的书，故当年这本书一经出版，在全国立即掀起一个研究听课评课和开展听课评课的"潮"。《怎样听课评课》一书也成为当年全国各个图书公司和书店的畅销书。而北京国家高级行政学院的《校长书廊》的畅销书排行榜经常是名列第一、第二名。至今这本书仍然还在畅销。

8 年来笔者一直并没有间断对这一问题的研究和思考。除写了一本《新课程怎样听课评课》以外，把重点放在备课研究的问题上。因为多年的观察、思考笔者发现：虽然我们听课评课中发现了的问题都产生在课堂这个过程中，但是追溯原因，大部分还在备课的这个起点上没有解决好。正如看似平常，但是又是十分经典的几句话："要上好课必须先备好课"、"课上一分钟，课下十年功"。也就是说，当下研究备课仍然是研究教学工作的主要矛盾。提高课堂教学有效性要研究备课；减轻师生负担提高质量要研究备课；提高教师的教学能力，促进专业化发展要研究备课；特别是新课程课堂教学中的许多问题和矛盾也都要回到备课这一原点来加以研究。总之，它对教学工作"牵一发，动全身"。

笔者认为，搞教育理论研究也尽可能除去浮躁，要"纯天然"。本书力避空谈理论，注重应用实践。采用：话题（切中问题）——诠释（分析问题）——支招（解决问题建议）撰文方法。力求向更值得研究的问题再靠近一点；向一线的老师再靠近一点；向通俗、实用、操作再靠近一点。但是限于笔者的能力和水平，以及匆忙，距离自己的想法还有很大差距。

作为一种探索，又限于笔者的水平，本书肯定会有缺点与不足，乃至问题，衷心希望广大的教育同仁、教育专家和各级领导不吝指教。本课题研究过程中参考和吸纳了一些优秀教师和研训人员的研究成果，这里对原作者表示最诚挚的谢意。

徐世贵

于 2009 年春节

郑 重 声 明

　　为保护广大读者的合法权益,打击盗版,本图书已加入全国质量监督防伪查询系统,采用了数码防伪技术,在每本书的封面均张贴了数码防伪标签,请广大读者刮开防伪标签涂层获取密码,并按以下方式辨别所购图书的真伪:

　　固话查询:8007072315

　　网站查询:www.707315.com

　　如密码不存在,发现盗版,可直接拨打13121868875进行举报,经核实后,给予举报者奖励,并承诺为举报者保密。